부산대학교 다민족 다문화 연구 시리즈 4

다문화와 정보

MultiRacial MultiCultural

부산대학교 사회과학연구원 편

박영사

서 문

세계화, 정보화, 다문화는 21세기 세계 공통의 보편적 현상이 되고 있다. 자본, 노동, 정보, 문화의 흐름이 세계라는 단일의 통합된 공간에서 자유롭게 이동하는 현상으로 우리는 여러 측면에서 다양성을 경험하고 있다. 특히 단일민족국가의 성격이 강한 한국은 해외에서 유입된 이주민의 증가로 문화적인 측면에서 새로운 경험을 하고 있는데다, 정보통신기술의 발달로 다양한 정보매체들이 등장하면서 문화적 다양성을 더욱 확대하고 있다.

정보사회의 구성원들에게 삶의 질이나 기회의 확대는 정보의 접근과 활용에 대한 능력에 달려 있다고 해도 과언이 아니다. 특히 지식정보사회에서 정보접근성은 정보를 가진 자와 가지지 못한 자를 구분하도록 하고, 후자의 정보빈곤은 정보기반의 각종 사회활동에 장애가 발생하며, 급기야 사회적 배제(social exclusion)로 이어지게 된다. 그런데 다문화사회의 주체라 할 수 있는 이주민의 대부분은 언어와 문화적 차이로 인해 정보소외를 겪고 있을 뿐 아니라, 정보화수준이 낮은 국가군으로부터 유입된 이주민의 경우 낮은 정보활용능력으로 인해 사회적 · 경제적 · 정치적인 차원에서 배제되고 있다.

정보통신기술의 발달에 의한 정보화는 이주민의 정보격차를 더욱 심화시키고 있지만, 다른 한편으로 정보화는 이주민들의 소통과 참여의 기회를 제공하고, 낯선 사회와 이질적인 문화에 대한 이해를 높임으로써 사회통합을 증진하는 한편 시공간의 자유로운 접근을 통해 모국의 문화적 · 민족적 정체성을 유지, 강화시켜 준다는 점에서 궁극적으로 다문화주의를 달성하는 기반이 된다. 따라서 정보화를 통해 열린 다문화사회를 구현하기 위해서는 정보서비스의 보편적 서비스로의 개념 확대가 모색되어야 할 것이다.

이 책은 다문화사회에서 이주민의 권리문제를 정보의 관점에서 접근하고, 정보서비스 영역에 한정하여 그들의 정보접근성, 정보리터러시(information literacy), 정보격차, 정보인지, 정보활동 등의 다양한 쟁점들을 보다 심도있게 조명하고자 한다. 이 책에서 다루고 있는 주요 내용을 각 장별로 개략적으로 살펴보면 다음과 같다.

제1장에서는 한국이 다문화사회로 진입하는 과정에서 가장 주목되는 대상인 여성 결혼이민자를 대상으로 결혼생활과 한국 사회 적응과정에서 직면하는 문제가 무엇이며, 이를 해결하기 위한 사회서비스와 정보를 어디에서 구하고 있는가를 파악하였다. 구체적으로 사회연결망분석(Social Network Analysis)을 활용하여 결혼이민자들이 직면한 문제별, 출신국가별, 거주지별로 사회서비스 및 정보의 접근성에서 그 실태와 차이를 분석하였고, 그 결과를 토대로 결혼이민자들의 사회서비스 및 정보 접근성과 이들을 위한 사회서비스를 향상시키기 위한 방안을 제시하였다.

제2장에서는 이주민 중 가장 많은 비중을 차지하는 이주노동자의 사회적 서비스에 대한 욕구와 지원체계를 검토하고, 이주노동자가 사회적 욕구상황에서 어떻게 대처하는지, 누구를 통해 문제를 해결하고 어떠한 연결망을 통해 사회적 서비스에 접근하는지를 사회연결망분석을 통해 파악하였다.

제3장에서는 국내 거주 이주민의 정보리터러시의 실태를 파악하고, 그들의 정보리터러시를 증진하는 방안을 제안한다. 이를 위해 부산과 경남지역의 이주노동자와 결혼이주여성을 대상으로 설문조사를 실시하고, 그 결과를 토대로 향후 이주민의 정보리터러시 역량 강화를 위한 효과적인 방안을 제언하였다.

제4장에서는 이주노동자를 대상으로 정보리터러시의 수준이 높은 집단과 그렇지 않은 집단을 비교분석하여 정보리터러시 격차(information literacy gap)와 그 요인을 규명하였다. 이를 위해 이주노동자와 NGO 실무자에 대한 심층인터뷰를 실시하였고, 정보리터러시 격차를 야기하는 다양한 요인들의 작용을 발견하였다.

제5장에서는 이주여성 출신으로 주류사회와 결혼이주여성 사회를 연결하고 일반 결혼이주여성들에게 정착과 적응에 필요한 많은 정보를 제공하고 있는 결혼이주여성 게이트키퍼들을 대상으로 그들의 정보리터러시 수준은 어떠하며, 일반 결혼이주여성과 비교했을 때 어느 정도의 차이를 보이는지를 살펴보고, 그들이

일반 결혼이주여성에 비해 높은 정보리터러시를 보유하게 되는 배경은 무엇인지를 조사하여 일반 결혼이주여성들의 정보리터러시 증진을 위한 방안들을 모색하였다.

제6장에서는 결혼이주여성의 출신국별, 결혼경로별로 이주 전 정보수준이 이주 후 적응과정에 어떤 영향을 미치고 있는지를 살펴보았다. 구체적으로 결혼이주여성의 출신국, 결혼경로에 따라 한국 및 배우자에 대한 정보수준이 어떻게 다르며, 또한 그러한 정보수준이 한국에서 생활하는 데 얼마나 유용했는지를 살펴보며, 그리고 어떤 출신국, 결혼경로에 따라 어떠한 정보욕구를 가지고 있는지 살펴보았다.

제7장에서는 이주여성의 결혼 전 정보활동이 한국에서 생활하는 데 어떤 유용성이 있는지를 살펴보고, 배우자 및 한국생활 정보수준과 인과관계성을 밝혀보았다. 한국에서 생활하는 데 결혼 전 정보활동이 매우 중요하며, 이것이 한국정보수준을 높여 한국에서 생활하는 데 유용한 영향을 미친다는 것이다. 따라서 향후 결혼이주여성들의 적응을 돕기 위해서 이들이 결혼 전에 한국문화에 접근할 수 있는 기회와 함께, 한국생활에 대한 정보를 쉽게 이용할 수 있도록 다양한 정보컨텐츠개발이 필요하다.

제8장에서는 이주노동자가 한국으로 들어오기 전의 정보습득경로에 따른 한국의 취업정보인지도가 생활만족도와 정보발신태도에 미치는 영향을 규명하였다. 이를 위해 부산 · 경남 지역에 거주하는 이주노동자를 대상으로 입국 경로와 한국에 대한 정보인지도에 관한 설문조사를 실시하고, 바람직한 정보정책 방향을 모색하였다.

2012. 8

연구진을 대표하여 박병현 씀

차 례

제 1 장 결혼이민자의 사회서비스 및 정보의 접근성에 관한 연구

Ⅰ. 서 론 ········· 3
Ⅱ. 이론적 배경 ········· 5
1. 결혼이민자의 사회서비스 욕구 5
2. 사회서비스 및 정보의 접근성 9
Ⅲ. 연구방법 ········· 11
1. 자료 수집 11
2. 측정도구와 분석방법 12
Ⅳ. 사회서비스 및 정보의 연결망 분석 ········· 14
1. 결혼이민자의 인구학적 상황과 사회서비스 욕구 14
2. 사회서비스 및 정보 제공체계 연결망 17
Ⅴ. 결론 및 제언 ········· 30
참고문헌 ········· 34

제 2 장 이주노동자의 사회적 서비스에 대한 접근성과 사회연결망

Ⅰ. 서 론 ········· 39
Ⅱ. 이론적 고찰 ········· 41
1. 이주노동자의 사회적 서비스에 대한 욕구 41
2. 이주노동자에 대한 사회적 서비스의 지원체계 43
3. 사회적 서비스의 접근성과 연결망 46
Ⅲ. 연구의 설계 ········· 49

1. 연구의 문제 49
2. 측정도구의 설계 50
3. 조사의 대상 및 방법 52
Ⅳ. 부산지역 이주노동자의 사회적 서비스에 관한 연결망 분석 53
1. 부산지역 이주노동자의 사회적 서비스의 지원체계 53
2. 이주노동자의 사회적 서비스의 접근실태 55
3. 이주노동자의 사회적 서비스에 관한 연결망 57
Ⅴ. 결 론 67
참고문헌 71

제 3 장 이주민의 정보리터러시 실태에 관한 연구

Ⅰ. 서 론 77
1. 연구의 목적 77
2. 연구대상 및 방법 78
Ⅱ. 이론적 배경 80
Ⅲ. 연구의 설계 83
1. 기존 정보리터러시 기준 및 지침 분석 83
2. 이주민 정보리터러시 관련 요소 추가 84
3. 이주민 정보리터러시 설문지 구성 85
Ⅳ. 연구의 결과 86
1. 조사대상의 특성 86
2. 한국어교육 및 정보활용교육 이수 88
3. 이주민 정보리터러시 세부항목별 실태 90
4. 일반적 특성에 따른 정보리터러시 수준의 비교분석 97
Ⅴ. 연구결과의 정책적 함의 101
참고문헌 106

제 4 장 다문화사회의 이주노동자의 정보리터러시 격차

Ⅰ. 서 론 ······ 111
1. 연구의 필요성 111
2. 연구의 방법 113
Ⅱ. 다문화사회의 정보리터러시 격차에 관한 정책 ······ 114
1. 이주민의 정보리터러시 격차 114
2. 한국의 다문화정책과 정보화정책 116
Ⅲ. 이주노동자의 정보리터러시 격차 분석 ······ 121
1. 이주노동자의 정보리터러시 격차 122
2. 개인적 특성에 의한 격차 125
3. 교육의 차이에 의한 격차 126
Ⅳ. 이주노동자의 정보리터러시 격차 요인 분석 ······ 129
1. 조사대상의 특성 129
2. 이주노동자의 정보리터러시 격차 요인 131
Ⅴ. 결 론 ······ 143
참고문헌 ······ 147

제 5 장 결혼이주여성 게이트키퍼 분석을 통한 이주여성의 정보리터러시 향상방안

Ⅰ. 서 론 ······ 151
1. 연구의 필요성 151
2. 연구방법과 연구내용 152
Ⅱ. 연구의 이론적 배경 ······ 154
1. 주요 용어의 개념 154
2. 관련 선행연구 154
3. 연구의 설계 155

Ⅲ. 결혼이주여성 게이트키퍼의 정보리터러시 조사결과 ··· 157
1. 조사대상의 일반적 특성 157
2. 한국어교육 및 정보활용교육 이수 160
3. 결혼이주여성 게이트키퍼의 정보리터러시 세부항목별 수준 162
Ⅳ. 결혼이주여성 게이트키퍼의 정보리터러시 구축 배경 ··· 169
1. 모국의 정보이용환경 171
2. 높은 교육 수준 171
3. 한국어 능력과 이중/다중 언어능력 172
4. 정보활용교육의 경험 173
5. 정보이용 관련 한국 가정의 우호적 환경 175
6. 적극적인 삶의 태도와 활발한 사회참여 175
7. 다양한 매체와 정보제공기관의 이용 178
Ⅴ. 결론 및 제언 ··· 180
참고문헌 ··· 183

제 6 장 결혼이주여성의 정보수준, 정보유용성, 정보욕구의 차이에 관한 연구

Ⅰ. 서 론 ··· 187
Ⅱ. 선행연구 검토 ··· 190
1. 결혼이주여성의 정보수준과 정보유용성 190
2. 결혼이주여성의 정보욕구 193
3. 결혼이주여성의 정보수준, 정보유용성, 정보욕구의 차이 195
Ⅲ. 연구방법 및 절차 ··· 196
1. 자 료 196
2. 측정도구 197
3. 자료분석 199
Ⅳ. 결과 및 해석 ··· 199

1. 결혼이주여성의 정보수준 199
2. 결혼이주여성의 정보유용성 203
3. 결혼이주여성의 정보욕구 209
Ⅴ. 결론 및 제언 214
참고문헌 218

제 7 장 결혼이주여성의 이주 전 정보활동이 정보유용성에 미치는 영향

Ⅰ. 연구의 목적과 필요성 223
Ⅱ. 선행연구 검토 226
1. 결혼이주와 이주경로 226
2. 결혼이주여성의 정보활동 229
3. 정보수준과 정보유용성 232
4. 결혼이주여성의 이주 전 정보활동이 정보유용성에 영향을 미치는 경로 234
Ⅲ. 연구방법 235
1. 연구 대상 및 자료수집 235
2. 측정도구 237
3. 자료분석 238
Ⅳ. 결과 및 해석 239
1. 조사대상자의 일반적 특성 239
2. 정보활동, 정보수준, 정보유용성 간의 관련성 242
3. 측정모형의 분석 244
4. 결혼이주여성의 이주 전 정보활동이 정보유용성에 미치는 영향에 대한 한국정보수준과 배우자정보수준의 매개효과 246
5. 모형의 발견 248
6. 결 론 250
참고문헌 253

제 8 장 유입 전 정보인지가 한국생활만족도와 정보발신태도에 미치는 영향 —부산·경남 이주노동자를 중심으로

Ⅰ. 서 론 ········· 257
1. 연구의 필요성 및 목적 257
2. 연구범위 258
3. 기존 연구의 검토 259
Ⅱ. 연구방법 ········· 261
1. 측정변인과 가설설정 261
2. 자료의 수집과 분석 262
Ⅲ. 정보인지도와 한국생활만족도 ········· 265
1. 정보습득경로와 정보인지도 266
2. 정보인지도와 한국생활만족도 267
Ⅳ. 한국생활만족도와 정보발신태도 ········· 272
1. 모국으로 보내는 한국정보 발신태도 272
2. 한국생활만족도와 정보발신태도 273
Ⅴ. 결론 및 제언 ········· 275
참고문헌 ········· 277

색 인 ········· 279

제 1 장

결혼이민자의 사회서비스 및 정보의 접근성에 관한 연구

이 용 재 · 배 화 숙

제1장

결혼이민자의 사회서비스 및 정보의 접근성에 관한 연구*

Ⅰ. 서 론

우리 사회에서 2002년 이후 중국과 동남아시아 출신 여성 결혼이민자의 증가는 이주노동자의 유입증대와 더불어 다문화시대로 진입하는 두드러진 현상이다. 다문화사회의 도래에 대한 사회문화적 논의가 점증하는 가운데 도농경계를 넘어서 국제결혼 확대가 가시화됨에 따라 다문화가족에 대한 사회적 지원에 대한 논의가 우리 사회에서 쟁점화되고 있다. 민간단체는 물론이고 정부의 다양한 부처에서 각기 다른 정책적 지원을 확대하고 있으며, 2007년 5월 '재한외국인처우기본법'의 제정, 2008년 3월 '다문화가족지원법'의 제정은 이러한 현상이 일시적인 것이 아니라 한국사회에서 중요한 사안이 되고 있음을 확연히 보여준다.

다문화사회로의 진입에 대한 논의를 확대시킨 주된 요인은 역시 국제결혼에 의한 '다문화가족'의 증가라고 할 수 있다. 이것은 다문화사회로의 진입과 관련하여 한국사회가 가진 특수성으로서 서구사회의 다문화사회에 대한 일반적 논의에 전적으로 의존할 수 없는 이유를 제공하는 배경이 된다. 이러한 측면에서 다문화사회 도래에 대하여 우리나라가 가진 특수성을 고려한 논의가 필요하며 관련 자료와 연구의 축적이 필요하다고 할 수 있다.

2005년 기점으로 증가율은 다소 낮아지고 있지만 절대 수는 여전히 증가일로 있는 결혼이민자 수는 2008년 9월 현재 120,705명이며 그중 여성이 88%를 차지하

* 이 논문은 2007년도 정부재원(교육인적자원부 학술연구조성사업부)으로 한국학술진흥재단의 지원을 받아 연구되었음(KRF-2007-411-J01103).

고 있다(http://www.immigration.go.kr). 특히 아시아 출신 외국인 배우자의 경우 90%가 여성 결혼이민자이며, 이는 아시아를 제외한 다른 대륙 출신인 경우 외국인 배우자라면 남편인 경우가 절대 다수인 것과 비교되는 점이다. 즉 전체 여성 결혼이민자의 95.4%가 아시아 출신이다. 이중 가장 많은 수를 차지하고 있는 한국계 중국인은 전체 여성 결혼이민자의 28.5%이며, 다음으로 비율이 높은 출신 국가로는 중국 26.3%, 베트남 24.1%, 필리핀 5.2% 순이다.

다문화가족이 급격하게 늘어가는 가운데 결혼이민자와 그 가족의 적응을 지원하기 위한 사회서비스의 필요에 대한 공감대도 확산되고 있다. 이것은 기존의 소수자에 대한 관심을 뛰어 넘는 차원으로서, 잠재적 문제에 대한 사회성을 인정하는 것으로 이에 관련한 연구들이 최근 다양하게 이루어지고 있다. 결혼이민자가 직면한 문제와 서비스의 필요성을 논한 연구, 여성 결혼이민자의 한국 사회 통합에 초점을 두고 정책적 대안 제시 등으로 연구 영역이 확대되고 있는 추세이다. 이러한 연구들은 국제결혼 증가와 다문화사회로의 진입과정에 있어서 문제의식을 가질 수 있도록 주의를 환기시키고 관련한 조사연구를 통해 정책적 대안제시의 토대가 되는 실증적인 자료를 확보한다는 측면에서 충분히 의의가 있다. 아울러 여성 결혼이민자 혹은 그의 가족을 위한 인권보장 차원에서 법률 및 사회정책적 측면에서 지원책을 제시하는 다양한 연구들은 잠재적 사회문제를 예방하기 위한 대안을 모색하고 있다는 점에서 중요하다.

그런데 이러한 연구들은 결혼이민자들의 욕구가 무엇인지를 조사하고 있지만 실제로 이것을 충족시키기 위한 사회서비스가 어떻게 효과적으로 전달되고 있는지 혹은 새로운 가족관계와 새로운 사회에서의 적응에 필요한 사회서비스 관련 정보에 대해 어떻게 접근하고 있는지를 보여주지 못하고 있다. 또한 결혼이민자들은 이주노동자와는 달리 국적취득을 통해 국내에서 가족과 함께 영구적으로 거주할 것이라는 측면에서 결혼이민자의 입국기간 혹은 적응의 단계별로 문제와 문제해결방법이 서로 어떻게 다른지를 보여주는 데는 미흡하다고 할 수 있다.

이에 이 연구는 결혼이민자들이 사회에 통합되기 위해서 다양한 지원이 필요하며 이러한 지원이 효과적으로 이루어지기 위해서는 사회서비스 및 정보에 대한 접근성이 매우 중요하다는 문제의식을 가지고, 여성 결혼이민자들이 결혼생활과 한국사회 적응 과정에서 직면하는 문제는 무엇이며 이를 해결하기 위한 사회서비스 및 정보를 어디에서 구하고 있는가에 초점을 맞추었다. 연구의 목적은 첫째, 여성 결혼이민자들의 사회서비스 및 정보 접근성의 실태와 차이를 분석하고 둘째, 결혼이민자 관련 서비스 제공기관 및 정보의 제공자 간 연결망 구조를 파악하여 결혼이민자를 대상으로 하는 사회서비스 및 정보의 접근성을 높이는 데 필요한 기초자료를 제공하는 것이다.

Ⅱ. 이론적 배경

결혼이민자의 증가와 더불어 발생하는 문제의 해결과 예방을 위해 정부 각 부처는 다양한 정책들을 시행하고 있다. 우선 내외국인의 출입국을 관리하고 있는 법무부는 외국인 사회통합정책과 국적취득 요건을 연계하고 사회통합 프로그램 이수제 등을 제시하고 있으며, 교육과학기술부는 다문화가정 자녀교육 지원, 다문화교육센터 지정 및 운영을 지원하고 있다. 보건복지가족부는 다문화가족의 정착 지원과 사회통합을 위하여 이들이 사회보장제도에서 배제되지 않도록 하는 대상자 범위를 확대하고 있으며, 결혼이민자의 인권 보호 및 사회적응 지원, 한국인 배우자와 자녀를 위한 다양한 프로그램을 지원하고 있다. 이 연구에서는 결혼이민자를 대상으로 한 사회서비스 관련 논의와 사회서비스와 정보를 제공하는 주체인 인적자원과 사회서비스 기관과 관련하여 선행연구를 살펴보았다.

1. 결혼이민자의 사회서비스 욕구

여성 결혼이민자와 이들을 위한 사회서비스와 관련한 연구 동향은 크게 세 가지로 분류할 수 있다. 첫째, 한국의 다문화 현상과 관련하여 결혼이민자들의 문제를 다루거나[1] 여성 결혼이민자가 겪는 삶의 체험을 통해 사회통합과정의 역동성

---

[1] 이와 관련된 연구는 다음과 같다: 문경희, "국제결혼 이주여성을 계기로 살펴보는 다문화주의와 한국의 다문화 현상," 21세기정치학회보, 제16집, 제3호(2006. 3), pp. 67-93; 이혜경, "결혼이주자 가족정책

을 살펴보고자 하는 연구가 있다(이상화 외, 2007). 둘째, 결혼이민자 및 그 가족을 대상으로 생활실태와 욕구를 파악하고 이에 대한 사회서비스의 필요성을 논한 연구[2)]와 셋째, 최근 매우 다양한 영역에서 이루어지는 것으로서 사회전반에 걸친 '다문화' 담론의 확산 속에서 여성 결혼이민자의 한국사회 통합에 초점을 두고 이에 필요한 정책적 대안을 제시하는 연구들[3)]이 있다. 여기에는 결혼이민자와 그 가족이 한국사회에 원만히 통합되도록 하기 위한 일련의 다문화 교육 프로그램 개발과 관련된 연구를 포함할 수 있다. 본 연구와 직접 관련이 있는 것은 두 번째와 세 번째에 해당하는 것이다.

먼저 결혼이민자의 사회서비스 욕구와 서비스 필요성에 대한 연구를 살펴보면 다음과 같다. 이혜경(2007)은 다문화가족 서비스가 성인지적 관점에서 어떤 성격을 가지고 있는지 파악할 수 있는 분석모형이 필요하다고 주장하면서, 여성 결혼이민자 가족은 일반가족과 달리 어려움을 호소하는 문제로 언어와 의사소통의 문제, 가정폭력, 사회시스템 이해 부족, 정보소외로 인한 사회참여 기회의 어려움, 사법권 및 행정기관에의 접근성, 귀화시험의 어려움, 문화적 갈등, 사회복지서비스 접근의 어려움 등을 들었다(이혜경, 2007: 226-227).

김경미 · 김현지 · 김옥경(2006)은 부산지역 거주 결혼이민자의 실태조사 결과 결혼 후 생활에서 가장 큰 문제로는 의사소통 문제, 남편 가족의 간섭과 강요, 경

및 서비스 분석모형," 다문화가족연구, 평택대특성화사업단(2007. 4), pp. 217-231; 이용승, "독일의 다문화 가족정책," 민족연구, 통권 제31호(2007. 9), pp. 113-128.

2) 이와 관련된 연구는 다음과 같다: 이혜경, "혼인이주와 혼인이주 가정의 문제와 대응," 한국인구학, 제28권, 제1호(2005), pp. 73-106; 심인선 등, "경남의 여성결혼이민자 및 지원현황," 경남발전연구(2007); 주경미 · 김현지 · 이옥경, 부산시 여성결혼이민자 현황 및 정책 방향, 부산발전연구원 여성정책연구센터(2006); 한건수 · 설동훈, 이주자가 본 한국의 정책과 제도, 한국여성정책연구원(2006); 김희선, "다문화가족 지원 현황분석," 민족연구, 통권 제31호(2007. 9), pp. 50-85.

3) 대표적인 연구는 다음과 같다. 권복순 · 차보현, "농촌지역 코시안 가정주부의 의사소통 능력, 문화적 정체성이 결혼만족도에 미치는 영향," 한국사회복지학, 제58권, 제3호(2006), pp. 109-134; 양애경 등, 여성결혼이민자에 대한 지역사회의 수용성 연구, 한국여성정책연구원(2007); 조석주, "다문화 공생을 위한 지방자치단체의 기능 강화방안," 지방행정연구, 제21권, 제3호(2007), pp. 3-46; 문순영, "현행법안을 통해 본 국제결혼 여성이주민을 위한 사회적 지원체계에 대한 탐색적 연구," 여성연구, 제72권, 제1호(2007), pp. 109-142; 설동훈 · 윤홍식, "여성결혼이민자의 사회경제적 적응과 복지정책의 과제: 출신국가와 거주지역에 따른 상이성을 중심으로," 사회보장연구, 제24권, 제2호(2008), pp. 109-133.

제적 문제, 결혼이민자의 출신국 문화에 대한 폄하, 차별과 관련된 자녀문제를 들었다. 법무부 발간 국내결혼이민자 현황 데이터를 토대로 농촌지역에 거주하는 결혼이민자들의 한국생활 적응과정에서의 문제를 연구한 김이선 · 정해숙 · 김영주(2008)는 여타 연구결과에서도 나타났듯이 언어문제가 가장 큰 문제라고 지적하였다. 주목해야 할 것은 도시지역 거주자에 비해 체계적으로 한국어를 배울 수 있는 기회가 적고 접근성이 제한되어 있다는 점이다. 한국어 구사의 어려움은 자녀양육의 문제에도 영향을 미친다. 농촌지역 여성 결혼이민자의 사회서비스 요구순위에서는 한국어 교육이 56.5%로 가장 높고, 다음으로 한국요리, 취업교육훈련, 한국문화, 컴퓨터 · 정보화 교육 순이었다. 정보화교육에 대한 요구가 25.4%로 가족관계 상담 등에 비해 매우 높은 요구도를 가지고 있음을 보여주고 있다(김이선 외, 2008: 44).

또한 결혼이민자들의 취업 관련 욕구가 높다는 것은 많은 연구결과들이 공통적으로 보여주는 결과이다.[4] 현재 취업중인 이들의 88%가 향후 계속 일을 하고 싶다고 하며, 미취업자인 경우도 93%가 향후 취업을 원하고 있다. 이들의 취업 장애요인은 노동시간, 자녀 양육부담, 외국인에 대한 편견 등을 들고 있다. 도시에 비해 농촌 지역이 취업에 대한 제약점으로서 자녀양육에 대한 부담을 더 느끼는 것으로 나타났다(이혜경, 2005: 57-60).

경남지역 결혼이민자 대상으로 사회복지요구도 조사결과(심인선 외, 2007)에서는 생계비 또는 생활비의 요구가 높은 경향을 보이고, 직업훈련 및 취업상담과 아동을 위한 부모 상담과 부모교육에 대한 요구도가 상대적으로 높았다. 결혼이민자 자신을 위한 교육 프로그램 요구에서는 역시 한국어 교육이 50.5%로 가장 높았고, 다음으로 한국요리 교육, 컴퓨터교육, 자녀양육 지도방법의 교육 순으로 나타났다.

다문화사회를 구성하는 주요 성원들이 결혼이민자라는 특수성을 가졌다는 점에서 최근 국내에서 이루어진 연구들은 외국의 사례들에서 제시할 수 없는 다양

[4] 다문화가족에 대한 서비스 개발을 위한 조사에서 내국인에 비해 취업률도 매우 낮으며, 취업과 관련한 교육 및 훈련에 대한 욕구가 한국어 교육 다음으로 높았다고 보고하고 있다(보건복지부 다문화가족과, 2008. 5.).

한 논의점을 제시하고 있다. 이러한 선행연구에서 여성 결혼이민자들이 직면하는 중요한 문제로 지적되는 것은 한국어 소통이나 한국 문화의 이해 필요, 자녀교육과 학부모로서의 역할교육의 문제, 의료기관 이용의 불편함, 구직 활동 혹은 취업 문제 등이다. 대중매체를 통해 자주 알려진 것으로 심각한 결과를 초래할 수 있는 가족간 갈등 문제가 있고, 문화다양성을 존중한다는 측면에서 출신국 문화에 대한 인정과 관련 정보 교류 등이 최근 지속적으로 제기되는 부분이다. 결과적으로 선행 연구들이 공통적으로 보여주는 것은 결혼이주민의 사회서비스 욕구가 높은 반면 이들의 사회적 지지망 형성, 복지증진 관련 사업, 법률 상담, 취업교육 및 일자리 알선, 출신 문화 교류 등에 대한 서비스 공급이 부족하다는 것이다.

연구의 세 번째 경향으로서 한국사회 통합에 초점을 두고 이에 필요한 정책적 대안을 제시하는 연구들은 다문화정책의 실효성을 높이기 위한 정책 공동체의 형성 혹은 공공과 민간의 협력을 제시하는 연구이며, 결혼이민자들에 대한 서비스 접근성이 출신국이나 지역에 따라 다름을 보여주는 연구들이다.

김형수(2008)는 복잡다기한 다문화 정책의 실효성을 확보하기 위해서는 네트워크 거버넌스 구축이 필요하다고 주장하고 '다문화정책 공동체'의 형성을 제시하였다. 네트워크에 의한 거버넌스란 특정분야와 관련된 정책 관련 집단들에게 정책형성과 집행과정에 필요한 사항에 대하여 자문하고, 합의를 유도하기 위하여 이들을 연계하여(networking) 관리하는 제도적 장치를 가리키며, 정책공동체를 구성하고 있는 집단이나 개인을 통제가 아닌 설득에 의해 관리한다(김형수, 2008: 136-138). 이를 다문화정책의 주 대상이 되는 결혼이민자 관련 서비스에 적용한다면, 정책을 펼치는 중앙의 다양한 부처들 간의 협력, 공공기관보다 먼저 서비스 욕구를 파악하고 제공하고 있었던 다양한 민간 기관들 간의 연계와 협력을 포괄하는 서비스 제공 구조 혹은 모형을 생각할 수 있다. 또한 결혼 이주민들의 출신 지역이 다양함에도 불구하고 기존 다문화정책의 내용은 이러한 지역적 특수성을 고려하지 못하고 있다고 지적하고 있다. 이것은 굳이 '동화주의적' 다문화 관점 때문이라고 지적하지 않는다고 하더라도, 사회서비스의 대상에 대한 충실한 이해 없이 공급자 중심의 정책이 시행되어져 왔음을 보여준다.

결혼이민자와 이주노동자에 대한 정책에서 지방자치단체의 주체적인 역할을 강조하며 다문화공생을 논하는 연구에 의하면 지방자치단체가 외국인 지원부서 설치, 외국인 종합지원센터 운영 등 능동적인 관리를 통하여 지역사회 적응을 도와야 한다고 주장한다(조석주, 2007). 이것은 다문화사회 도래에 따라 소수집단에 의한 다문화사회 형성에 있어서 이들이 거주하고 있는 지방정부의 역할을 강조하는 강휘원의 연구(2007)와 맥을 같이한다. 즉 다문화가족의 적응을 위한 장애요인을 제거하고 이를 위한 지역 거버넌스가 필요하다는 것이다.

한편, 결혼이민자들의 사회서비스 접근성에 있어서 중요한 인적자원이 되는 지역사회의 결혼이민자에 대한 수용성 연구가 있다(양애경 등, 2007). 지역주민 및 서비스 제공자들의 결혼이민자 관련 문제의식, 지원에 대한 태도 등 지역사회 수용성을 조사하였으며 이를 통하여 지역인적자원으로서 결혼이민자에 대해 주목해야 하며 친다문화적 지역환경을 조성하고 여성 결혼이민자를 둘러싼 구성원의 상호관계성 증진 등을 제안하였다.

이상의 논의를 통해서 볼 때 결혼이민자의 한국사회 적응과 정착을 위해서 다양한 사회서비스 욕구는 파악되어 있음에도 이에 대해 정부 각 부처 및 민간기관들의 정책과 지원은 출발단계에 있으며, 다문화 관련 정책이 보다 효과적으로 이루어지기 위한 구체적 방향이 설정되어야 할 시점에 와 있음을 알 수 있다.

2. 사회서비스 및 정보의 접근성

결혼이민자들의 사회서비스 및 정보에 대한 접근성과 관련하여, 서비스 혹은 정보를 요청하는 주체로서 결혼이민자들의 접근성 성격을 보여주는 연구를 보면 다음과 같다. 먼저 김이선 · 정해숙 · 김영주의 연구(2008)에 의하면 농촌 여성결혼이민자들이 도시 결혼이민자에 비해 모임이나 교회 등에서 가깝게 지내는 이가 많은 것으로 나타났다. 그런데 그들이 가깝게 지내고 있는 이들은 농촌지역 거주자의 경우 75.1%가 같은 국가 출신자들과 친밀한 반면, 한국인 친구에 대해서는 53.9%가 마음을 터놓는 친구가 없다고 응답했다. 이것은 도시거주자들이 한국인 친구가 없다고 응답한 것보다 약간 높은 수치이다. 그리고 농촌 거주자들이 지방자치단체에서 제공하는 서비스에 대한 인지도가 도시 거주자에 비해 높은 반면,

가족문제 상담 및 지원체계와 취업교육 등에 대한 정보는 도시지역 거주자들의 인지도가 높게 나타났다.

전라북도 농촌지역의 결혼이주여성의 정착지원을 위한 조사결과(박재규 · 이윤애, 2005: 122)는 국내에서 이루어지는 각종 프로그램에 참석하지 못하는 이유로 농사일과 아동양육이라는 이유도 있지만 일차적인 이유로는 교육을 받을 수 있는 기관이 인접해 있지 않기 때문이라고 설명했다. 더욱이 주의해서 보아야 할 결과는 친구나 이웃의 유무에 대한 답변에서 거주기간이 차이를 만들어 내지 못하고 있다는 사실이며 이것은 자조모임 등의 참여도가 상대적으로 적은 농촌 지역의 특성을 반영하는 것이라 할 수 있다.

한편, 설동훈 · 윤홍식의 연구(2008)는 여성 결혼이민자를 대상으로 하는 사회지원에 대한 논의를 한 단계 진척시킨 것이라 할 수 있다. 결혼이라는 과정을 통해 입국한 것은 동일하지만 그들의 출신국가별로 또한 거주 지역에 따라 사회경제적 적응이 다름을 보여주는 연구로서 출신국가별로 욕구수준, 경제적 적응과 사회적 적응에서도 서로 다르며 특히 거주지역에 따라서도 적응 면에서 차이가 난다는 결과를 보여주었다.

출신국가별 네트워크 혹은 정보접근성의 차이가 나는 요인 중 하나는 남편을 만나는 방법, 즉 결혼과정의 차이가 반영되는 것으로 설명할 수 있다. 이혜경의 연구(2005)에 의하면 결혼이민자의 가장 많은 수를 차지하고 있는 중국동포 및 중국한족은 친척, 친구 등의 소개로 결혼이 이루어지는 경우가 60% 이상인 데 비해, 일본은 종교단체를 통하는 것이 절대 다수인 92.1%이다. 필리핀 출신의 경우도 종교단체를 통하는 것이 40.3%로 가장 높고, 다음으로 주변인을 통한 소개, 결혼중개업체 순이다. 이에 비해 베트남은 결혼중개업체가 55.4%로 가장 높은 비중을 차지하고 있는 것이 큰 차이라는 점에서 이를 뒷받침한다.

앞서 논의한 대로 결혼이민자를 중심으로 한 다문화사회에 대한 대응으로서 각 부처별로 정책을 기획하고 이 정책을 통해 제공되는 서비스는 다양한 공급 기관을 통해 전달된다. 정책정보와 선행연구에서 나타난 서비스 전달 기관은 주민자치센터와 교육청과 같은 공공행정기관, 정부의 확대 지원 하에 여성 결혼이민자의 적응 지원을 맡고 있는 결혼이민자지원센터, 보육시설과 종합복지관 등의 사회복지시설, 공공행정이 개입하기 이전부터 이들을 지원해온 종교기관, 이주여성상담센터와 같은 NGO 등을 들 수 있다. 그리고 최근에는 다문화사회 내에서 도서관이 이주민들이 새로운 사회에 적응하는 데 필요한 지식과 정보를 제공해야 하고 더불어 이주민 정체성 유지에 필요한 모국 사회와 문화와 관련된 지식과 정보를 제공할 책임이 있음이 새롭게 조명되고 있다(조용완, 2008: 2-3). 이와 더불어 각 연구에서 결혼이민자를 둘러싼 주요 지원 환경으로 제시되고 있는 것으로 결혼이민자에게 서비스를 제공하거나 관련 정보를 제공하는 주체로서 남편과 그 가족, 모국인 친구, 한국인 이웃, 타국 출신 결혼이민자 등이 있다. 이상의 선행연구를 토대로 결혼이민자의 서비스 및 정보 접근성을 논하기 위해 현재 관련 서비스를 제공하는 기관 및 인적자원으로 연구 범위를 정하였다.

Ⅲ. 연구방법

이 연구에서 논의되는 사회서비스는 사회복지사업법에서 제시하고 있는 사회서비스는 물론 공공에서 제공되는 사회보장을 통한 지원도 포함하는 포괄적인 용어로 사용하였다. 이는 서비스 대상자인 결혼이민자가 한국 사회에서 정착하기 위해 필요한 지원이 민간과 공공을 넘어서서 포괄적으로 이루어져야 함을 반영하는 것이기도 하다. 관련 서비스와 정보를 제공하는 체계로는 결혼이민자 관련 서비스를 제공하고 있는 기관, 민간단체, 남편과 이웃 등 인적체계로 한정하였다.

1. 자료 수집

조사 대상은 국내 체류하고 있는 결혼이민자들 중 부산과 경남도내 시, 군 지역에 거주하는 중국, 베트남, 필리핀 등에서 이주해 온 여성들이다. 조사는 구조화된 질문지를 이용한 양적 조사방법을 사용하였다. 지방자치단체에서 개인정보보호차원에서 모집단 명단을 제공하지 않아 비확률 표집을 시도하였다. 연구목적과 관련하여 최적의 정보를 제공할 수 있는 대상자를 선택하는 유의표집을 위해

결혼이민자와 관련된 기관들을 통하여 대상자를 발굴하고 조사를 실시하였다. 설문지는 예비조사 2회와 결혼이민자 대상 프로그램 담당자 및 NGO 활동가의 조언을 거쳐 완성하였다. 설문 내용은 인적사항 부분을 포함하여 총 26문항으로 구성하여 완성하였고, 중국어, 영어, 베트남어로 번역하여 배포하였고 필요한 경우 중국어 및 영어 통역자를 동반하여 조사를 실시하였다.

조사대상자의 거주지 특성을 반영하여 대도시, 중소도시, 군지역을 구분하여 관련기관들에게 의뢰하여 조사를 실시하였으며, 의뢰한 기관은 결혼이민자지원센터, 지역사회복지관, 가족 상담소, 인권센터 등으로서 프로그램에 참석하거나 상담을 의뢰하는 자들에 대해 면접조사를 실시하였다. 조사는 7월 15일부터 9월 4일에 걸쳐 이루어졌고 부산과 경남 거주자로서 중국, 베트남, 필리핀 출신 결혼이민자가 주를 이루었다. 총 137명에 대해 조사를 실시하였고 응답이 부실한 1부를 제외하여 총 136 사례를 분석에 사용하였다.

2. 측정도구와 분석방법

분석자료는 가족과의 정보교류 및 한국에서의 생활만족도 등 결혼이민자의 입국 및 현재 생활에 대한 문항으로 구성하였고, 결혼이민자의 사회적 서비스 욕구 및 의뢰 부문에서는 필요한 사회서비스의 우선순위, 서비스를 얻기 위해 정보를 요청할 곳을 질문하였다. 결혼이민자 지원 서비스기관 및 인적자원 간의 연계망을 분석하기 위해 서비스를 의뢰하거나 수혜 경험 있는 기관에 대해 문항을 작성하였다. 응답결과를 활용하여 결혼이민자를 둘러싼 사회서비스 기관 및 인적자원 간의 사회연결망 분석을 위해 준연결망 자료를 구성하였다.

결혼이민자가 사회서비스를 활용하기 위해 주로 이용하는 기관 및 자원체계를 분석하고 이들 간의 연결망 밀도와 중심성을 분석하는 사회연결망 분석(Social Network Analysis)[5]을 위해 SPSS 14.0 및 NetMiner를 이용하였다. 연결망의 밀도는

[5] 사회연결망 이론은 관계적 인간관에 입각하여 인간행위와 사회구조의 효과를 설명하려는 시도이다. '사회연결망 분석의 특성은 일정한 사람들 사이의 특정한 연계(linkages) 전체의 특성으로 연계에 포함된 사람들의 사회적 행위를 설명하려는 시도'라는 주장은 연결망 이론의 설명 논리를 잘 보여주고 있

참여자들간에 관계가 맺어지는 정도로 연계망의 지표가 된다(손동원, 2008: 12). 밀도는 행위자들 사이의 가능한 모든 관계에 대한 실제로 이루어진 관계의 비율로 측정이 되며 0~1 사이의 값을 가지는데 이 연구에서는 서비스 요청 혹은 정보 요청 의뢰 등을 통해 평가되었다.

연결망의 중심성은 연결망 속에서 개별 기관들의 위치를 밝히는 데 이용되는 지표로서 한 행위자가 전체 네트워크에서 중심에 위치하는 정도를 가리킨다. 연결망의 중심성은 서비스 연계망 속에서 각 기관들이 어느 정도 활발한가를 나타내는 '연결중심성(degree centrality)', '근접중심성(closeness centrality)', '매개중심성(betweenness centrality)' 등으로 나타낸다. 연결중심성은 다른 점들과 얼마만큼 관계를 맺고 있는가를 통해서 그 점이 중심에 위치하는 정도를 계량화한 것인데, 연계망 구성체계 속에서 행위자의 적극성을 설명하는 것으로 연결정도가 높은 기관이 중요 기관이 된다(이인숙, 2004: 123). 근접중심성은 한 점이 다른 점에 얼마만큼 가깝게 있는가를 말하는 개념으로 두 점 사이의 거리가 핵심적 개념이며, 네트워크 전체의 총체적 관계를 고려하여 전체적인 윤곽 하에 중심성을 파악할 수 있다.[6] 매개중심성은 한 점이 얼마나 다른 점들과의 네트워크를 구축하는 데 중개자 혹은 다리 역할을 수행하느냐를 측정하는 개념이다(손동원, 2008: 95). 매개중심성이 높은 체계는 관계망의 중심에 위치하면서 여러 체계들 간 관계에 대한 영향력을 행사한다고 할 수 있다.

다. 각 개인의 상호 작용의 연결망은 행위를 통해 재생산되고 유지되며, 동시에 개인들에 의해 생겨나는 연결망의 전체 구조는 그들의 행위에 영향을 미친다(김용학, 사회연결망 이론, 박영사(2004), pp. 26-27). 또한 네트워크의 효과는 정보획득효과와 지원효과로 집약된다. 정보획득효과란 관계망에 속하게 됨에 따라 이전에 가질 수 없었던 정보를 얻게 되는 효과를 말한다. 여기서 정보라는 것은 필요한 자원들도 포함된다. 지원효과란 관계망에 의해 맺은 다른 사람들로부터 정서적 지원, 물질적 지원, 조언 및 충고 등의 효과를 말한다(손동원, 사회 네트워크 분석, 경문사(2008), pp. 9-11).

[6] 연결중심성의 경우 어떤 한 점에서 직접 연결되어 있지 않는 점들을 고려하지 못하며 국지적인 로컬 영역의 중심성에 한정되는 데 비해, 근접성은 연결중심성에서 간과하고 있는 네트워크의 총체적인 관계를 고려할 수 있기 때문에 전체적인 윤곽 하에서 중심성이 측정된다고 볼 수 있다.

Ⅳ. 사회서비스 및 정보의 연결망 분석

1. 결혼이민자의 인구학적 상황과 사회서비스 욕구

결혼이민자 현황을 보면 2008년 3월 현재 경기도와 서울에 여성 결혼이민자의 48%가 거주하고 있고 다음으로 가장 많이 거주하고 있는 곳이 경상남도(6%)이며, 광역시 중 인천 다음으로 가장 많이 거주하고 있는 부산은 여성 결혼이민자의 4.6%가 거주하고 있다. 전체 여성 결혼이민자 열 명 중 한 명이 거주하고 있는 부산과 경남을 대상으로 조사를 실시한 이 연구에서 조사대상자의 출신국가는 베트남 48.5%, 필리핀 27.2%, 중국 22.8%이었다. 실제 결혼이민자의 가장 많은 수를 차지하고 있는 중국 출신은 상대적으로 프로그램 참여나 기관 이용자가 적다고 볼 수 있으며, 전체에서 차지하는 비중이 적은 필리핀 출신은 프로그램과 관련기관 활동에서 더 높은 참여도를 가지고 있음을 파악할 수 있다.

응답자 연령 분포를 살펴보면 20대가 53%로 가장 많았고 30대가 38.8%, 40세 이상도 7.5%였다. 결혼기간은 1년 미만이 24.2%이며, 1년 이상 3년 미만이 35.1%로 가장 많았다. 대상자가 프로그램 참여자 혹은 내담자라는 측면에서 볼 때 결혼을 통해 입국한 초기에 프로그램 참여도가 높고, 결혼기간이 길어질수록 참여도가 낮다가 8년 이상이 되었을 때 오히려 증가되는 것을 볼 수 있다. 이것은 입국 초기에 서비스욕구가 해결되지 않았다기보다는 결혼기간이 지속되면서 자녀교육과 같은 새로운 문제를 직면하고 사회정착에 필요한 새로운 서비스가 필요하기 때문이라고 설명할 수 있다. 학력은 고등학교 졸업이 39.1%로 가장 많고 다음으로 중학교 졸업 24.1%, 대학 졸업 15.8%, 초등학교 졸업 10.5%였다. 자녀수는 응답자의 44.1%가 1명이라고 응답하였고, 자녀가 없다에 29.4%, 2명이다에 25.0%가 응답하였다.

〈표 1-1〉 조사대상자의 인구학적 상황

	항목	N	%		항목	N	%
출신국	중국	31	22.8	연령	-19세	1	0.7
	필리핀	37	27.2		20-29세	71	53.0
	베트남	66	48.5		30-39세	52	38.8
	기타	2	1.5		40세 이상	10	7.5
	합계	136	100.0		합계	134	100.0
결혼기간	1년 미만	31	24.2	거주지	광역시	54	39.7
	1년 이상 3년 미만	45	35.1		시	54	39.7
	3년 이상 5년 미만	24	18.8		군	28	20.6
	6년 이상 8년 미만	9	7.0		합계	136	100.0
	8년 이상	19	14.8	최종학력	무학	2	1.5
	합계	128	100.0		초등학교	14	10.5
자녀수	없다	40	29.4		중학교	32	24.1
	1명	60	44.1		고등학교	52	39.1
	2명	34	25.0		전문대학	10	7.5
	3명 이상	2	1.5		대학교 이상	23	17.3
	합계	136	100.0		합계	133	100.0

결혼과 함께 입국하여 생활하고 있는 조사대상자에게 선행연구 결과들을 토대로 구성한 각 시기별로 다른 서비스 욕구에 대해 질문하였다. 한국사회로 초기 진입 단계에서 반드시 필요한 서비스, 사회적응 단계에서 생활에 불편을 가져오지 않도록 지원이 필요한 서비스, 적응기간을 거쳐 사회정착단계에서 필요한 서비스를 선택하는 질문에 대한 응답결과는 〈표 1-2〉와 같다. 서로 다른 문항을 구성하여 질문한 것은 한국사회에서의 적응단계에 따라 서비스 욕구도 다를 뿐 아니라 이에 대해 정보를 요청하게 될 사회기관이나 인적자원이 서로 어떻게 다른가를 확인하기 위한 것이다.

〈표 1-2〉 결혼이민자의 사회서비스 욕구(중복 응답)

		응답		케이스의 %
		N	%	
초기진입 필요서비스	한국어교육	107	41.8	82.3
	국적취득을 위한 안내	33	12.9	25.4
	생계비 지원	36	14.1	27.7
	지역사회 기관이용을 위한 정보, 안내	19	7.4	14.6
	가족관계 이해를 위한 교육	61	23.8	46.9
	합계	256	100.0	196.9
사회적응 필요서비스	의료비 지원	62	25.8	48.8
	사회적 교류 기회 제공	19	7.9	15.0
	자녀교육비나 방과후 프로그램 지원	79	32.9	62.2
	출산 전후 가정봉사 서비스	42	17.5	33.1
	학부모로서 학교활동에 대한 정보제공	38	15.8	29.9
	합계	240	100.0	189.0
사회정착 필요서비스	한국문화 이해 교육	96	39.3	75.0
	취업상담, 직업훈련, 취업알선	86	35.2	67.2
	가족문제 상담	41	16.8	32.0
	문화생활 지원	5	2.0	3.9
	주택수리 등 주택관련 서비스	16	6.6	12.5
	합계	244	100.0	190.6

초기진입단계에서 가장 많이 필요로 하는 서비스는 한국어 교육(케이스의 82.3%)이었고 다음으로는 가족관계 이해를 위한 교육에 대해 46.9%가 우선적으로 필요하다고 응답하였다. 사회적응 단계에서 필요한 서비스에 대한 질문에 자녀교육비 혹은 방과후 프로그램 지원에 62.2%가 필요하다고 응답하였고 다음으로 의료비 지원에 대상자의 48.8%가 필요하다고 응답하였다. 다음으로 사회정착단계에서는 한국문화 이해를 위한 교육에 75%가 필요하다고 응답하였으며, 무엇보다 주의해서 보아야 할 것은 취업관련욕구에 대해 67.2%가 응답하여 가족문제 상담 혹은 문화생활 지원에 비해 상대적으로 큰 비중을 차지하고 있다는 점이다.

결혼이민자지원센터, 사회복지관, 도서관, 행정기관 등을 대상으로 정보 및 서비스를 요청하지 않은 이유를 묻는 질문에 대해 〈표 1-3〉에서와 같이 응답자의

〈표 1-3〉 공공 및 민간 기관 등 방문하지 않은 이유(중복응답)

	응답		케이스의 %
	N	%	
그런 곳이 있는지 몰라서	88	40.6	74.6
거리가 멀어서	24	11.1	20.3
시간이 없어서	26	12.0	22.0
용기가 없어서	11	5.1	9.3
가족 반대	11	5.1	9.3
방문할 필요가 없어서	34	15.7	28.8
기타	23	10.6	19.5
합계	217	100.0	183.9

74.6%가 그런 곳이 있는지 몰라서라고 응답하였다. 시간이 없거나 거리가 멀어서 방문하지 못했다고 하는 경우도 각각 22.0%, 20.3%였다. 가족이 기관 방문에 대해 반대하거나 본인이 용기가 없어서 방문하지 않았다에 각각 9.3%가 응답하였다. 이러한 결과는 결혼이민자 대상 서비스 제공을 전면으로 내세우고 있는 기관임에도 여전히 결혼이민자들에게 인지도가 낮다고 설명할 수 있으며, 서비스와 관련하여 주 정보 제공자가 될 수 있는 인적체계들이 오히려 서비스와 기관의 이용을 원하지 않을 수 있다는 것은 향후 서비스 제공과 프로그램 개발에 있어서 미리 고려해야 할 부분이라고 할 수 있다.

2. 사회서비스 및 정보 제공체계 연결망

선행연구에 의하면 결혼이민자들이 서비스 지원에 대해 가장 많은 욕구를 가지고 있는 문제는 한국어 소통 및 한국 문화 이해의 어려움, 부부관계를 비롯하여 가족 간의 갈등 문제, 자녀의 학습지도 및 학부모로서 역할의 어려움, 의료시설 이용의 어려움 등이었다. 이러한 문제를 해결하기 위해 사회서비스 및 정보를 요청하는 곳으로 먼저 사회적 체계라는 것은 동사무소와 구청 등 공공기관, 결혼이민자지원센터, 사회복지시설, 종교기관, 시민단체, 도서관 및 인터넷 사용공간으로 범주화하였고, 인적체계로서 남편 및 남편친척, 모국출신 친구, 타국출신 친구,

한국인 이웃으로 분류하였다. 결혼이민자들이 이들 체계에게 서비스를 받거나 정보를 요청하는 등의 접촉 경험을 자료화하여 연결망 분석을 하였다.

1) 문제별 사회서비스 및 정보 제공체계 연결망 분석

한국어 소통 및 한국문화 이해의 어려움을 해결하기 위해 정보를 요청한 체계인 10개 노드의 연결 수(link)는 88이었다. 연결망 밀도는 0.978로 거의 모든 노드들이 서로 연결되어 있고 고립된 체계는 없으며, 연결 중심성에서 시민단체 및 타국출신 친구(0.89)를 제외하고 모든 체계가 동일한 중심성(1.00)을 가지고 있다.

〈표 1-4〉 문제별 사회서비스 기관 및 인적체계의 연결망 차이

	순위	연결중심성		근접중심성		매개중심성	
		기관 및 인적자원	지수	기관 및 인적자원	지수	기관 및 인적자원	지수
1. 한국어 소통	1	행정기관, 결혼이민자지원센터, 종교단체, 공공도서관 및 인터넷	1.000	행정기관, 결혼이민자지원센터, 종교단체, 공공도서관 및 인터넷	1.000	행정기관, 결혼이민자지원센터, 종교단체, 공공도서관 및 인터넷	0.003
		모국친구, 남편 및 남편친척, 한국인 이웃		모국친구, 남편 및 남편친척, 한국인 이웃		남편 및 남편 친척, 모국친구, 한국인 이웃	
2. 가족간 문제	1	결혼이민자지원센터	0.889	결혼이민자지원센터	0.889	결혼이민자지원센터	0.294
	2	복지시설	0.667	복지시설	0.711	복지시설	0.039
		모국친구		모국친구		모국친구	
3. 자녀 지도	1	복지시설	0.889	복지시설	0.900	행정기관	0.236
	2	결혼이민자지원센터, 모국친구, 한국인 이웃	0.778	결혼이민자지원센터, 모국친구, 한국인 이웃	0.818	복지시설	0.122
	3					모국친구, 한국인 이웃	0.071
4. 취업 문제	1	모국친구	1.000	모국친구	1.000	모국친구	0.333
	2	공공도서관 및 인터넷	0.667	공공도서관 및 인터넷	0.750	공공도서관 및 인터넷	0.102
	3	결혼이민자지원센터, 종교단체	0.556	결혼이민자지원센터, 종교단체	0.692	결혼이민자지원센터, 종교단체	0.042
5. 의료 시설 이용	1	남편 및 남편친척, 모국친구	1.000	남편 및 남편 친척, 모국친구	1.000	남편 및 남편 친척, 모국친구	0.236
	2	행정기관	0.778	행정기관	0.818	행정기관	0.056
6. 모국 생활 정보	1	남편 및 남편친척, 모국친구	0.889	남편 및 남편친척, 모국친구	0.900	모국친구	0.148
	2	결혼이민자지원센터, 복지시설, 공공도서관 및 인터넷, 한국인 이웃	0.778	결혼이민자지원센터, 복지시설, 공공도서관 및 인터넷, 한국인 이웃	0.818	남편 및 남편 친척	0.111
	3					공공도서관 및 인터넷	0.083

한국어 소통 및 문화이해 관련한 서비스 연결망에서 근접성 지수는 0.980이며, 근접중심성은 시민단체와 타국출신 친구를 제외하고 모두 1.000으로 동일하며 근접성의 편차가 없음을 알 수 있다. 매개중심성 지수는 0.003이며 행정기관, 결혼이민자지원센터, 공공도서관 및 인터넷, 남편 및 남편 친척, 한국인 이웃, 모국친구 등이 미약하나마 매개적 기능을 수행하는 것으로 보인다. 매개역할을 전혀 하지 못하는 체계는 시민단체, 타국출신 친구로 나타났다.

부부 간 혹은 가족 간 갈등이 발생했을 때 필요한 서비스를 제공하거나 정보요청을 받는 10개의 체계에서 연결 수(link)는 42였다. 연결망 밀도는 포괄성 90%에 지수 0.467로 평균 4.2개 노드와 연결되어 있음을 알 수 있다. 연결중심성이 가장 높은 체계는 결혼이민자지원센터(0.889)이며, 복지시설 및 모국출신 친구가 각각 0.667, 종교단체와 남편 및 남편 친척이 각각 0.556 순이었다. 가족 간 문제해결과 관련한 체계의 연결망에서 고립된 체계는 타국출신 친구였다.

가족문제와 관련한 정보 및 서비스 제공체계의 연결망에서 근접중심성 지수는 평균 0.582이며, 근접중심성이 가장 높은 체계는 결혼이민자지원센터였고(0.889), 복지시설 및 모국출신 친구(0.771), 행정기관, 종교단체, 남편 및 남편 친척, 한국인 이웃(0.447)이 그 다음 순이었다. 매개중심성 지수는 평균 0.042였으며 가장 높은 매개성을 가진 체계는 결혼이민자지원센터(0.294)였으며, 복지시설과 모국출신 친구(0.039), 종교단체 및 행정기관(0.019)이 미약하게나마 매개중심성을 가지고 있다. 매개성을 전혀 가지지 않은 체계는 시민단체, 공공도서관 및 인터넷, 타국출신 친구, 한국인 이웃 등이었다. 한국어 소통 문제관련보다는 체계간 연결밀도가 상대적으로 낮다는 것은 상대적으로 가족갈등 문제 해결을 위해 서비스와 정보를 요청할 수 있었던 체계가 적었다고도 할 수 있다. 또한 부부, 자녀와의 갈등과 같은 가족문제는 복합적인 성격을 가지고 있으므로 관련 서비스를 제공하는 체계들은 다양한 측면을 반영해야 하며 다른 사회서비스 기관과의 협력과 조정을 통한 문제 예방과 해결이 필요할 것이다.

자녀의 학습지도, 유치원 및 학교생활 적응 문제에 어려움이 있을 때 서비스와 정보를 제공하는 체계의 연결망 밀도는 0.600이며 링크 수는 54이며 고립된 체계는 없다. 연결중심성이 가장 높은 기관은 〈표 1-4〉에서와 같이 복지시설로 0.889

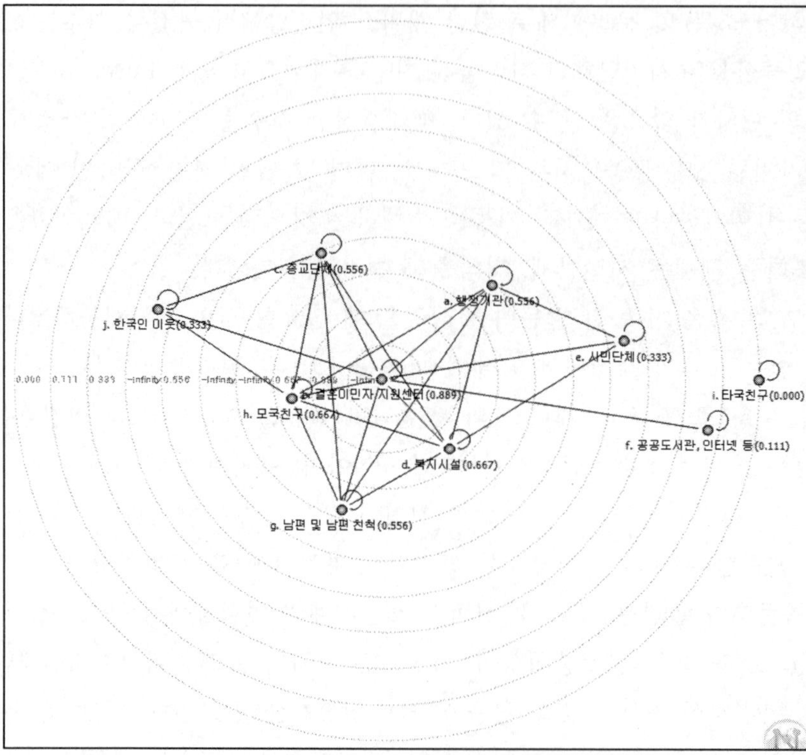

〈그림 1-1〉 가족 간 문제관련 체계의 연결중심성

이었으며 다음 순으로는 결혼이민자지원센터, 모국출신 친구, 그리고 한국인 이웃으로 중심성이 각각 0.778이었다.

근접중심성이 가장 높은 체계는 복지시설(0.900)로 나타났다. 이는 다른 문제에 대해서 대부분 결혼이민자지원센터가 근접중심성이 높았던 것과 비교되는 부분이며, 자녀교육에 대한 서비스를 제공하는 주기관이 복지시설이기 때문이라고 짐작할 수 있다. 다음으로 근접중심성이 높은 체계는 모국출신 친구, 결혼이민자지원센터, 한국인 이웃으로서 그 지수가 각각 0.818이다. 한국인 이웃이 중심성이 높은 것도 한국어 소통이나 가족문제 상담 등 다른 문제의 경우와 차이를 보여준다. 매개중심성이 가장 높은 곳은 행정기관이며 다음으로 복지시설, 모국친구, 한국인 이웃 순이었다.

구직활동 및 취업생활의 어려움이 있을 때 서비스와 정보를 제공하는 체계의

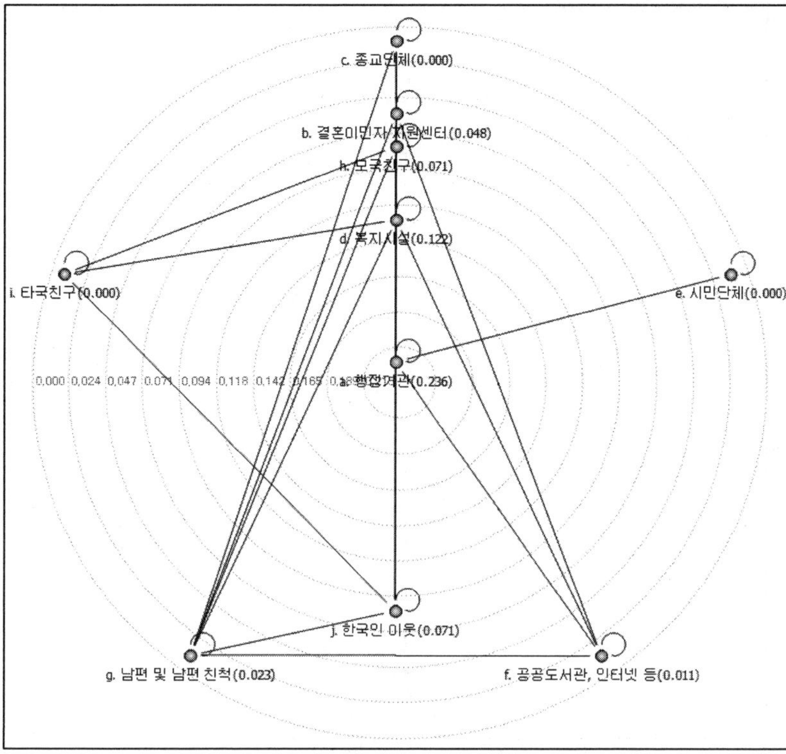

〈그림 1-2〉 자녀교육 문제관련 체계의 매개중심성

연결망 밀도는 0.511이며 링크 수는 46, 고립된 체계는 없다. 연결중심성이 가장 높은 체계는 모국출신 친구로 지수가 1.000이었으며 다음 순으로 공공도서관 및 인터넷 0.667, 결혼이민자지원센터, 종교단체가 각각 0.556이었다. 서비스와 정보 제공체계에서 근접중심성 지수는 0.687이었으며 가장 높은 중심성을 나타낸 체계는 모국친구였으며, 다음으로 공공도서관 및 인터넷 사용공간(0.750), 결혼이민자 지원센터와 종교단체가 각각 0.692로 높았다.

취업문제와 관련하여 체계간의 매개중심성 지수는 평균 0.061로 비교적 약한 편이며, 이들 중 가장 높은 매개성을 가진 체계는 모국친구가 0.333으로 가장 높았고 다음으로 공공도서관 및 인터넷 0.102로 그 뒤를 이었다. 취업과 관련하여 정보 및 지원에 대한 욕구가 높았던 앞의 조사결과와 비교할 때 결혼이민자 대상의 다양한 서비스를 제공하고 있는 기존 기관들이 취업과 관련하여 매개적 역할

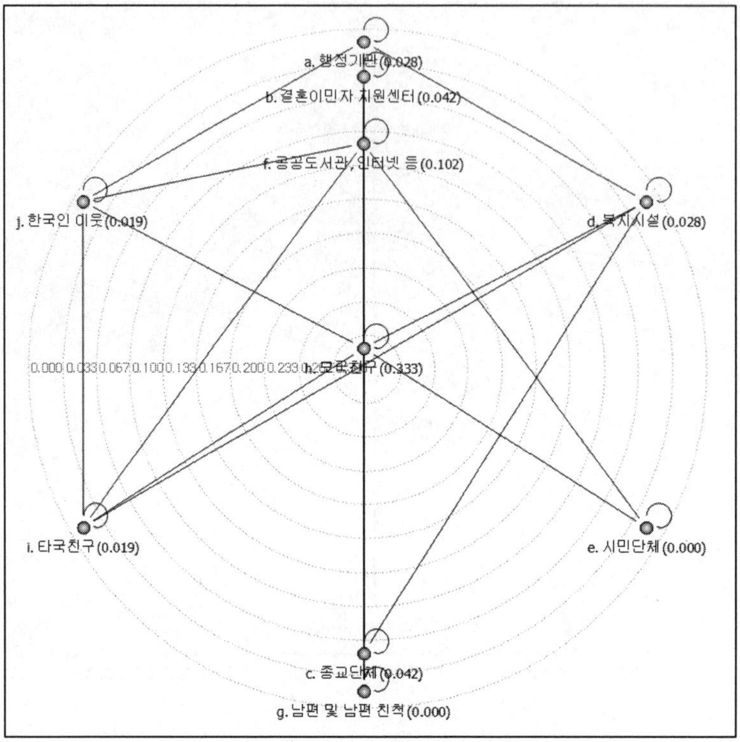

〈그림 1-3〉 취업 및 구직문제 관련 체계의 매개중심성

은 상대적으로 부족한 것으로 해석할 수 있다. 구직활동 및 취업생활과 관련하여서 시민단체와 남편 및 남편 친척은 매개성이 없는 것으로 나타났다. 이것을 그림으로 나타내면 〈그림 1-3〉과 같다.

병원 및 의료시설 이용의 어려움이 있을 때 서비스와 정보를 제공하는 체계의 연결정도를 보면 연결망 밀도는 0.578이며 링크 수는 52이다. 연결중심성이 가장 높은 체계는 남편 및 남편 친척, 모국출신 친구로 각각 지수가 1.000이었고 다음으로 행정기관 0.778이며 결혼이민자지원센터, 종교단체, 복지시설이 각각 0.556이었다. 남편과 모국출신 친구가 의료시설 이용문제와 관련하여 연결중심성이 가장 높은 현상은 해당문제의 성격인 서비스 지원의 긴급성이 반영된 것으로 보이며, 상대적으로 중심적인 역할을 기대할 수 있는 사회적 체계들이 연결중심성이 낮은 것으로 보아 중심적 역할을 수행하지 못하고 있다고 평가할 수 있다.

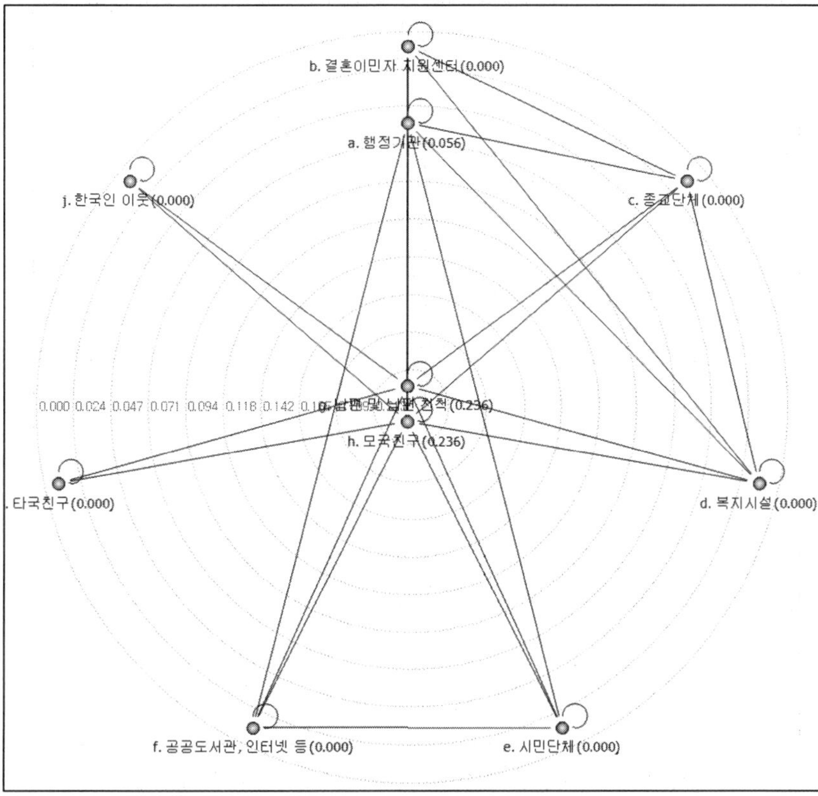

〈그림 1-4〉 의료시설 이용관련 체계 간 매개중심성

의료시설 이용관련 정보와 서비스에서 근접중심성이 가장 높은 체계는 남편 및 남편 친척, 모국출신 친구로 각각 지수가 1.000이었으며 다음으로 근접성이 높은 체계는 행정기관 0.818이며 결혼이민자지원센터, 종교단체, 복지시설이었다. 타국출신 친구 및 한국인 이웃 등이 상대적으로 근접중심성이 낮았다. 매개중심성은 그 지수가 0.053으로 높은 편은 아니다. 그중 가장 높은 매개성을 가진 체계는 〈그림 1-4〉에서와 같이 남편 및 남편 친척과 모국출신 친구 0.236, 다음으로 행정기관 0.056이었다. 그 외의 여타 체계는 매개성을 가지지 않는 것으로 나타났다.

모국과 관련된 생활정보와 관련한 서비스와 정보를 제공하는 체계의 연결망 밀도는 0.644이며 링크 수는 58이다. 고립된 체계는 없으며 연결망 밀도가 다른 문제와 비교했을 때 상대적으로 높은 편이라고 할 수 있다. 모국출신 친구 및 남

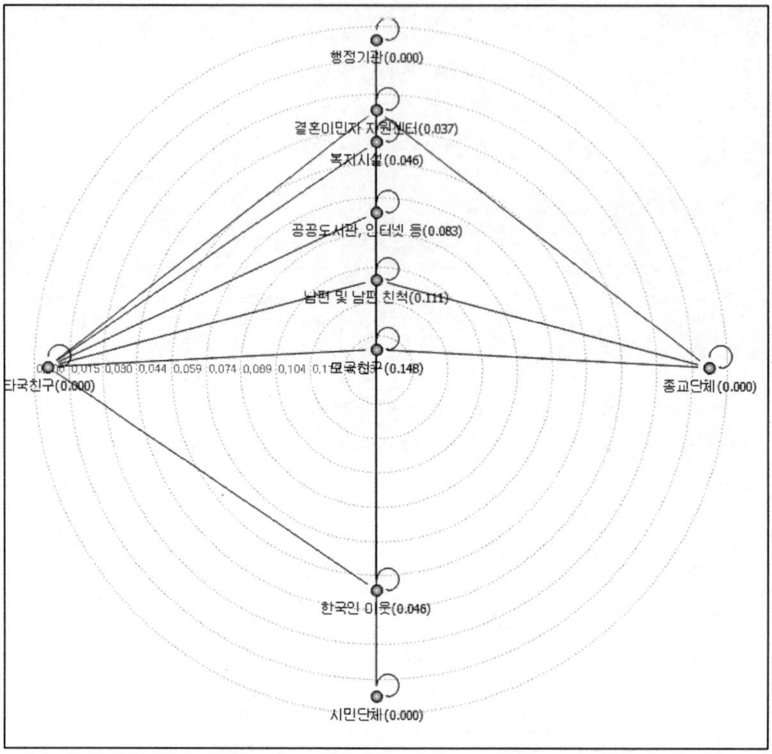

〈그림 1-5〉 모국관련 정보 및 서비스 체계 간의 매개중심성

편과 남편 친척이 연결중심성 0.889로 가장 높았고 행정기관, 종교단체, 시민단체 등이 연결중심성이 낮았다. 이는 정부의 다양한 부처와 공공기관이 다문화 정책을 추진함에 있어 동화주의가 아닌 방향으로의 추진을 표방하고 있으나 모국관련 서비스 제공처의 중심역할에서는 오히려 비공식적 체계에 비해 그 기능이 약하다고 분석할 수 있는 부분이다.

모국과 관련된 생활정보를 제공체계의 근접중심성은 평균 0.751이며 가장 높은 중심성을 가진 체계는 모국출신 친구, 남편 및 남편 친척(0.900)이었다. 매개중심성 지수는 0.047이며 가장 높은 중심성을 가진 체계는 모국출신 친구 0.148이었으며, 남편 및 남편 친척 0.111, 공공도서관 및 인터넷 사용공간 0.083 순이었다. 매개중심성을 가지지 않는 체계로 행정기관, 종교단체, 시민단체이다. 이를 통해서 볼 때 각종 서비스 기관을 통해 얻는 정보와 정보요청 내용은 한국생활 중심임을 간접적으로 파악할 수 있고, 모국정보 관련 연결망 분석임에도 매개기능에 있어서 남편 및 남편 친척의 중심성이 크다. 행정기관, 시민단체 등이 결혼이민자들의 출신국 문화를 수용하고 인정하는 것을 넘어서서 출신 모국에 대한 정보와 문화에 대한 접근성을 높일 수 있도록 정책의 방향설정이 필요하고, 서비스와 정보를 제공하는 효과를 높이기 위하여 다른 기관 및 인적체계들과 연계하는 것이 필요함을 보여주고 있다.

2) 응답자 차이에 따른 서비스와 정보 제공체계의 연결망 분석

결혼이민자들의 출신국적별로 그리고 이들의 거주 지역에 따른 정보접근성이 서로 어떻게 다른가를 간접적으로 파악하기 위해 서비스와 정보 제공체계의 연결망을 분석하였다. 이를 위해 결혼이민자들이 각 문제별로 정보와 서비스를 요청하는 곳이라고 지적한 수를 합산하여 데이터로 활용하였다.

(1) 출신국적별 차이

서론에서 언급하였듯이 결혼이민자의 절대다수를 차지하는 출신국가는 중국, 베트남, 필리핀이다. 이 연구의 조사대상자도 응답자 2명을 제외하고는 모두 이들 국가 출신이다. 각국 출신 결혼이민자들의 응답결과를 토대로 정보 및 서비스 제공체계의 연결망 분석 결과 근접중심성과 매개중심성에서 각 체계의 종류에 따른 차이가 거의 없으나 연결중심성에서는 각 체계들이 순위가 다르게 나타났다. 중국과 필리핀이 모국친구, 남편 및 남편 친척, 결혼이민자지원센터 순으로 중심성이 높았으나 베트남의 경우 남편 및 남편 친척이 연결중심성이 가장 높고 다음으로 결혼이민자지원센터, 모국친구 순이었다.

중국출신자 응답의 경우 체계에서 매개중심성을 가진 기관은 행정기관, 결혼이민자지원센터, 공공도서관 및 인터넷, 남편 및 남편 친척, 모국 친구, 한국인 이웃 등이 동일한 중심성을 가지고 있었다. 종교단체, 복지시설, 시민단체 등이 매개중심성이 없는 것에 비해 필리핀 출신 응답자의 경우 종교단체와 복지시설이 매개성을 가지고 있는 것으로 나타났다. 베트남 출신의 경우 복지시설은 매개성이 있으나 종교단체는 전혀 없었고, 중국출신 집단의 경우 한국인 이웃이 매개 중

〈표 1-5〉 출신국적별 사회서비스 기관 및 인적체계의 연결망 차이

출신국적	순위	연결중심성		근접중심성		매개중심성	
		기관 및 인적자원	지수	기관 및 인적자원	지수	기관 및 인적자원	지수
중국	1	모국친구	24.444	행정기관, 결혼이민자 지원센터, 공공도서관 및 인터넷	1.000	행정기관, 결혼이민자 지원센터, 공공도서관 및 인터넷	0.014
	2	남편 및 남편 친척	15.222				
	3	결혼이민자지원센터	12.222	모국친구, 남편 및 남편 친척, 한국인 이웃		남편 및 남편 친척, 모국친구, 한국인 이웃	
베트남	1	남편 및 남편 친척	41.889	행정기관, 결혼이민자 지원센터, 복지시설	0.889	행정기관, 결혼이민자 지원센터, 복지시설	0.009
	2	결혼이민자지원센터	37.000				
	3	모국친구	30.000	남편 및 남편 친척, 모국친구, 타국친구		남편 및 남편 친척, 모국친구, 타국친구	
필리핀	1	모국친구	30.333	행정기관, 결혼이민자 지원센터, 종교단체, 복지시설, 공공도서관 및 인터넷	1.000	행정기관, 결혼이민자 지원센터, 종교단체, 복지시설, 공공도서관 및 인터넷	0.008
	2	남편 및 남편 친척	28.000				
	3	결혼이민자지원센터	26.222	모국친구, 남편 및 남편 친척		남편 및 남편 친척, 모국친구	

심성에서 우선순위를 가지는 것과는 달리 베트남 및 필리핀 출신자들의 응답 결과에서는 한국인 이웃이 매개 중심성이 없었다. 이는 대표적 인적자원이 될 수 있는 한국인 이웃과의 정보 교류 등에서 출신국적별로 접근성의 성격이 차이가 있음을 보여주고 있다.

중국과 필리핀 출신 응답결과와 달리 베트남 출신 응답자들의 결과에 따르면 시민단체가 연결망에서 고립되어 있는 것이 특징이었다. 전체 연결밀도가 중국 0.933, 필리핀 0.956인 것에 비해 베트남은 0.756으로 가장 낮다. 베트남 출신 결혼이민자들이 다른 국가 출신 결혼이민자들에 비해 정보 및 서비스를 요청한 정도가 적고 아울러 서비스를 요청함에 있어서 대상체계가 다양하지 못함을 보여주고 있는 것이다.

(2) 거주지역별 차이

먼저 연결밀도를 살펴보면 광역시 0.956, 시지역 0.756, 군지역 0.933으로 밀도는 시 지역에 있는 서비스와 정보 제공체계가 상대적으로 밀도가 낮다.

광역시를 살펴보면, 연결중심성이 가장 높은 것으로 모국친구, 남편 및 남편 친척, 복지시설, 결혼이민자지원센터 순이었다. 매개중심성의 경우 종교단체, 시

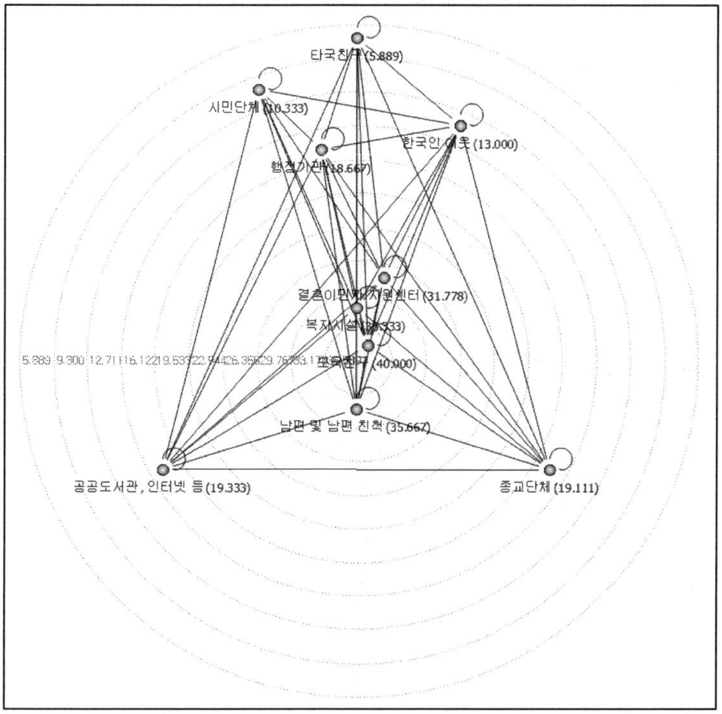

〈그림 1-6〉 연결중심성 - 광역시

〈표 1-6〉 거주지역별 사회서비스 기관 및 인적자원 연결망 차이

거주지	순위	연결중심성		근접중심성		매개중심성	
		기관 및 인적자원	지수	기관 및 인적자원	지수	기관 및 인적자원	지수
광역시	1	모국친구	40.000	행정기관, 결혼이민자 지원센터, 복지시설, 공공도서관 및 인터넷	1.000	행정기관, 결혼이민자 지원센터, 복지시설, 공공도서관 및 인터넷	0.008
	2	남편 및 남편 친척	35.667				
	3	복지시설	35.333	모국친구, 남편 및 남편 친척, 한국인 이웃		남편 및 남편 친척, 모국친구, 한국인 이웃	
시	1	남편 및 남편 친척	28.111	행정기관, 결혼이민자 지원센터, 복지시설	0.889	행정기관, 결혼이민자 지원센터, 복지시설	0.009
	2	결혼이민자지원센터	21.000				
	3	모국친구	17.889	남편 및 남편 친척, 모국친구, 타국친구		남편 및 남편 친척, 모국친구, 타국친구	
군	1	모국친구	27.111	결혼이민자지원센터, 종교단체, 복지시설, 공공도서관 및 인터넷	1.000	결혼이민자지원센터, 종교단체, 복지시설, 공공도서관 및 인터넷	0.014
	2	결혼이민자지원센터	22.889				
	3	남편 및 남편 친척	22.222	모국친구, 남편 및 남편 친척		남편 및 남편 친척, 모국친구	

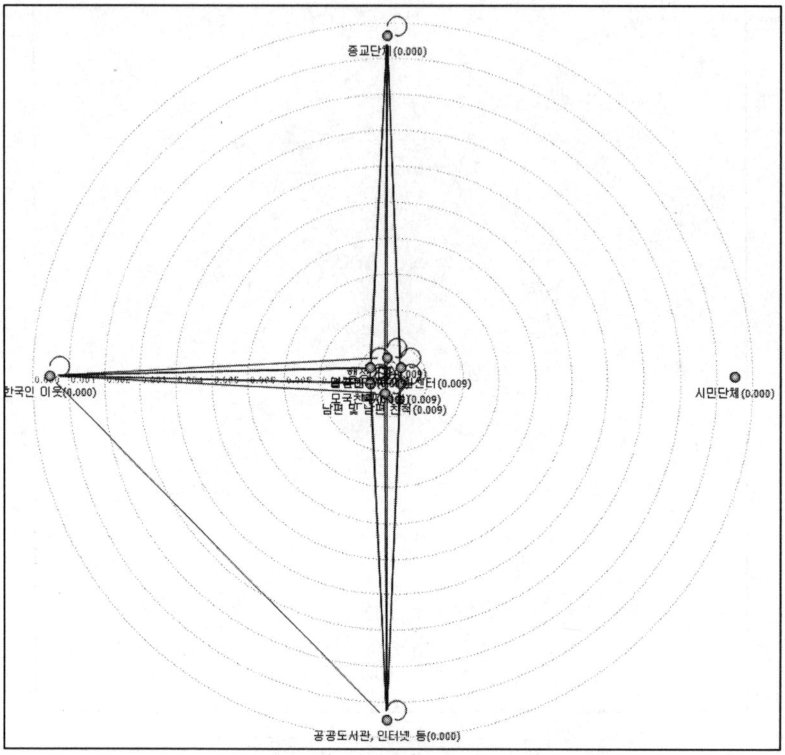

〈그림 1-7〉 매개중심성 - 시지역

민단체, 타국 친구가 매개성이 없으며 나머지 체계들은 미미하나마 동일한 매개중심성(0.008)을 가지고 있다.

광역시와 군 지역에 비해 상대적으로 연결 밀도가 낮은 시 지역은 서비스와 정보를 제공하는 체계간 정보와 서비스 교류정도가 상대적으로 낮다고 평가할 수 있다. 근접중심성의 경우 시민단체를 제외하고는 비슷한 수준을 보이고 있으나, 매개중심성의 경우는 종교단체, 시민단체, 공공도서관, 인터넷, 한국인 이웃 등이 매개중심성을 전혀 가지고 있지 않다. 시민단체가 고립 노드라는 측면과 종교단체의 경우 연결정도가 높음에도 매개중심성을 가지고 있지 않다는 것도 주목할 수 있다. 그리고 연결중심성이 가장 높은 남편 및 남편 친척의 경우도 매개중심성에서는 다른 기관과 차이를 보이지 않는다는 측면도 향후 정책개발에 있어서 고려할 부분이다.

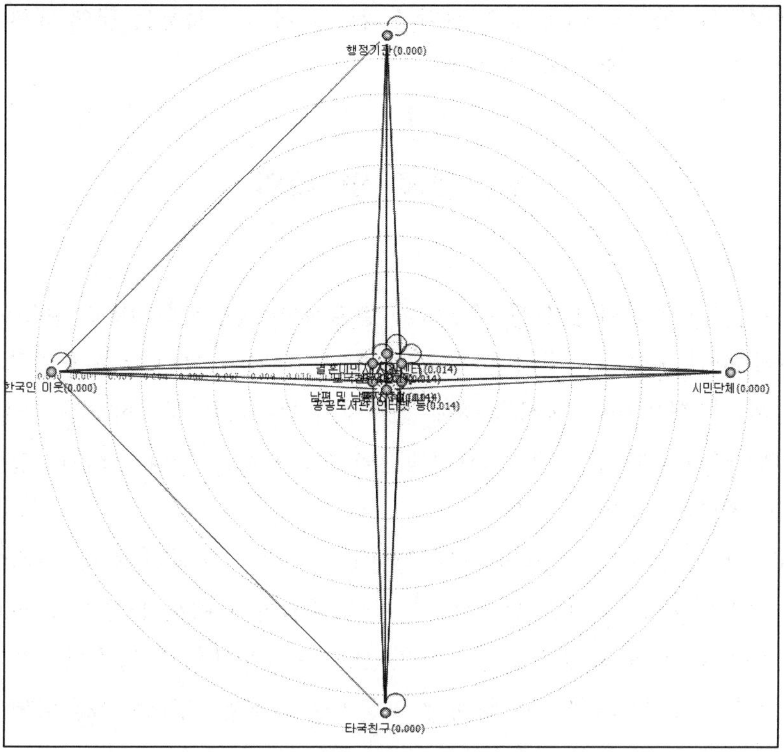

〈그림 1-8〉 매개중심성 - 군지역

군지역의 특징은 연결중심성이 가장 높은 대상이 모국친구(27.111)라는 점이다. 다음으로 결혼이민자지원센터, 남편 및 남편 친척 순이다. 모국친구가 연결중심성이 가장 높다는 것은 광역시 거주자와 동일한 결과이나 광역시는 다음 순이 남편 및 남편 친척인 데 비해 군지역은 다음으로 높은 중심성을 가진 기관이 결혼이민자지원센터라는 점이다. 문제를 해결하기 위해 가족보다는 모국 친구 혹은 관련 기관에 우선적으로 정보를 요청하는 것으로 해석할 수 있다. 이것은 남편 혹은 친척이 정보 제공 혹은 서비스 연결자로서의 기능을 덜 한다고 해석할 수 있는 부분이다.

군지역의 매개중심성을 보면 한국인 이웃과 타국출신 친구, 시민단체, 행정기관이 중심성을 거의 가지고 있지 못하다. 군지역의 특성을 고려할 때 결혼이민자들에게 정보 및 서비스를 제공하는 데 있어서 중요한 역할을 수행하리라 기대하였던 행정기관, 한국인 이웃 등이 매개중심성을 가지지 못하는 것에 대한 대안적 전략 모색이 필요하다고 할 수 있다.

V. 결론 및 제언

결혼이민자와 관련한 선행 연구들이 결혼생활적응, 사회서비스 욕구파악, 당면한 문제 중심 논의로 이루어진 반면, 이 연구는 서비스와 정보를 요청하는 주체로서 결혼이민자가 어떤 체계에 대해 접근성이 높은지를 파악하고자 결혼이민자를 둘러싼 공공·민간을 포함한 사회체계와 인적체계들 간의 사회연결망을 분석하였다는 점에서 의의가 있다.

결혼이민자들이 입국 이후 한국사회에 진입하고 정착하는 각 단계에서 직면하는 문제의 종류가 다를 뿐 아니라 이를 해결하기 위해 도움이나 정보를 요청하는 대상도 차이가 있음을 알 수 있었다. 주요문제별로 결혼이민자가 응답한 서비스와 정보를 요청하는 체계간 연결망을 분석한 결과를 요약하면 다음과 같다.

먼저, 한국어 학습 및 소통문제에서는 모든 체계들이 연결·근접·매개 중심성에서 큰 차이를 보이지 않아 이 문제를 해결하기 위한 기능을 유사하게 수행하고 있다고 할 수 있다. 둘째, 가족 간 문제에서 근접중심성과 매개중심성이 가장 높은 체계는 결혼이민자지원센터였고 다음으로 복지시설, 모국출신 친구 순이었다. 매개성을 전혀 가지지 않는 체계로는 시민단체, 공공도서관 및 인터넷, 타국출신 친구, 한국인 이웃 등으로 서비스를 제공하거나 정보를 요청받고 있다 하더라도 다른 체계 간의 연계성은 매우 약한 것으로 나타났다. 셋째, 자녀교육 문제와 관련하여 매개중심성이 높은 체계는 행정기관, 복지시설, 모국출신 친구 및 한국인 이웃 순이었다. 종교단체와 시민단체는 사회적응단계에서 직면하는 자녀교육문제에 대하여 체계에서 중심성이 낮아 상대적으로 관련 서비스 제공이 부족하거나 접근성이 낮은 것으로 파악할 수 있다. 넷째, 결혼이민자의 취업 관련 욕구가 높은 것에 비해 서비스와 정보 제공체계들이 이와 관련한 서비스 제공에서 매개적 역할은 상대적으로 부족한 것으로 나타났다. 다섯째, 병원 및 의료시설 이용 문제에서 연결중심성이 가장 높은 체계는 남편 및 남편 친척, 모국출신 친구로 나타나 상대적으로 중심성을 가지지 못한 사회 기관들의 역할 확대와 강화가 필요함을 보여준다. 마지막으로 모국과 관련된 생활정보에 대해 모국출신 친구 및 남편과 남편 친척이 연결중심성이 가장 높았고 행정기관, 종교단체, 시민단체 등이 연결중심성이 낮은 것으로 나타나 공식적 체계의 기능이 상대적으로 약함을 알 수 있다.

출신국적별로 연결망 차이를 보면 근접중심성과 매개중심성에서 체계의 종류에 따른 차이가 없으나 연결중심성에서는 체계의 순위가 다르게 나타났다. 중국과 필리핀이 모국친구, 남편 및 남편 친척, 결혼이민자지원센터 순으로 연결중심성이 높았으나 베트남의 경우 남편 및 남편 친척이 연결중심성이 가장 높았다. 연결밀도는 베트남출신이 상대적으로 가장 낮아 다른 국가 출신 결혼이민자들에 비해 정보 및 서비스를 요청한 정도가 적고 아울러 서비스를 요청하는 체계도 다양하지 못함을 알 수 있었다. 거주지역별로 분석한 결과를 보면 광역시에서 연결중심성은 모국친구가 가장 높았고, 시와 군에서 순위에 들지 않았던 복지시설의 연결중심성이 높게 나왔다. 시의 경우 남편 및 남편 친척이 연결중심성이 가장 높았고, 종교단체, 시민단체, 공공도서관, 인터넷, 한국인 이웃 등이 매개중심성이 전혀 없었다. 연결중심성이 높은 남편 및 남편 친척의 경우 매개중심성에서는 다른 기관과 차이를 보이지 않는다는 것도 특징이다.

이상의 결과를 토대로 결혼이민자에 대한 사회서비스를 향상시키고 정보 접근성을 높이기 위한 방향은 크게 세 가지로 제시할 수 있다.

첫째, 결혼이민자의 사회통합을 위해 그들이 개인적 자원과 비공식적 지원체계에만 의존하는 것에서 탈피하여 사회서비스 기관 등 공식적인 체계를 보다 원활하게 활용할 수 있도록 사회적 환경을 조성하는 것이 필요하다. 최근 결혼이민자 대상으로 다양한 체계를 통해 서비스가 제공되고 있지만 결혼이민자가 한국사회에 연착하기 위한 사회구조적 환경을 조성하기보다는 개인적 문제와 증상 해결에만 집중하는 경향이 있다. 이러한 서비스는 단기적으로는 효과가 있을 수 있으나 국적을 취득하고 자녀를 양육하면서 사회에 정착하기 위한 토대를 형성하는 네는 그 영향력이 부족하다고 할 수 있다. 따라서 결혼이민자와 그 가족의 사회적응에 지지대가 될 수 있는 기존 공적체계에서의 지원에서는 이들이 가진 특수성을 배려해야 하며, 실제적으로 이들을 수용하고 공존해야 할 지역사회 주민들의 인식제고를 위한 프로그램, 무엇보다 언어의 장벽을 낮추고 필요한 지원과 서비스를 요청하고 지원받을 수 있는 사회환경을 조성하는 것이 필요하다.

둘째, 현재 결혼이민자를 대상으로 서비스를 제공하고 있는 각 기관은 문제의 다양성에 대해 포괄적인 서비스로 대응할 수 있어야 하며, 한국사회로의 통합과 관련한 문제를 해결하기 위해서는 개별적인 체계로서 해결할 수 없다는 점에서 관련 기관 간 협력과 연계를 강화할 필요가 있다. 연결망 분석결과에서와 같이 서비스와 정보의 접근성과 관련하여 근접중심성이나 매개중심성이 높을 것이라고 예상했던 체계들이 문제에 따라서 그렇지 않았다는 점에서 결혼이민자 대상의 서비스 제공 기관들이 서비스제공의 효과를 높이기 위해 중심역할뿐 아니라 매개역할도 강화할 필요가 있다. 한편 모든 문제 해결에 있어서 연결중심성 혹은 근접중심성이 높았던 남편 및 남편 친척 혹은 실질적으로 결혼이민자와 가장 가깝게 존재하는 한국인 이웃에게까지 필요한 서비스 및 정보를 확대하고 제공하는 것도 중요한 전략이 될 수 있다.

셋째, 결혼이민자들은 가족과의 안정된 생활을 넘어서서 사회참여의 욕구가 확대될 것으로 예측한다면 현재 이들에게 제공되는 한국어 소통, 한국 문화 이해 등을 교육 서비스 수준을 넘어서서 학부모로서의 역할 학습, 자녀교육에 대한 지원, 직업훈련 및 취업 등 결혼 이민자들의 사회정착과정에서 직면하게 될 문제와 욕구 변화에 대해 미리 준비하고 대처하는 것이 필요하다. 물론 이를 위한 가장 기본적인 토대가 적절한 정보의 내용을 구성하는 것이 중요하며 또한 정보에 대한 접근성을 높이기 위해 출신국적별로 혹은 거주지별 차이를 고려하는 노력이 필요하다.

이 연구는 조사대상자가 부산 · 경남지역에 한정되어 있다는 점과 결혼이민자들의 출신국이 매우 다양함에도 이들을 다 포괄하지 못한 점이 한계이다. 이후 연구에서는 연구대상을 보다 확대하고 질적연구방법론 등을 활용하여 결혼이민자의 실태와 서비스 욕구를 보다 면밀하게 관찰하는 연구가 필요하다. 아울러 결혼이민자 가족이 직면하게 될 자녀교육의 문제, 사회참여의 문제를 해결하기 위한 구체적인 방안을 제시하는 연구와, 결혼이민자의 출신국적과 거주지역 그리고 정착 단계별로 각기 다른 특성이 한국사회 정착에서 어떻게 영향을 미치는가에 대한 분석 또한 추후 연구과제라고 할 수 있으며, 이들의 특수성을 고려한 공식 · 비공식 체계들의 협력과 서비스 전달의 효과성을 높이고 다문화사회로의 진입을 효과적으로 준비하기 위한 전략 연구들 또한 추후과제라고 할 수 있다.

참고문헌

강휘원. 2007. 다문화사회의 통합과 지역 거버넌스. 다문화가족연구, 평택대특성화사업단, pp.1-29.

김경미 · 김현지 · 김옥경. 2006. 부산시 여성결혼이민자 현황 및 정책방향. 부산발전연구원 여성정책연구센터, pp.32-42.

김이선 · 정해숙 · 김영주. 2008. 농촌 여성결혼이민자가족 지원사업 발전방안 연구. 농림부.

김형수. 2008. 한국 다문화 정책공동체의 연계방안에 관한 연구. 「한국동북아논총」, 46: 136-138.

박재규 · 이윤애. 2005. 전라북도 농촌지역 국제결혼 이주여성 정착지원을 위한 프로그램 개발. 「전북발전연구원」.

설동훈 · 윤홍식. 2008. 여성결혼이민자의 사회경제적 적응과 복지정책의 과제: 출신국가와 거주지역에 따른 상이성을 중심으로. 「사회보장연구」, 24(2): 109-133.

손동원. 2008. 「사회 네트워크 분석」. 서울: 경문사.

심인선 등. 2007. 경남의 여성결혼이민자 및 지원현황. 「경남발전연구」.

양애경 등. 2007. 여성결혼이민자에 대한 지역사회의 수용성 연구. 「한국여성정책연구원」.

이상화 · 김은실 · 허라금. 2007. 지구화 시대의 현장여성주의. 이화여자대학출판부.

이인숙. 2004. 가정폭력 피해여성을 위한 위기개입서비스 연계망 모형 개발. 박사학위논문. 부산대학교 대학원 사회복지학과.

이혜경. 2005. 혼인이주와 혼인이주 가정의 문제와 대응. 「한국인구학」, 28(1): 73-106.

이혜경. 2005. 한국의 국가발전 정책과 이주정책의 상호보완 가능성: 이주여성 문제를 중심으로. 법무부 연구용역과제 최종결과 보고서, pp.57-60.

이혜경. 2007. 결혼이주자 가족정책 및 서비스 분석모형. 다문화가족연구. 평택대특성화사업단, pp.217-231.

조석주. 2007. 다문화 공생을 위한 지방자치단체의 기능 강화방안. 「지방행정연구」, 제21권, 제3호(2007), pp.3-46.

조용완. 2008. 국내 도서관의 다문화자료 입수를 위한 효과적 방안 연구. 「한국도서관·정보학회지」, 39(3): 2-3.

출입국·외국인정책본부 홈페이지. 〈http://www.immigration.go.kr〉 〔인용 2008. 11. 11〕

제 2 장

이주노동자의 사회적 서비스에 대한 접근성과 사회연결망

이 수 상 · 장 임 숙

제 2 장

이주노동자의 사회적 서비스에 대한 접근성과 사회연결망*

Ⅰ. 서 론

국내 거주 외국인의 증가로 다문화주의가 새로운 정책담론으로 부상하면서 외국인을 대상으로 다양한 지원 사업들이 추진되고 있다. 그런데 지원책의 상당 부분이 결혼이민자에게 집중되고, 전체 외국인 중에서 가장 많은 비중을 차지하는 이주노동자는 단순히 국민이 아니라는 이유로 사회통합정책에서 배제되고, 이들의 이주형태가 장기적 · 영구적 이민이 아닌 일시적 · 단기적 체류라는 이유로 사회보장에서 소외되고 있다.

이제까지 정부는 이주노동자의 정주를 방지하는 입장을 유지해왔지만, 22만 명에 이르는 미등록노동자의 상당수가 장기체류자라는 현실과 한국 사회에 완전히 정착한 미등록노동자의 존재는 이주노동자를 더 이상 일시적인 노동력으로만 간주할 수 없다는 것을 시사한다. 2008년 4월 기록으로 10년 이상 체류한 미등록노동자는 2만1966명, 5년 이상 체류한 미등록노동자는 4만7300명으로, 이미 정주 단계에 접어든 이주노동자가 7만 명에 이른다(조선닷컴, 2008). 게다가 2008년 1월부터 숙련 생산기능 인력이 일정조건을 갖추게 되면 거주 자격 및 가족 동반이 가능해진만큼 새로운 유형의 정주 이민자로서 이주노동자의 장기 거주에 대비한 시책과 지원서비스를 마련할 필요가 있다. 사회일원으로서 이주노동자가 다양한 사회적 서비스에 접근하도록 하는 것은 미래에 막대한 사회적 비용으로 이어질

* 이 논문은 2007년도 정부재원(교육인적자원부 학술연구조성사업비)으로 한국학술진흥재단의 지원을 받아 연구되었음(KRF-2007-411-J01103).

문제를 사전에 예방하는 것이 된다. 의식주와 같은 기본적인 욕구는 물론이고 노동, 의료, 교육, 문화 등의 사회적 욕구가 제대로 충족되지 않은 집단의 존재는 사회적 갈등, 빈곤, 범죄, 질병의 증가를 가져오기 때문이다.

하지만 이주노동자의 사회경제적 편익을 최소화하려는 관행이 지속되고 있는 현실에서 이주노동자들은 최소한의 노동권만 보장받을 뿐, 열악한 작업환경에서 근무하지만 건강권을 제대로 보장받지 못하고, 다양한 사회적 서비스의 접근에도 소외되어 있다. 물론 정부차원에서 이주노동자를 대상으로 기본적인 서비스를 제공하고, 민간차원에서도 지원서비스를 다양하게 마련하고 있지만, 실제로 이주노동자가 서비스에 접근하는 데 제약이 많다. 이주노동자는 시간적, 지리적, 심리적 제약은 물론이고 언어소통의 한계와 정보의 부족으로 공식적인 지원체계에 접근하기 어렵기 때문이다.

그런데도 이에 관한 조사연구들은 단순한 생활실태나 노동실태 조사를 기초로 서비스의 접근성을 파악하는 수준이어서 중요한 정보를 제공해주는 데 한계가 있다. 기존 지원서비스의 한계와 취약점을 분명히 밝히고, 이주노동자의 사회적 서비스의 접근성을 높이기 위해서는 실제로 이주노동자가 사회적 서비스가 요구되는 상황에서 접근하는 지원체계의 특성을 제대로 파악하는 것이 선결되어야 한다.

일반적으로 욕구충족에 필요한 사회적 서비스에 대한 접근성은 개인이 맺게 되는 연결망에 의존한다. 따라서 본 연구는 '사회연결망(social network)'을 이주노동자의 사회적 서비스의 접근성을 파악하는 중요한 분석도구로 인식하고, 이주노동자를 대상으로 사회연결망분석을 수행한다. 이론적 차원에서 이주노동자의 사회적 서비스에 대한 욕구와 사회적 서비스의 지원체계 및 사회연결망에 대해 검토한 후, 실제로 이주노동자가 사회적 욕구상황에서 누구를 통해 문제를 해결하고 어떠한 연결망을 통해 서비스에 접근하는지를 사회연결망분석(Social Network Analysis)을 통해 파악한다. 이러한 연구는 외국인노동자에 대한 사회적 서비스의 전달체계를 개선하고, 향후 사회적 서비스의 인프라 구축을 위한 방안을 모색하는 데 활용될 것이다.

Ⅱ. 이론적 고찰

1. 이주노동자의 사회적 서비스에 대한 욕구

이주노동자의 사회적 서비스[1]는 이주노동자의 기본적인 사회적 욕구를 충족하고 당면 문제를 시급히 해결하려는 요구와 사회적 필요성에서 시작되었다. 일반적으로 이주노동자들이 인간다운 삶을 영위하기 위해서는 기본적인 욕구로서 의식주뿐만 아니라 교육받고자 하는 욕구, 여가와 문화를 즐기려는 욕구, 쾌적한 주거환경을 누리려는 욕구 등의 다양한 욕구가 충족되어야 한다. 실제로 이주노동자가 어떠한 욕구를 가지고 있는가는 그것이 인식되는 맥락에서 정의되어야 하므로, 이주노동자들이 직면한 문제 상황을 중심으로 사회적 욕구를 파악하고자 한다.

선행연구에서 지적된 이주노동자의 당면 문제를 살펴보면, 설동훈(2002)은 ① 작업장에서 발생하는 문제로 임금체불, 산업재해 · 직업병 · 의료혜택문제, 폭언 · 폭행 · 성폭력 · 살인사건, 신분증 압류, 강제적립금, 외출통제 · 감금문제, ② 사회로부터 야기되는 문제로 외국인에 대한 차별의식과 차별대우, 한국인과 결혼한 이주노동자의 체류 및 취업, 자녀교육문제, ③ 국가로부터 야기되는 문제로 국가의 사회복지서비스 혜택 배제, 외국인보호소에서의 인권침해, 강제출국시 범칙금 부과문제 등을 들고 있다. 그리고 윤석오 · 박명호 · 권장수(2005)는 ① 출입국에 관한 문제로 알선업자의 문제, 출국 벌금, 항공권 환불, 보호소 문제 등을, ② 주거

---

1) 사회적 서비스(social service)의 개념과 범위는 다양하게 정의될 수 있는데, 사회적 서비스를 사회보험, 공공부조, 사회복지 관련제도 및 서비스를 모두 포함하는 포괄적인 개념으로 이해할 수도 있고, 다른 한편으로 재정적, 금전적 급부를 제외한 서비스적 급부로서 개별적인 욕구충족에 필요한 사회복지서비스로 한정할 수 있다. 사회적 서비스에 관한 학문적 논의는 대체로 후자를 중심으로 이루어지지만, 이주노동자의 경우 주민으로서, 노동자로서 의무적으로 가입해야 할 각종 사회보험에서 배제되거나, 실제로 편익을 제대로 누리지 못하는 경우가 많기 때문에 보다 포괄적인 범위에서 사회적 서비스에 관한 논의가 이루어져야 할 것이다. 따라서 본 연구에서 사회적 서비스란 인간이 사회적인 삶을 영위하는 데 필요한 기본적인 서비스는 물론이고, 사람들이 직면한 다양한 사회적 문제를 해결하고 개별적 욕구를 충족시키는 데 필요한 보완적인 서비스를 포괄한다.

환경 및 경제생활에 관한 문제로 열익한 주거환경, 여권소유, 송금문제 등을, ③ 직장에 관한 문제로 열악한 작업환경, 초과노동, 임금체불, 폭행 및 성폭행 문제 등을, ④ 사회적 차별에 관한 문제로 종교나 피부색에 의한 차별, 언어 장애와 문화갈등 등이 심각한 것으로 지적한다. 조석주(2007)는 이주노동자의 경우 일반적인 인종차별문제에서 시작하여 ① 노동과 관련해 장시간 근무, 임금체불문제가 있고, ② 의료문제로서 각종 질병 및 스트레스성 장애, 심리적 고통, 의료보험 비적용 등이 있으며, ③ 작업장과 관련해 작업장의 안전장치 및 안전교육의 미비, 작업장의 산재보험 미가입으로 인한 불이익 등을 지적한다. 그리고 경기개발연구원(2006)의 실태조사에 따르면, ① 주택 및 주거문제로 비싼 임대료 및 구입가격이 가장 불편한 점으로 나타났고, ② 건강 및 사회보장과 관련해 각종 의료서비스가 필요할 뿐 아니라 낮은 보험가입률, 정보부족, 의료비 부담 등이 문제이며, ③ 쇼핑 및 여가 활용에 관해 상품정보부족, 상인과의 의사소통, 시간과 돈의 부족, 문화시설의 부족, 안내정보 부족 등이, ④ 고용 및 노동조건에 관해 구직, 초과근무, 열악한 노동조건 등이, ⑤ 자녀교육과 관련해 취학자녀의 입학 등이 심각한 문제인 것으로 나타났다. 경남발전연구원(2007)의 실태조사에서는 ① 취업 및 근로와 관련해 장시간 근로, 과다한 작업량, 열악한 작업환경, 안전시설 미비 등을, ② 의료보건복지와 관련해 업무 중 사고, 의료기관 이용제한, 과다한 의료비부담, 보건 및 건강검진 서비스에 대한 욕구, 직장 내 복지시설 미비 등을, ③ 주거와 관련해 열악한 주거환경을, ④ 일상 및 가정생활과 관련해 단조로운 여가생활과 자녀교육 등이 심각한 문제로 나타났다.

그런데 선행연구에서 제시되는 문제 상황의 구분은 지원서비스의 성격과 연계성이 부족하다. 당면문제를 해결하려는 욕구상황에서 지원되어야 하는 사회적 서비스는 그 영역에 따라 서비스의 주체와 특성이 상이하다. 따라서 이주노동자가 욕구상황에 필요한 서비스에 효과적으로 접근할 수 있는 서비스 지원체계를 마련하기 위해서는 사회적 욕구상황과 지원서비스를 연계시켜 이해해야 할 것이다. 선행연구에서 나타난 욕구상황을 서비스 영역에 따라 정리하면,[2] ① 노동영역은 임금체불, 신분증압류, 폭언 및 폭행, 열악한 근로조건, 산업재해, 직장 내

[2] 이상에서 제시한 연구 외에 김희재(2003), 김현숙(2004), 송종호(2006), 조용완(2007) 등의 연구를 참조함.

갈등, 사업체 변경 및 취업 등, ② 의료영역은 질병 및 상해사고, 의료비용, 정신적 스트레스, 건강검진 및 상담 등, ③ 교육영역은 한국어교육, 정보화교육, 귀환프로그램 등, ④ 정보영역은 한국 관련 정보 및 자료, 모국 현지소식 및 정보, 생활정보 등, ⑤ 사회문화영역은 언어적 차이, 사회적 차별, 문화적 차이, 종교, 금융거래 등에 관한 욕구를 지원하는 데 초점을 두어야 할 것이다.

2. 이주노동자에 대한 사회적 서비스의 지원체계

이주노동자에게 지원되는 사회적 서비스는 크게 공공부문에서 제공되는 서비스와 민간부문에서 제공되는 서비스로 나눌 수 있다. 다시 공공의 지원서비스는 중앙과 지방차원으로 나눌 수 있는데, 먼저 중앙의 경우 노동부, 법무부, 문화체육관광부, 행정안전부, 보건복지가족부, 교육과학기술부, 외교통상부, 여성부 등이 나누어 수행한다. ① 노동부는 「외국인근로자의 고용 등에 관한 법률」에 의한 이주노동자 고용관리 및 권익보호, 외국인력 도입 및 송출국가 선정(외국인력정책위원회), 고용허가제 운영 및 불법고용 대책지원 업무를 담당한다. ② 법무부는 외국인출입국심사, 외국인등록 · 사증 발급 · 재외동포 거소신고 등의 외국인 체류지원, 산업연수지원 · 외국인근로자 인권보호, 출입국 사범조사 및 외국인보호소에서의 보호 등을 담당한다. ③ 문화체육관광부는 한국어교육 · 외국인문화센터 운영지원 · 문화축제 및 문화가이드 북 등의 문화정책을 추진한다. ④ 행정안전부는 지역사회적응 교육프로그램 운영, 화합행사 개최, 생활정보 제공 · 민원상담 · 시정참여, 응급구호 등의 지방자치단체의 거주외국인 지원업무를 총괄한다. ⑤ 보건복지가족부는 건강보험 지원과 무료진료사업 등을 담당하고, ⑥ 교육과학기술부는 외국인자녀의 교육서비스를 지원하며, ⑦ 외교통상부는 재외동포의 보호 및 육성에 관한 서비스를 제공하고, ⑧ 여성부는 외국인 성매매 피해여성에 대한 지원을 담당한다.

고용허가제 하에 들어온 이주노동자 관련 업무처리를 위해 노동부, 한국산업인력관리공단, 노동부 고용지원센터, 법무부 출입국사무소, 보험사업자 · 국민연금 · 건강보험 · 산재보험, 중기협 · 수협 · 농협 · 건협 등의 민간대행기관, 주한송출국가 대사관, 지방자치단체, 외국인근로자지원단체 등이 협력 네트워킹을 구축하고 있다.[3] 지원조직은 전국 56개의 노동부 고용지원센터, 23개의 한국산업인력공단, 34개의 법무부 출입국관리사무소, 10개의 주한송출국가대사관, 민간업무대행기관으로서 14개의 중소기업중앙회 사무소와 5개의 출장소, 2개의 농협중앙회, 29개의 수협중앙회, 17개의 대한건협, 25개의 외국인근로자 서포터즈 사업수행기관, 52개의 민간외국인지원단체로 구성된다(노동부 · 경기대학교 산학협력단, 2007: 223-232).

그리고 지방차원에서 제공되는 지원서비스는 인구구성에서 이주노동자가 차지하는 비중에 따라 지방자치단체별로 시책과 지원에 다소의 차이가 있지만, 중앙정부의 지침에 따라 추진하고 있는 거주 외국인 지원업무는 ① 외국인 지원기반 마련을 위한 지자체별 외국인지원조례 제정, 지역단위 국제센터 설립 · 운영 지원, ② 지역사회 적응 지원을 위한 교육프로그램 운영(한국어 및 기초생활 교육, 이주노동자의 자발적 귀환을 위한 프로그램 운영 등), 상담지원(생활 · 법률 상담, 임금체불 등의 고충상담 및 처리, 취업상담 등), 생활편의제공(도서관 등의 공공시설 자유이용 및 시설내 외국인 전용자료 코너 개설, 다국어로 된 생활정보 제공), 응급구호체계 확립(응급시 활용할 수 있는 무선페이징 시스템 확대구축, 이주노동자 고용사업장 소방안전점검 강화), ③ 다문화 존중의 지역사회조성을 위한 공무원 및 지역주민 교육 · 홍보, 민관협력 기반조성, 다문화 지역공동체 형성

---

[3] 관련기관의 서비스 지원내용을 보면, ① 노동부 근로감독과는 임금 · 퇴직금 등 근로관계금품 미지급, 사업주 및 관리자의 폭행, 근로시간 미준수, 강제근로 등에 관한 사항, ② 노동부 산업안전팀은 작업장 내 안전과 보건 등에 관한 사항, ③ 노동부 산하의 한국산업인력공단은 이주노동자에 대해 사업장 내 애로 및 갈등조정, 조기귀국 노동자 출국지원, 이주노동자 재해사고 지원, 사업장 변경지원, 생활고충 및 법률상담, 체류관리신고 업무행정지원 등에 관한 사항, ④ 노동부 고용지원센터는 사업장 이동, 취업알선 등 관리, 고용 · 이탈 · 출국신고서 접수, 고용변동, 사업장변경 · 조기출국 결정 등에 관한 사항, ⑤ 법무부 출입국관리사무소는 체류관리(외국인등록증발급 등), 불법체류자 관리, 강제출국조치 등에 관한 사항, ⑥ 주한 송출국가 대사관은 사망자 장례, 시신송환, 유족입국, 자국민권익보호, 강제출국 등에 관한 사항, ⑦ 중기 · 농 · 수 · 건협 등의 민간대행기관은 해당업종 사용자의 입국 전 · 후 행정대행업무 및 편의제공 업무 등에 관한 사항, ⑧ 보험사는 출국만기보험, 귀국비용보험, 상해보험 등, ⑨ 서울보증보험(주)은 임금체불보증보험에 관한 사항, ⑩ 근로복지공단은 요양급여, 휴업급여, 유족급여, 장제비 등에 관한 사항, ⑪ 국민연금공단은 일시반환금, 유족연금, 장제비 등에 관한 사항, ⑫ 국민건강보험공단은 의료비 지원, 장제비 등에 관한 사항을 지원한다(한국산업인력공단, 2007: 14).

지원 등이다(행정안전부, 2006). 이외에도 공공영역의 정보제공자로서 지역공공도서관의 경우, 이주노동자 혹은 이주민을 위해 지원되는 서비스는 전남이나 인천 등의 일부 지역에서 한글교실, 문화교실, 정보화교육 등을 통해 매우 제한적으로 이루어지고 있다(조용완, 2007: 9).

한편, 민간부문에서는 종교계 지원단체, 인권 · 시민단체(NGO), 직능단체가 중심이 되어 서비스를 지원하고 있다. 민간 부문별 분포는 인권 · 시민단체 5.6%, 종교계 지원단체 87.6%, 직능단체 6.7%를 차지함으로써 종교계 지원단체가 다수를 차지한다(송종호, 2006: 37). 이 중에서 가장 먼저 지원을 시작한 종교계 지원단체는 미사나 예배와 같은 종교의식을 위한 기능에서 상담, 쉼터, 교육 및 의료서비스 등으로 다양한 서비스를 지원하고, 인권 · 시민단체 등의 NGO는 이주노동자의 인권침해 방지와 차별철폐를 위한 운동에 역점을 두고 포괄적인 서비스를 지원하는 반면, 의사 및 변호사 등의 직능단체의 지원은 의료봉사 및 법률서비스에 한정된다. 다양한 서비스를 지원하는 종교계 지원단체와 NGO는 종교 활동영역에서 차이가 있지만, 이주노동자의 인권보호와 권익옹호에 목적을 둔다는 점에서 유사하다. 이들의 구체적인 지원활동은 ① 상담지원, ② 건강검진과 무료진료 등의 의료지원, ③ 쉼터 및 피난처 운영 등의 복지지원, ④ 한국어교육 · 컴퓨터교육 · 법률교육 등의 교육지원, ⑤ 각종 정보지원, ⑥ 문화축제 · 문화체험 등의 문화지원, ⑦ 종교지원, ⑧ 이주노동자단체지원 등의 공익지원 등으로 이루어진다. 그리고 최근에 늘고 있는 이주민들의 자생조직인 이주민공동체도 중요한 지원기능을 수행한다. 이주민공동체는 친목도모는 물론이고 각종 생활, 노동, 취업 정보 등의 다양한 정보교류와 무료진료 등을 지원할 뿐 아니라 자국명절에 음식과 문화행사를 개최하는 등 문화공동체로서 기능한다.

이상과 같이 이주노동자에 대한 사회적 서비스의 지원에 있어 공공부문과 민간부문의 역할은 부분적으로 상호 중첩되면서도 기능적으로 분리되어 있다. 일반적으로 공공부문에서 지원하는 서비스는 이주노동자의 권리 및 의무와 관련된 서비스로서, 출입국신고나 비자연장과 같이 이주노동자가 의무를 이행하는 데 필요한 서비스나 산재보험 및 의료보험과 같이 기본권적 특성을 가진 서비스 혹은 이주노동자의 건강, 안전, 생활보장에 필수불가결한 서비스에 해당한다. 반면 민간부문의 지원서비스는 이주노동자에게 있어 반드시 필요한 서비스는 아니지만, 기본적인 욕구충족에 필요하고, 또 선택적인 편익을 제공하는 서비스에 해당한다. 즉 이주노동자의 이익에 직접 관련이 되는 정보를 제공하거나 혹은 정체성, 귀속감, 우정, 오락과 같은 무형적인 편익 등을 제공해주는 서비스들이다. 서비스 유형별로 보면, 노동이나 의료와 같은 필수적이고 기본적인 서비스는 공공부문의 역할이 상대적으로 중요한 반면, 정보와 사회문화 영역에서는 민간부문에서 더욱 다양한 서비스를 제공하고 있고, 교육서비스의 경우 공공과 민간의 역할이 공통적으로 중요하다. 그리고 서비스 대상에 있어서도 역할에 차이가 있다. 공공부문의 서비스 대상이 등록노동자인 반면, 민간부문은 제도권에서 배제되는 미등록노동자의 주요 서비스공급자가 된다.

이상에서 논의한 것처럼, 공공과 민간부문간, 그리고 개별조직간 서비스의 차별성이 존재한다는 것은 지원조직이 한정된 역할과 서비스를 제공한다는 것이다. 따라서 이주노동자가 당면한 문제를 효과적으로 해결하고 다양한 사회적 욕구를 충족시키기 위해서는 서비스 조직간에 유기적인 연계가 이루어져야 한다. 그러나 보다 중요한 것은 실제로 이주노동자가 사회적 욕구충족에 필요한 서비스를 이러한 공식적인 지원조직들로부터 제공받고 있는가의 문제일 것이다.

3. 사회적 서비스의 접근성과 연결망

이주노동자에게 제공되는 서비스는 이주노동자들이 이미 개인적으로 채택하고 있는 방법을 보완하는 방식으로 이루어져야 한다(경기개발연구원, 2006: 157). 그렇다면, 실제로 이주노동자는 사회적 서비스에 어떻게 접근하고 있는가. 최근의 실태조사에 의하면, 문제가 있을 때 이주노동자가 가장 많이 취하는 방법은 친구에게 도움을 요청하는 것이다. 경기개발연구원(2006)의 실태보고서는 이주노동자들이 직업을 찾을 때 친구를 통해 알아보고, 부당한 대우를 당했을 때 친구에게 도움을 요청하며, 민간단체를 이용하는 가장 일반적인 이유로 친구들의 추천을 들었다. 이에 관해 김현주 · 전광희 · 이혜경(1997)은 이주노동자의 친구집단이 정보, 일자리, 재화 등의 흐름을 주관하는 후견인 역할을 하기도 하지만, 관공서나

NGO에 연결시켜주는 매개자 역할도 한다고 지적한다.

일반적으로 사람들은 전문 서비스기관에 접근하기 전에 도움을 얻기 위해 가족, 친구, 이웃 등의 '주변사람들의 준거체계(lay referral system)'를 이용한다(Fredson, 1960; Suchman, 1965). Suchman(1965)은 지방적인 사람(parochial individuals)의 경우 친구, 가정, 동포와 가장 밀접하고 배제적인 관계를 가지고 전문가의 도움을 미루는 경향이지만, 국제적인 사람(more cosmopolitan individuals)의 경우 민족적 정체성이 약하고, 보다 광범위한 친구시스템을 가지며, 보다 일찍 전문가에게 도움을 요청한다는 것이다. 결국 사람들은 도움이 필요할 때, 정부와 자선조직으로부터 도움을 얻거나 혹은 친구, 친척, 이웃, 직장동료 등의 개인적인 연계로부터 오는 사회적 자본을 통해 도움을 얻을 수 있다(Tindall & Wellman, 2001: 276).

그런데 전통적인 욕구사정모델은 공식적인 지원조직에 대한 분석을 기초로 현재의 문제에 대한 해결책을 모색한다는 한계가 있다. 따라서 이주노동자의 사회적 욕구를 확인하고 욕구충족에 필요한 자원을 어디서 구하고 있는지를 제대로 파악하기 위해서는 공식적인 자원뿐만 아니라 비공식적인 사회적 자본을 포함하는 분석도구가 필요하다. 네트워크가 사회적 자본의 원천이라는 점에서 사회연결망분석(Social Network Analysis)은 사회적 서비스의 접근성을 파악하는 데 중요한 정보를 제공해줄 수 있다. 특히 사회적 자본이 사회적·지리적 유동성을 제약하거나 촉진한다는 점에서(Tindall & Wellman, 2001: 277), 국제 이주에 관한 연구에서 네트워크 분석은 상당한 의미를 지닌다.[4)]

국제이주에 관한 선행연구들은 초기 유입과정부터 이주민의 정착과 성공에 이르기까지 사회적 자본의 중요성을 지적한다. Durkheim(1951)은 이주민의 소수자적 지위가 '높은 밀도의 네트워크'와 '강한 통합성'을 가져오는데, 이러한 특성이 실제로 네트워크의 경제적 성과에 어떠한 영향을 미치는지를 밝히는 것이 중요하다고 지적한다. Portes(1995)는 원주민에 비해 이주민그룹의 네트워크가 더 유

---

4) 사회과정의 자율적인 전개라는 측면에서, 국제노동이동을 둘러싼 거시적 구조와 미시적 동기와의 관련성을 간과해서는 안 되는데, 이주과정에서 형성된 이주의 연결망과 생활공동체의 활동은 정주화와 관계를 가지기 때문이다(式部 信, 1996: 318).

익한 성과를 가져온다고 주장하는 반면, Kazemipur(2006)는 이주민의 사회네트워크의 성과에 대해 부정적이다. Kazemipur(2006)는 소수자적 지위에 있는 이주민들은 이주민공동체에 강하게 의존하는 경향을 보이는데, 이것은 이주민네트워크가 새로운 국가에서 겪는 불이익에 대한 보상적 기능을 하기 때문이라고 보고, 비이주민과 이주민간의 네트워크 의존성의 차이를 비교해 이주민의 사회네트워크의 특성과 네트워크의 보상을 연구했다. 구체적으로 캐나다 14개 도시에 거주하는 600명의 이주민과 비이주민을 대상으로 조사한 결과, 이주민의 사회네트워크는 비이주민의 네트워크에 비해 오히려 더 작은 성과(보상)를 가져오는 것으로 나타났다. 이와 관련해 김현주 · 전광희 · 이혜경(1997)의 연구는 이주노동자의 자국인 네트워크가 낯선 외국생활에서 발생하는 심리적 불안감과 스트레스를 감소시켜 줄 수는 있지만 궁극적으로는 적응을 지연시키고 현지사회에 통합되는 것을 방해한다고 주장한다.[5] 그러나 McCarthy(2005)는 이주민의 비공식적인 네트워크에서 제공되는 원조와 지지가 문화장애로 인한 개인 간의 갈등, 외로움, 알코올중독 등의 부정적인 사회 문제를 줄여줄 뿐 아니라 고용이나 취업 등에서 실제적인 도움을 주는 등 공식적 네트워크보다 훨씬 더 유익하다고 주장한다. 이와 같은 맥락에서 욕구충족을 위한 비공식적인 사회적 지지체계의 중요성을 강조하는 Hernández · Pozo · Alonso(2004)의 연구는 남부 스페인에 사는 모로코출신 이민자를 중심으로 욕구충족을 위한 사회적 지지체계를 분석한 결과, 이주민들은 자원의 중요한 원천으로서 공식적인 프로그램과 서비스보다 비공식적인 지지체계를 더 많이 이용하는 것으로 나타났다.

이처럼 네트워크는 감정적 지지, 물질적 지지, 정보, 우정, 그리고 소속감 등을 제공해준다는 점에서 네트워크의 구조와 구성은 사회적 지지에 중요한 영향을 미친다(Tindall & Wellman, 2001: 278). Lynam(1985)의 연구는 어린 자녀를 둔 12명의 캐나다 이주민 어머니에 대한 질적 연구를 통해 어머니의 네트워크 이용의 변

[5] 김현주 · 전광희 · 이혜경(1997)은 이주노동자들이 자국인과의 접촉을 중시하는 것은 한국 입국이 자국인끼리의 연결망을 통해 이루어지고, 또 같은 국적의 이주노동자들이 연쇄적으로 동일한 작업장 혹은 동일한 업종으로 집중되고 있기 때문이지만, 자국인 네트워크는 한국 사회와의 연결고리를 제공하는 역할을 제대로 수행하지 못하고, 단순히 외국인들의 심리적 불안과 스트레스를 관리하는 카타르시스 기능에 머무른다고 지적한다(김현주 · 전광희 · 이혜경, 1997: 130).

화는 자녀의 욕구 변화를 반영하는 것이라고 주장하는데, 이것은 이주민어머니가 자녀의 욕구충족에 필요한 사회적 지지를 네트워크를 통해 얻고 있음을 시사한다. 그리고 May(1992)는 자녀의 건강관리에 관한 사회적 지지와 사회네트워크의 관계를 아랍계 이주민 부모를 중심으로 분석하였다. 이집트 출신, 팔레스타인 출신, 예멘 출신의 이주민 부모를 대상으로 사회적 지지와 네트워크에 관한 설문조사를 수행한 결과, 이들의 네트워크는 크기가 작고, 관계유형에서 가족의 수가 친구보다 많으며, 네트워크의 접촉빈도는 낮고, 네트워크의 구성은 동포 혹은 다른 아랍계 미국인으로 이루어지며, 지리적 거리는 미국 외부 구성원이 26%를 차지하고, 미국 거주기간과 네트워크 구성에서 인근주민이 차지하는 비율 간에는 정의 상관관계를 보이며, 자녀건강관리에 대한 사회적 지지는 주로 중동에 있는 가족으로부터의 장거리 지원에 의존하는 것으로 나타났다. 상이한 문화권으로 이동한 이주민은 네트워크의 자원 부족을 경험할 수밖에 없고, 특히 체류기간이 짧을수록 인근주민과의 관계가 적다는 이 연구의 결과는 단기체류 형태로 입국한 한국의 이주노동자가 한국인과의 관계망을 형성하지 못하는 근거를 제시해준다.

이상과 같이 국외의 관련연구를 통해 이주민들은 욕구충족에 필요한 자원을 공식적인 지원체계보다 비공식적인 네트워크를 통해 얻고 있고, 특히 이주민의 사회적 지지의 원천은 모국인중심의 네트워크이며, 이러한 네트워크의 구조는 네트워크의 성과에 중요한 긍정적 혹은 부정적 영향을 미친다는 것을 알 수 있다.

Ⅲ. 연구의 설계

1. 연구의 문제

본 연구는 이주노동자의 사회적 서비스의 접근실태와 연결망을 분석하고자 다음과 같은 구체적인 연구문제를 제시한다. 첫째, 이주노동자의 사회적 서비스에 대한 접근실태는 어떠한가? 둘째, 이주노동자의 사회적 서비스의 연결망은 어떠한 구조적 특성을 가지는가? 셋째, 사회적 서비스의 연결망은 서비스 접근성에 어떠한 영향을 미치는가?

본 연구는 SNA를 활용하여 사회적 서비스가 요구되는 상황에서 이주노동자가 누구를 통해 문제를 해결하고, 어떠한 연결망을 통해 사회적 서비스에 접근하는지를 분석함으로써 이주노동자의 사회적 서비스의 접근성과 사회연결망의 관계를 밝히고자 한다. 그런데 연구주제인 사회적 서비스는 다양한 분야를 광범위하게 포괄하는데, SNA 기법을 적용하기 위해서는 구체적이고 특정한 주제로 한정할 필요가 있어 사회적 서비스의 욕구상황을 선별하고자 계층분석과정(AHP: Analytic Hierarchy Process) 기법을 채택하였다. AHP는 다수의 속성들을 계층적으로 분류하여 각 속성의 중요도를 파악할 수 있기 때문에, 사회적 서비스가 요구되는 수많은 상황에서 중요한 상황을 선별하는 데 용이한 분석기법이다.

2. 측정도구의 설계

이 연구는 이주노동자의 사회적 서비스의 접근성과 사회연결망을 분석하는데 초점을 둔다. 먼저, 주요 용어의 개념을 정의하면 첫째, 사회적 서비스란 이주노동자가 당면한 문제를 해결하고 사회적 욕구를 충족하는 데 필요한 서비스로서, 사회로부터 제공되는 노동, 의료, 교육, 정보, 문화 등에 관한 서비스를 의미한다. 둘째, 사회적 서비스의 접근성은 당면문제를 해결하는데 필요한 서비스에 접근하는 정도로서, 사회적인 지원집단으로부터 문제해결에 필요한 도움을 지원받았는지의 여부를 가리킨다. 셋째, 사회연결망은 이주노동자가 당면문제를 해결하기 위해서 다른 개인 혹은 집단과 맺고 있는 관계망으로 정의한다. 넷째, 사회적 욕구상황은 사회적 서비스가 요구되는 상황을 의미한다.

이주노동자의 사회적 서비스 연결망을 분석하기 위한 변수의 채택은 선행연구의 검토를 통해 이루어졌다. 여기서 사회서비스의 연결망분석은 5가지 영역의 문제 상황을 중심으로 하는데, 5가지 영역의 문제 상황은 AHP 조사결과를 토대로 선정하였다.[6] 구체적으로 사회서비스의 연결망은 ① 노동(임금체불), ② 의료(질

---

6) 본 연구는 AHP 모형의 설계를 위해 우선 평가항목을 도출하고 이를 기반으로 AHP 계층을 정의하였다. 주요 실태조사 및 선행연구를 기초로 평가항목을 도출하여 5개의 주 영역과 22개의 세부기준으로

병 및 상해사고), ③ 교육(한국어교육), ④ 정보(생활정보), ⑤ 사회문화(언어장벽) 영역으로 구성된다.

SNA의 주요 변수는 구조 차원과 상호작용 차원으로 나누어진다(Israel & Rounds, 1987; May, 1992; Kazemipur, 2006; 박경태 · 설동훈 · 이상철, 1999; 김희연 · 한인숙, 2002; 손동원, 2002; 김용학, 2007). 첫째, 구조차원은 네트워크의 구조와 형태의 특징을 파악하기 위한 것으로서, 네트워크의 구성원이 누구이고 행위자와 어떤 유형의 관계인지를 의미하는 '구성변수'와 네트워크의 구성원들이 얼마나 서로 연결되어 있는가를 의미하는 '밀도변수'로 구성한다(Goldlust & Richmond, 1974; Israel & Rounds, 1987; Marsh & Rhodes, 1991; 손동원, 2002; 김용학, 2007). 여기서 구성변수는 현재 이주노동자를 대상으로 서비스를 지원하고 있는 행정기관 · NGO · 종교단체 · 공공도서관 · 이주민공동체 등의 공식적인 지원조직과 친구(모국인/한국인) · 직장동료 등의 비공식적인 지원집단으로 구성된 관계유형을 통해 측정한다. 그리고 밀도변수는 구성원간의 연계유무로 측정한다. 둘째, 상호작용 차원은 네트워크 내의 양자간 상호작용의 형태와 내용을 설명하는데, 변수는 지속성, 접촉빈도, 관계내용으로 구성한다(Israel & Rounds, 1987; May, 1992; McCarthy, 2005; 박경태 · 설동훈 · 이상철, 1999; 김희연 · 한인숙, 2002; 손동원, 2002; 김용학, 2007). 여기서 '지속성'은 상호작용의 기간을, '접촉빈도'는 상호작용의 빈도를, '관계내용'은 정보, 정서, 조언, 문제해결 등의 지원 내용[7]을 통해 측정한다.

AHP 계층을 구성하였다. 5개의 주영역은 '노동', '의료', '교육', '정보', '사회문화'의 5가지로 구성하였다. 여기서 '노동'은 임금체불, 신분증 압류, 폭언 및 폭행, 열악한 근로조건, 산업재해, 직장내 갈등, 사업체 변경 및 취업으로 세분화하고, '의료'는 질병 및 상해사고, 의료비용, 정신적 스트레스, 건강검진 및 상담으로 나뉘며, '교육'은 한국어교육, 정보화교육, 귀환프로그램으로 세분화하고, '정보'는 한국 관련 정보 및 자료, 모국현지 소식 및 정보, 생활정보로 나뉘며, '사회문화'는 언어장벽, 사회적 차별, 문화적 차이, 신앙생활, 금융거래로 세분화한다. 조사는 2008년 7월 14일부터 7월 25일까지 직접면접, 이메일, 팩스 전송 등의 방법으로 전국의 관련 기관 및 단체(NGO)의 업무담당자에게 설문지를 배포하여 전문가 33명으로부터 설문지를 회수하여, Expert Choice를 이용해 분석하였다. 분석결과, 영역별로 노동의 임금체불, 의료의 질병 및 상해사고, 교육의 한국어교육, 정보의 생활정보, 사회문화의 언어장벽이 가장 중요하게 나타났다.

7) 관계내용에서 정보적 지원은 필요한 정보의 제공을 통해 사회적 서비스를 활용하도록 돕는 것을, 정서적 지원은 신뢰, 위로, 용기, 격려 등의 감정적인 표현을 통해 개인의 심리적 · 정서적인 안정을 돕는 것을, 조언의 지원은 당면 문제에 대해 조언과 충고를 제공하는 것을, 문제해결적 지원은 개인의 사회

3. 조사의 대상 및 방법

이주노동자의 사회적 서비스의 접근실태와 사회연결망을 분석하기 위한 설문지는 1차 예비조사(8명)와 전문가와의 면담을 통해 충분한 검증을 거쳐 완성하였다. 모집단에 대한 정확한 정보가 없을 뿐만 아니라 접근의 용이성, 자료수집의 효율성, 비용 등을 고려하여 본 연구는 연구자의 연구목적에 부합하거나 특정조건을 충족시키는 대상을 의도적으로 표집하는 유의표집(judgemental sampling)과 특정 표집자로부터 동일한 조건이나 연구목적에 맞는 다른 표집대상자를 소개받아 점차 표집대상을 확대해가며 조사하는 방식인 눈덩이표집(snowball sampling)을 이용하였다(안정국, 2008: 70). 총 설문대상은 128명으로 사업체(59명), 시민단체(23명), 종교단체(46명)로 나누어 배포하고, 국적은 인도네시아인, 중국인, 베트남인, 파키스탄인, 한국계 중국인 등이다. 설문지는 각 국가별 언어로 작성하였으며, 개인배경(6문항), 사회적 서비스의 접근성(5문항), 사회연결망(5문항의 하위 7문항, 총35문항)에 관한 항목으로 구성되었다. 2008년 8월 1일부터 8월 30일까지 부산지역에 거주하는 이주노동자를 대상으로 구조화된 설문지에 의한 직접면접조사와 우편설문조사를 병행하였다. 본 연구는 관계의 시간적 특성을 고려하여 응답자로 하여금 설문시점으로부터 지난 1년 내의 기간에 한정하여 응답하도록 명시하였다. 자료입력은 회수된 설문지의 자료를 토대로 Microsoft Office Excel 프로그램을 이용하고, 분석도구로서 SPSS와 NetMiner를 통해 빈도분석과 SNA를 수행했다. 핵심적으로 사용하는 연결망분석기법은 연결수와 연결강도, 네트워크 밀도, 중심성(연결중심성, 매개중심성, 근접중심성) 등이다. 여기서 연결수는 전체연결망에서 각 노드들이 맺고 있는 관계의 수를 의미하고, 연결강도는 노드간의 연결의 정도를 의미하며, 네트워크 밀도는 연결망 내에 실제로 존재하는 관계수를 가능한 최대관계수로 나눈 비율을 의미하고, 중심성은 각 노드가 다른 노드와 연결을 많이 맺는 정도를 의미하는 연결중심성, 다른 노드에 연결되는 거리를 의미하는 근접중심성, 노드 사이를 많이 매개하는 정도를 의미하는 매개중심성을 분석한다(손동원, 2002: 91-109).

적 욕구를 충족시켜주거나 당면문제를 직접 해결해주는 것을 의미한다.

〈표 2-1〉 조사의 대상 및 방법

연구 방법	연 구 대 상		인 원	설문 방법	분석 방법
사회연결망 분석 (SNA)	이주 노동자	인도네시아	61	직접면접조사 우편설문조사	연결수 연결강도 네트워크 밀도 중심성 빈도분석
		중국	25		
		한국계 중국	8		
		파키스탄	11		
		베트남	22		
		missing	1		
	소계		128	배포 128/ 회수 128	SPSS/NetMiner

Ⅳ. 부산지역 이주노동자의 사회적 서비스에 관한 연결망 분석

1. 부산지역 이주노동자의 사회적 서비스의 지원체계

2007년 12월말 기준으로 국내 이주민의 수는 등록외국인과 국적취득자를 합쳐 총 753,381명이고, 이 중에서 단순기능인력 376,940명, 전문인력 27,517명을 포함하는 이주노동자가 404,457명에 이른다(법무부 홈페이지). 이 중에서 부산지역에 거주하는 외국인근로자는 총 5,160명으로 국적별로 베트남 1,119명, 필리핀 797명, 인도네시아 729명, 태국 531명, 중국 494명, 조선족 489명, 우즈베키스탄 328명, 몽골 229명, 스리랑카 194명, 파키스탄 147명, 캄보디아 43명, 네팔 28명, 미얀마 17명, 한국계러시아 10명, 방글라데시 4명, 러시아 1명이다(부산시 노사정책과 내부자료, 2008).

2008년 5월 '재한 외국인 처우 기본법'이 발효됨에 따라 지방자치단체가 국내 외국인 처우에 관한 정책을 수립 · 시행하게 되었다. 부산시는 부산에 거주하는 외국인의 처우개선을 위해 ① 거주 외국인 지원조례안 제출, ② 외국인 생활안내서 등의 제작 및 배포, ③ 한국어 등의 교육프로그램 운영, ④ 무료진료소 운영, 진료비 지원 등의 의료지원, ⑤ 문화축제 및 체험프로그램을 통한 문화 사업 등을 추진하고 있다. 지원사업의 내용을 구체적으로 보면, ① 노사정책과에서 1천2백만

〈표 2-2〉 부산지역의 이주노동자에 대한 서비스 지원조직[8)]

주체별 구분		조직 현황
공공 부문	중앙기관	부산출입국관리사무소, 부산지방노동청
	부산시	부산시청 여성가족정책관실(총괄부서), 노사정책과(고용), 문화정책과(문화행사), 보건위생과 및 전염병관리과(의료), 국제협력담당관(문화교류)
	자치구	자치구별 담당과
	공공 도서관	부산광역시립도서관
민간 부문	민간단체	부산외국인노동자인권을위한모임, 부산가통릭노동상담소, 삼산거주외국인지원협회, 가톨릭이주노동자상담소, 부산외국인근로자선교회, 이주민문화센터, 수영로외국인의집 등
노동	취업	부산종합고용지원센터, 동래종합고용지원센터, 부산북부종합고용지원센터, 산업인력공단, 부산상공회의소
의료	공공 의료	자치구별 보건소(16개)
	정신 보건	부산광역시 정신보건센터, 금정구 정신보건센터, 북구 정신보건센터, 부산진구 정신보건센터, 부산 알코올상담센터
	무료 진료	벧엘병원, 부산광역시의료원, 대한결핵협회부산지부
	의료 보험	국민건강보험공단 부산본부 외 11개 지사
	외국인 진료 일반병원	부산광역시의료원, 부산위생병원, 부산대학병원, 동아대학병원, 고신대학교복음병원, 인제대학교부산백병원, 동의대한방병원, 부산보훈병원 등의 201개 일반병원
교육	한국어 교육	동명대학교 언어교육원, 경성대학교 한국어학당, 동아대학교 국제교류교육원, 동의대학교 외국어교육원, 부경대학교 외국어교육원, 부산대학교 언어교육원, 부산외국어대학교 한국어문화교육원, 영산대학교 한국어학당, (사)부산국제친선협회, 외국인을 위한 한국어학원, 부산시 자원봉사센터 한국어강좌프로그램
	정보화 교육	다문화가정 e배움캠페인, EBS한국어교육, 한국어세계화재단, 재외동포재단 TeenKorean, 이주민한국어교육정보센터
정보	생활 정보	부산국제교류재단(소식지 Busan Life), BBS 통역서비스, 각시 · 군민원안내 120, 관광정보134, 감사원신고센터188, 우체국민원안내1300, 여성상담전화 1366, 전화시간안내116
	자료 및 도서	부산광역시립시민도서관, 국제어린이도서관, 민들레도서관
사회 문화	법률 상담	출입국종합안내지원센터, 법률구조상담132, 공인여성단체(10개), 가정폭력상담소(14개), 건강가정지원센터(4개)
	복지 · 보호시설	종합사회복지관(21개), 이주여성보호시설(5개), 모자보호시설(7개)
	종교	기독교(16개), 천주교(1개), 불교(5개), 이슬람(한국이슬람교중앙회 부산지회), 러시아선교회

8) 2008년 법무부 부산출입국관리사무소의 내부 자료를 참조하여 정리한 것이다.

원의 예산으로 외국인근로자 초청 한국노래경연대회 및 장기자랑 등의 문화행사를 지원하였고, ② 국제교류재단 외국인지원센터에서 월 1회 봉산탈춤 등 한국문화 체험 프로그램을 운영하고 있으며, ③ 보건위생과에서 외국인 의료서비스지원을 위한 병원 지정 운영, 「함께하는 약사회」에 봉사활동비 지원 등을 통해 이주노동자 대상 무료투약 및 가벼운 진료를 실시하고 있다(부산시 노사정책과 내부자료, 2008).

앞의 〈표 2-2〉는 부산지역 이주노동자에 관한 서비스 지원조직의 현황을 보여준다.

2. 이주노동자의 사회적 서비스의 접근실태

조사대상자의 인적 특성을 보면, 성별은 남자 89.5%, 여자 10.2%를 차지하고,

〈표 2-3〉 사회서비스 욕구 상황에 따른 대처 방식

사회적 욕구 상황	구분	빈도	유효백분율(%)
노동 (임금체불)	경험한 적 없음	78	61.9
	참거나 해결하지 못함	10	7.9
	자력으로 해결	11	8.7
	다른 사람이나 기관에 문의	27	21.4
의료 (질병 및 상해사고)	경험한 적 없음	76	63.3
	참거나 해결하지 못함	6	5.0
	자력으로 해결	16	13.3
	다른 사람이나 기관에 문의	22	18.3
교육 (한국어교육)	경험한 적 없음	38	32.2
	참거나 해결하지 못함	6	5.1
	자력으로 해결	51	43.2
	다른 사람이나 기관에 문의	23	19.5
정보 (생활정보)	경험한 적 없음	45	39.8
	참거나 해결하지 못함	7	6.2
	자력으로 해결	39	34.5
	다른 사람이나 기관에 문의	22	19.5
문화 (언어장벽)	경험한 적 없음	59	51.8
	참거나 해결하지 못함	8	7.0
	자력으로 해결	35	30.7
	다른 사람이나 기관에 문의	12	10.5

연령은 20대 36.5%, 30대 50.8%, 40대 7.1%, 50대 5.6%이며, 혼인상태는 미혼 47.2%, 기혼 52.8%이고, 국적은 중국 19.7%, 한국계 중국인 6.3%, 베트남 17.3%, 인도네시아 48%, 파키스탄 8.7%를 차지하며, 체류기간은 1년 미만 23.6%, 1-2년 24.4%, 2-3년 26%, 3-4년 18.9%, 4년 7.1%이고, 체류자격은 단기종합 2.5%, 단기취업 0.8%, 산업연수 9%, 일반연수 5.7%, 연수취업 6.6%, 비전문취업 58.2%, 선원취업 0.8%, 방문동거 1.6%, 방문취업 8.2%, 기타 6.6%를 차지한다.

사회적 서비스의 접근실태를 분석한 결과, 조사 대상 이주노동자의 상당수가 지난 1년간 중요한 욕구상황을 경험하지 않은 것으로 나타났다. 〈표 2-3〉과 같이 응답자 총 128명 중 임금체불, 질병 및 상해사고, 한국어교육 등의 문제를 경험한 적이 없다는 비율이 높게 나타난 데 비해 한국어교육과 생활정보에 관한 문제는 상대적으로 낮게 나타났는데, 언어와 생활정보가 일상적이고 보편적인 문제라는 점에 기인하는 것으로 보인다.

그리고 사회적 욕구상황에서 외국인 노동자의 문제 해결방식은 임금체불과 질병 및 상해사고를 제외하고 '참거나 자력으로 해결'의 수치가 높게 나타났다. 이러한 결과는 일상적인 고충에 대한 이주노동자의 대응방식이 주로 참고 견디는 방식이라는 선행연구의 지적을 증명해준다(박석운, 1995; 유명기, 1995; 설동훈, 1997; 노동부, 2007; 국가인권위원회, 2008). 이것은 지원체계가 마련되어 있지만, 실제로 고충을 겪고 있는 이주노동자들은 지원체계에 접근하지 못하는 것을 간접적으로 보여준다. 그리고 〈표 2-4〉와 같이 욕구상황에서 필요한 자원을 관계를 통해, 즉 타인이나 기관에 도움을 요청해서 해결하려는 경우는 전체 약 38% 정도이며, 5가지 사회서비스 욕구 상황 중에서 특히 '임금체불'과 '질병 및 상해사고'는 '관계'를 통해 해결하고자 한 것으로 나타났다. 임금체불의 경우 제도적으로 해결할 수 있는 장치가 마련되어 있기 때문에, 질병 및 상해사고의 경우 전문가의 도움이 필요하기 때문에 다른 집단이나 기관 등을 통해 문제를 해결하는 것으로 보인다.

사회서비스 욕구 상황에 따른 관계유형별 전체 구성 비율은 모국인 친구, 종교단체, 직장동료 및 상사, NGO, 한국인친구 등의 순이다. 임금체불(노동)과 질병 및 상해사고(의료)의 경우 도움의 대상은 모국친구, 종교단체, 직장동료 및 상사가 높은 비중을 차지한 반면, 한국어교육(교육)의 경우 종교단체, 직장동료 및 상

〈표 2-4〉 사회서비스 욕구 상황에 따른 관계유형별 구성 비율(단위, %)

구 분		사회서비스 욕구 상황					합 계
		노동	의료	교육	정보	사회문화	
관계유형	친구(모국)	13(31.0)	10(30.3)	6(18.8)	13(34.2)	8(36.4)	50(29.9)
	친구(한국)	1(2.4)	1(3.0)	2(6.3)	2(5.3)	4(18.2)	10(6.6)
	직장동료 및 상사	8(19.0)	5(15.2)	8(25.0)	11(28.9)	4(18.2)	36(21.6)
	NGO	5(11.9)	4(12.1)	4(12.5)	4(10.5)	2(9.1)	19(11.4)
	종교단체	10(23.8)	10(30.3)	12(37.5)	7(18.4)	3(13.6)	42(25.1)
	행정기관	1(2.4)	2(6.1)	0(0)	0(0)	0(0)	3(1.8)
	공공도서관	0(0.0)	0(0.0)	0(0.0)	0(0.0)	0(0.0)	0(0.0)
	이주노동자모임	0(0.0)	0(0.0)	0(0.0)	0(0.0)	0(0.0)	0(0.0)
합 계		42(25.1)	33(19.8)	32(19.2)	38(22.8)	22(13.2)	167(100)

사, 모국친구 순으로 나타났다. 생활정보(정보)는 모국친구와 직장동료 및 상사에게 의존하는 것으로 보이고, 언어장벽(사회문화)은 모국친구, 한국친구, 직장동료의 순서로 나타났다. 전체적으로 이주노동자들은 문제가 있을 때, 모국친구에게 가장 의존하는 것으로 보인다. 이주민들은 언어소통의 한계로 인해 문제발생시 가장 접근이 용이한 모국인 집단에게 도움을 요청하게 되는데, 이들이 제공해줄 수 있는 자원에는 한계가 있고, 특히 정보의 경우 때때로 부정확하거나 혹은 왜곡될 수 있기 때문에 이주노동자들이 공식적인 지원체계를 통해 정확하고 신뢰할 수 있는 정보에 접근할 수 있도록 해야 할 것이다.

3. 이주노동자의 사회적 서비스에 관한 연결망

1) 서비스 지원집단간의 연결망

본 연구는 사회적 서비스의 네트워크 형태를 기술하기 위해 소시오그램을 작성하여 네트워크의 특성을 설명하고자 한다. 〈그림 2-1〉은 사회적 서비스의 연결망을 집단간 네트워크로 도식화한 소시오그램(sociogram)으로서, 여기서 행위자(집단)는 점으로, 관계는 선으로, 링크수는 원의 수치로, 관계의 강도는 선의 수치로 나타낸다. 총 6개의 연결노드가 서비스 지원조직간 연결망을 형성하고, 연결망

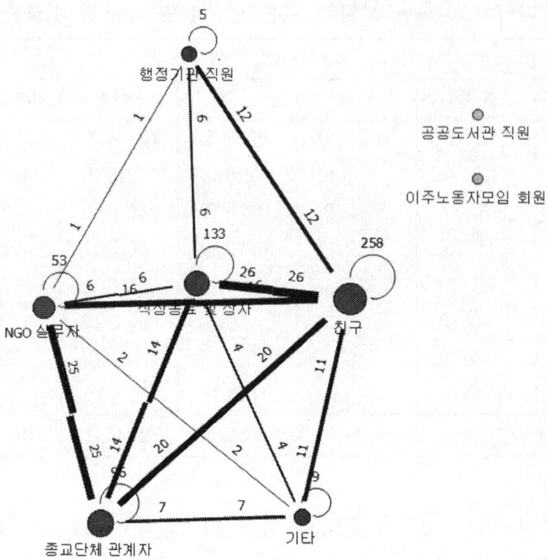

〈그림 2-1〉 집단 간 네트워크

의 주변에 2개의 고립집단이 존재하고 있어 네트워크 포괄성은 75%이다. 네트워크 내의 노드간 링크수는 300개, 평균 37.5, 표준편차 29.377, 네트워크의 밀도는 5,357이다.

연결망의 중심성 분석의 결과를 보면, 〈표 2-5〉와 같이 링크수가 가장 많은 '친구'집단이 연결강도와 연결중심성이 가장 높고, 그 다음이 '종교단체', '직장동

〈표 2-5〉 서비스 집단의 중심성 분석

서비스 집단	연결중심성	근접중심성	매개중심성
친구	12.143	0.714	0.032
직장동료 · 상사	8.000	0.714	0.032
NGO 실무자	7.143	0.714	0.032
종교단체 관계자	9.429	0.595	0.000
행정기관 직원	2.714	0.510	0.000
공공도서관 직원	0.000	0.000	0.000
이주민공동체 회원	0.000	0.000	0.000

료', 'NGO', '행정기관' 순으로 나타났는데, 여기서 친구, 직장동료, NGO는 근접중심성과 매개중심성이 동일하게 나타나 네트워크에서 세 집단의 역할이나 영향력에 차이가 없는 반면, 종교단체와 행정기관은 상대적으로 근접중심성이 낮게 나타나 네트워크 전체에서 다른 조직과의 거리가 상대적으로 가깝지 못한데다, 매개중심성이 '0'으로 나타나 네트워크에서 매개자의 역할을 전혀 수행하지 못하는 것으로 나타났다. 특히 종교단체의 경우, 연결중심성은 두 번째로 높은 데 반해 근접중심성은 낮게 나타나 그 역할과 영향력이 로컬영역에만 한정되는 것으로 보인다. 그리고 공공도서관과 이주노동자모임은 다른 조직과 연계를 갖지 못한 채 고립되어 있어 서비스 지원조직으로서의 역할에 한계를 보여준다. 특히, 사회적 서비스에 대한 접근성을 높이기 위해서는 정보의 제공이 필수적이라는 점에서 공공영역의 정보제공자로서 공공도서관의 역할정립이 요구된다. 결과적으로 이주노동자가 당면한 문제를 효과적으로 해결하고 다양한 사회적 욕구를 충족하는데 비공식적 지원집단의 역할이 매우 중요하다는 점에서, 공식적인 지원체계만을 조사하는 방식의 전통적인 욕구사정모델을 보완할 필요성이 제기된다.

2) 소속집단별 서비스 연결망의 비교

집단별 연결망 구조의 특성을 비교적 관점에서 분석하면, 먼저 NGO의 서비스 연결망은 총 39개의 노드가 참여하고 있으며, 노드는 종교단체 1개, NGO 6개, 모국인 친구 9개, 한국인 친구 3개, 직장동료 3개와 이주노동자 노드 25개로 비교적 다양한 구성원이 참여하고 있다. 그리고 연결망 주변에 8개의 고립노드가 존재하고 있어 네트워크의 포괄성은 82.979%로 비교집단 중에서 포괄성이 가장 높고, 연결망의 링크수는 총 146개로 노드간 연계가 가장 많고, 밀도[9]는 0.068로 구성원간의 상호연계와 응집력은 중간수준이다.

〈그림 2-2〉와 같이 서비스 연결망은 개별 고립노드를 제외하고 1개의 주요 컴포넌트와 4개의 고립된 소규모의 컴포넌트로 이루어져 있다. 대부분의 행위자가 속해 있는 주요 컴포넌트를 중심으로 연결망의 특징을 살펴보면, 주요 컴포넌

[9] 연결망 밀도는 연결망 내의 모든 조직이 다 연결되어 있는 완전한 연결망을 1로, 모든 조직이 하나도 연결되지 않은 상태를 0으로 나타내는 지수이다.

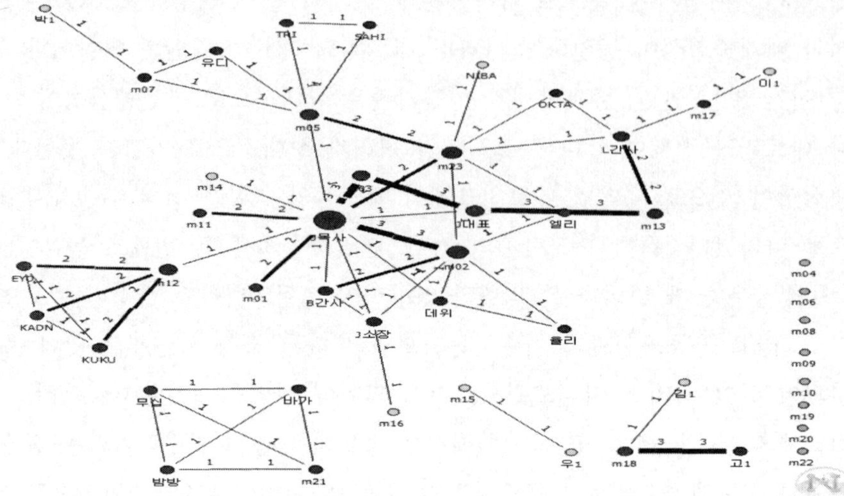

〈그림 2-2〉 NGO의 사회적 서비스 연결망

트의 연결망 중앙에는 'J목사'가 있다. 'J목사'는 해당 NGO가 소속된 기관인 '외국인근로자선교회'[10]의 리더인데, 이 선교회는 순수종교기관과 달리 이주노동자의 인권보호와 권익옹호를 위해 활동하는 종교계 지원단체로서 지역에서 상당한 영

〈표 2-6〉 NGO의 사회적 서비스 연결망의 중심성

<table>
<tr><th>순위</th><th colspan="2">연결중심성</th><th colspan="2">근접중심성</th><th colspan="2">매개중심성</th></tr>
<tr><td>1</td><td>J목사(종교단체)</td><td>0.413</td><td>J목사(종교단체)</td><td>0.365</td><td>J목사(종교단체)</td><td>0.246</td></tr>
<tr><td>2</td><td>m02(노동자)</td><td>0.217</td><td>m23(노동자)</td><td>0.320</td><td>m23(노동자)</td><td>0.131</td></tr>
<tr><td>3</td><td>m23(노동자)</td><td>0.195</td><td>m05(노동자)</td><td>0.299</td><td>m05(노동자)</td><td>0.121</td></tr>
<tr><td>4</td><td>J대표(NGO-2)
m12(노동자)
m05(노동자)</td><td>0.152</td><td>m02(노동자)</td><td>0.285</td><td>m12(노동자)</td><td>0.075</td></tr>
<tr><td>5</td><td>m03(노동자)</td><td>0.130</td><td>J대표(NGO-2)
m12(노동자)
J소장(NGO-1)</td><td>0.253</td><td>L간사(NGO-1)</td><td>0.060</td></tr>
</table>

10) 이 단체는 이주노동자에 대한 건강검진 및 무료진료, 한국어학당 및 영어교실, 컴퓨터교실, 문화체험 및 축제, 이벤트 행사, 각종 간담회 및 심포지엄, 이주민공동체 지원, 미등록노동자의 합법화를 위한 공동대책위원회 등의 연대활동 등 이주노동자에 대해 다양한 서비스를 지원하면서 서비스조직으로서 중요한 역할을 수행한다(부산외국인근로자선교회 홈페이지).

향력을 가지고 있다. 소시오그램에서 주목할 것은 중심과 개별 노드를 이어주는 매개자의 역할을 이주노동자가 담당한다는 점이다. 이들은 중심에 있는 'J목사'와 강한 연계를 맺으면서 개별 노드를 중심에 연결시켜주는 다리(bridge)역할을 한다.

중심성 분석에서 연결중심성, 근접중심성, 매개중심성이 가장 높은 노드는 'J목사'이고, 연결중심성과 근접중심성의 경우 'J대표(4위)'가, 매개중심성은 해당 NGO의 'L간사(5위)'가 높게 나타난 것을 제외하면, 대체로 이주노동자의 중심성이 높다. 먼저, 연결망에서 가장 높은 중심성을 보인 'J목사'는 구성원들과 관계가 가장 많고, 거리가 가장 가까우며, 구성원들을 연결시켜주는 역할을 하고 있다. 그리고 연결중심성이 높은 이주노동자는 체류기간과 직접적인 관계가 없지만, 매개중심성이 높은 이주노동자는 대체로 2-3년 이상 체류한 노동자라는 점에서 체류기간이 길수록 정보와 자원의 전달에서 중요한 역할을 하는 것을 알 수 있다. 주목할 점은 연결중심성과 근접중심성이 높은 'J대표'의 존재이다. 'J대표'는 부산지역에서 가장 영향력 있는 민간단체의 리더이다. 위의 그림에서 'J목사'와 'J대표'의 연계는 이주노동자 관련단체간의 연대를 간접적으로 확인시켜주는 것이다.

둘째, 종교단체의 서비스 연결망에는 총 38개의 노드가 연결망에 참여하고,

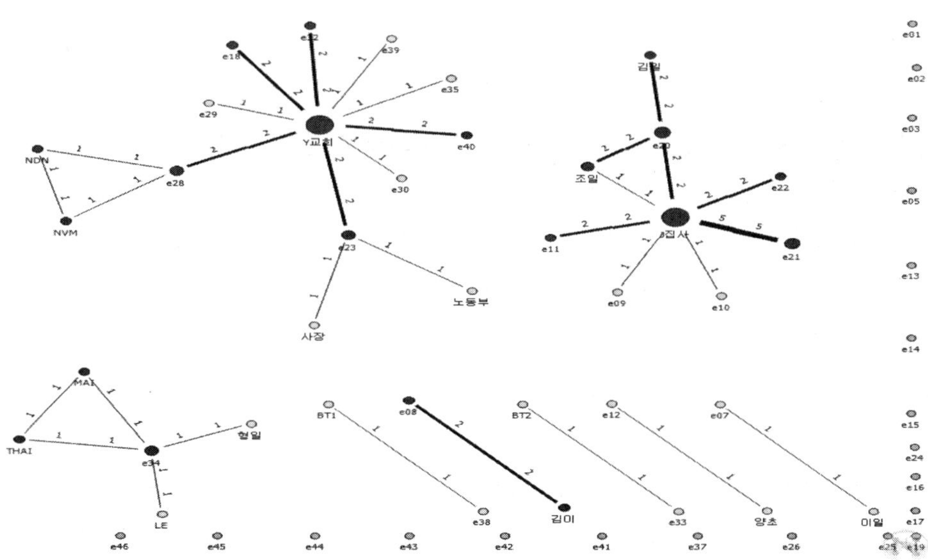

〈그림 2-3〉 종교단체의 사회적 서비스 연결망

이 중에 2개의 종교단체, 4개의 직장동료, 9개의 모국친구, 1개의 한국인친구, 1개의 행정기관 노드와 함께 21개의 이주노동자 노드로 구성되어 있으며, 연결망 주변에 20개의 고립노드가 존재하고 있어 네트워크의 포괄성은 65.517%로 비교집단 중에서 중간수준이다. 또한 연결망의 링크수는 96개, 밀도는 0.029로 매우 낮게 나타나 구성원간 상호작용과 응집력은 낮은 수준이라 할 수 있다. 〈그림 2-3〉에서 나타나듯이, 20개의 고립노드를 제외한 서비스 연결망은 2개의 주요 컴포넌트와 6개의 소규모 컴포넌트들로 구성된다. 2개의 주요 컴포넌트는 'Y교회'와 'J집사'가 중심인 형태로 각각 분리되어 있는데, 두 노드는 같은 집단에 해당하지만, 중심노드와 연결된 개별 노드들의 구성을 보면 매우 상이한 특성을 보인다. 'Y교회'를 중심으로 하는 컴포넌트는 베트남출신의 이주노동자로 구성된 반면, 'J집사(Y교회 소속)'를 중심으로 하는 컴포넌트는 중국출신의 이주노동자로 구성되어 있기 때문이다. 그리고 2개의 컴포넌트의 형태는 중심 노드인 종교단체를 가운데 두고 이주노동자들이 개별적으로 연결된 스타형의 관계형태를 보인다. 이처럼 중앙과 변방의 구조로 배열된 스타형의 관계에서는 중요한 정보나 자원을 중앙에서 독점하고 변방은 자원의 교류가 이루어지지 못하는 전형적인 위계관계가 성립하게 된다. 이러한 경우에는 정보와 자원의 비대칭성이 문제가 된다. 또한 나머지 고립된 각각의 소규모 컴포넌트는 대체로 2개의 노드가 상호작용하는 형태를 보인다. 결국 종교단체를 이용하는 서비스 연결망은 매우 빈약하고 폐쇄적일 뿐 아니라 연결망의 주변에 존재하는 많은 고립노드들을 통해 사회적 서비스에 대한 접근성도 매우 낮다는 것을 알 수 있다.

중심성 분석결과에 의하면, 연결중심성, 근접중심성, 매개중심성 모두에서 'Y교회'와 'J집사'의 중심성이 가장 높게 나타났고, 그 외에 주요 순위에 이주노동자만 포함되어 있다. 따라서 종교단체의 연결망에는 종교단체와 이주노동자만이 중요한 역할을 수행하는 행위자이고, 다른 집단의 역할은 매우 미미한 것으로 보인다.

셋째로, 파키스탄 출신의 이주노동자로 구성된 A기업의 연결망에는 총 12개의 노드가 참여하고 있고, 노드는 8개의 모국인친구, 1개의 NGO, 1개의 행정기관, 2개의 이주노동자로 구성되어 있으며, 연결망 주변에 9개의 고립노드가 있어 네트워크의 포괄성은 57.143%로 비교 집단 중에서 가장 낮게 나타나 사회적 서비스

〈표 2-7〉 종교단체의 사회적 서비스 연결망의 중심성

<table>
<tr><th>순위</th><th colspan="2">연결중심성</th><th colspan="2">근접중심성</th><th colspan="2">매개중심성</th></tr>
<tr><td rowspan="2">1</td><td>Y교회(종교단체)</td><td>0.246</td><td rowspan="2">Y교회(종교단체)</td><td rowspan="2">0.174</td><td rowspan="2">Y교회(종교단체)</td><td rowspan="2">0.045</td></tr>
<tr><td>J집사(종교단체)</td><td>0.246</td></tr>
<tr><td>2</td><td>e20(노동자)</td><td>0.105</td><td>J집사(종교단체)</td><td>0.125</td><td>J집사(종교단체)</td><td>0.016</td></tr>
<tr><td rowspan="2">3</td><td rowspan="2">e21(노동자)</td><td rowspan="2">0.088</td><td>e28(노동자)</td><td rowspan="2">0.119</td><td>e28(노동자)</td><td rowspan="2">0.014</td></tr>
<tr><td>e23(노동자)</td><td>e23(노동자)</td></tr>
</table>

에 대한 접근성이 매우 낮다고 할 수 있다. 〈그림 2-4〉에서 서비스 연결망은 9개의 고립노드를 제외하고 1개의 컴포넌트로 이루어지고, 이 컴포넌트는 S10과 S6이 중심이 되어 분리 연결된 구조이다. S10은 각각의 노드들과 개별적인 관계를 형성하면서도 다른 한편으로 S6과 연결된 형태를 보인다. S10을 중심으로 4개의 개별노드들이 분리되어 연결된 경우에는 정보와 자원이 하나의 노드에 집중되는 문제가 있다. 중심성 분석에서 S10은 연결중심성, 근접중심성, 매개중심성이 모두 높게 나타난 반면, S6은 연결중심성과 매개중심성이 높고, NA와 AM은 근접중심성이 비교적 높다. 이 사업체의 연결망은 이주노동자와 모국인친구로 구성된 자국인네트워크의 특성을 보인다.

인도네시아 출신의 이주노동자로 구성된 B기업의 연결망에는 총 10개의 노드가 참여하고 있고, 노드는 5개의 직장동료, 2개의 모국인친구, 1개의 한국인 친구, 2개의 이주노동자로 구성되어 있으며, 연결망 주변에 6개의 고립노드가 있어 네트워크의 포괄성은 62.5%로 비교적 낮은 수준이다. 〈그림 2-4〉에서 서비스 연결망은 6개의 고립노드를 제외하고 1개의 컴포넌트로 이루어지고, 이 컴포넌트는 d18을 중심으로 2개의 하위집단과 1개의 고립 노드('김군')가 연결되어 있다. 이 컴포넌트의 구성원들은 서로 연계된 구조를 보이기 때문에 상호작용이나 정보 및 자원의 교환이 비교적 원활할 것으로 보인다. 중심성 분석에서 연결중심성, 근접중심성, 매개중심성이 가장 높은 노드는 d18이고, 그 다음 순서가 d20이다. 그런데 d20은 연결중심성과 매개중심성에 비해 근접중심성의 지수가 상대적으로 높게 나타나 전체 네트워크에서 노드와의 거리가 비교적 가깝다고 할 수 있다. 이 사업

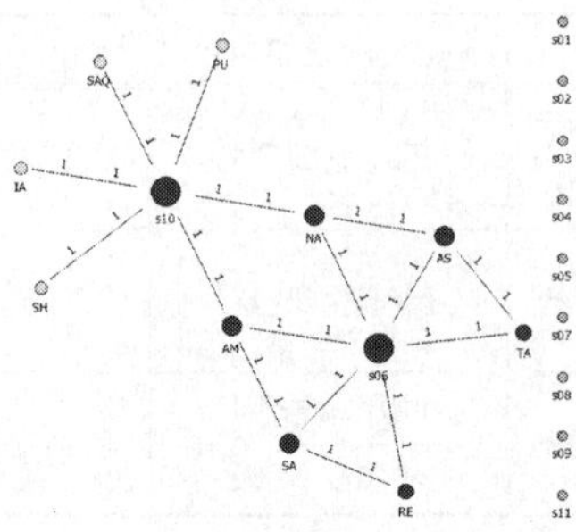

<1> A사업체의 연결망

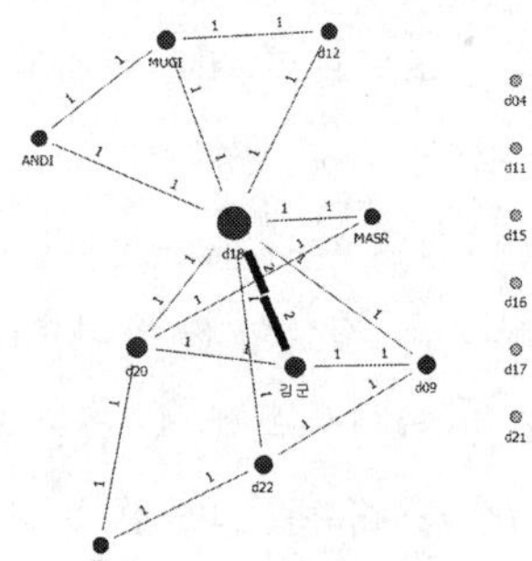

<2> B사업체의 연결망

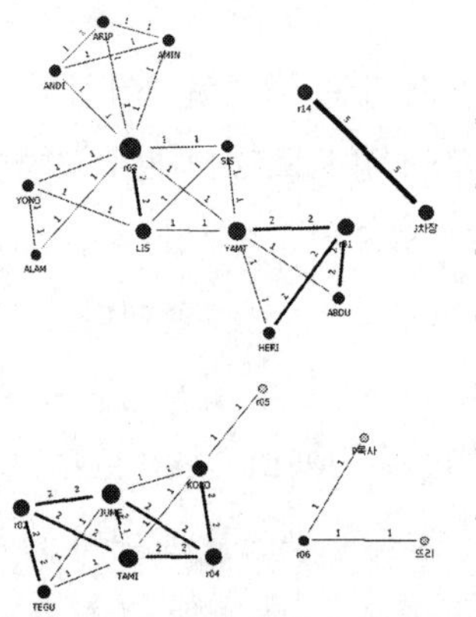

<3> C사업체의 연결망

<그림 2-4> 사업체의 서비스 연결망

〈표 2-8〉 사업체의 사회적 서비스 연결망의 중심성

구분		순위	연결중심성		근접중심성		매개중심성	
사업체	A	1	s06(노동자) s10(노동자)	0.300	s10(노동자)	0.336	s10(노동자)	0.182
		2	NA(모국친구) AM(모국친구)	0.150	NA(모국친구) AM(모국친구)	0.318	s6(노동자)	0.085
	B	1	d18(노동자)	0.600	d18(노동자)	0.540	d18(노동자)	0.214
		2	d20(노동자)	0.267	d20(노동자)	0.386	d20(노동자)	0.043
	C	1	r03(노동자)	0.300	r03(노동자)	0.288	r03(노동자)	0.074
		2	YAMT(직장동료)	0.267	YAMT(직장동료)	0.252	YAMT(직장동료)	0.056

체의 서비스 연결망은 직장을 중심으로 한 자국인네트워크의 특성을 보인다.

인도네시아 출신의 이주노동자로 구성된 C사업체의 연결망은 총 24개의 노드가 참여하고 있고, 5개의 직장동료, 1개의 종교단체, 11개의 모국인친구, 7개의 이주노동자로 구성되어 있으며, 연결망 주변에 7개의 고립노드가 있어 네트워크 포괄성은 77.4%로 비교적 높다. 〈그림 2-4〉에서 나타난 바와 같이, 서비스연결망은 7개의 고립노드를 제외하고 4개의 소규모 컴포넌트들로 구성되어 있다. 이 중에서 가장 규모가 큰 컴포넌트는 노동자 r03과 모국인친구 YAMT가 중심이 되어 각 노드들을 연결하고 있다. 중심성 분석에서 연결중심성, 근접중심성, 매개중심성은 r03이 가장 높고, 그 다음이 YAMT로 나타났다. 결국 노동자, 모국인친구, 직장동료를 주요 구성원으로 하는 이 사업체의 서비스 연결망은 직장중심의 자국인네트워크의 특성을 보인다.

공통적으로 세 사업체의 연결망에서 중심성이 높은 이주노동자는 관계가 많은 마당발로서 다른 이주노동자들과 도움을 주고받으며 네트워크에서 중요한 역할을 수행한다. 이들의 인적 특성에서 공통적으로 나타난 것은 2-3년 이상 체류한 이주노동자라는 점이다. 따라서 이주노동자의 체류기간은 사회네트워크에 중요한 영향을 미치는 요인이라 할 수 있다.

3) 종합적 논의

사회적 서비스의 연결망에 관한 분석결과를 종합하면, 먼저 사회적 욕구 상황에서 이주노동자는 공식적인 지원조직을 이용하기보다는 비공식적인 지원집단, 특히 친구와 동료 등의 모국인 네트워크에 크게 의존하고 있으며, 이러한 현상은 NGO나 종교단체보다 사업체의 연결망에서 더욱 두드러졌다. 사업체의 서비스 연결망은 NGO와 종교단체와 달리 공식적인 지원조직들의 참여가 매우 저조한 자국인네트워크의 특성을 보인다. 일반적으로 사업체는 NGO와 종교단체에 비해 조직구성이 폐쇄적이고 유동성이 낮으며 구성원간의 관계가 일상적이고 접촉이 많은 편이다. 이러한 특성은 사업체 네트워크의 높은 밀도를 통해 드러나는데, 구성원간에 서로 끈적한 유대관계를 가지는 폐쇄적인 네트워크는 내부의 사회적 지지는 높지만 다양성이 결여된 만큼 한정된 정보와 자원만을 가진다는 점에서 네트워크의 유익한 성과를 창출하기 힘들다.

반면에 공식적인 서비스 지원조직으로 NGO를 토대로 형성되는 서비스 연결망은 일반 사업체의 연결망에 비해 상대적으로 효율적인 구조를 가지고 있다. 분석결과에서 나타나듯이 NGO의 연결망은 다양한 구성원으로 이루어져 있을 뿐 아니라, 구성원간의 연계가 많아 상호작용이 원활한 구조적 조건을 보인다. 이러한 구조적 조건은 네트워크로부터 다양한 정보와 자원이 교환되고 공유될 수 있어 높은 문제해결능력을 가질 수 있다. 따라서 NGO의 서비스 연결망은 비교적 유익한 성과를 창출할 수 있는 구조에 해당한다.

하지만 종교단체의 서비스 연결망은 종교단체를 중심으로 각각의 이주노동자가 개별적인 관계만을 가지기 때문에 정보와 자원의 교환이 원활하지 않다는 점에서 네트워크가 유익한 성과를 만들어내기 힘들다. 이러한 연결망 구조는 조사대상이 되는 종교단체가 종교계 지원단체가 아닌 순수한 종교기관이라는 점에 기인할 수도 있다. 즉, 종교단체의 연결망 구조는 이주노동자 간의 상호작용이 전혀 없을 뿐만 아니라 다양한 구성원의 참여가 저조하기 때문에 당면문제의 해결에 필요한 정보나 자원에 접근하기 어려운 구조라는 점에서 서비스 접근성에 긍정적인 영향을 미치지 못한다.

결국 사업체의 연결망이 많은 이주노동자가 서비스를 지원받지 못하고 강한 연결 형태로 작은 수의 이주노동자들이 서로 관계를 맺는 자국인네트워크구조인 반면에, 다양한 관계 유형의 집단이 참여하는 NGO의 서비스 연결망은 느슨한 연결 형태로 많은 수의 이주노동자와 서비스조직들이 서로 연계를 맺는 구조이기 때문에 서비스의 접근성에 긍정적인 영향을 미친다. 이에 비해 종교단체는 서비스를 지원받지 못하는 많은 수의 노동자들이 존재하고 서비스조직과 이주노동자 간의 개별적 관계만 존재하는 낮은 상호작용의 연결망이라는 점에서 서비스 접근성에 긍정적인 영향을 미치지 못하는 구조라 할 수 있다.[11)]

연결망 분석에서 주목해야 할 것은 지원조직의 경우 영향력을 행사하는 리더를 중심으로 이주노동자들이 다른 이주노동자를 매개하는 형태로 서비스가 전달되는 형태인 반면, 사업체의 경우 체류기간이 긴 노동자를 중심으로 문제해결에 필요한 정보나 자원을 교류하는 형태를 보인다. 이것은 향후 서비스 전달체계를 개선하는 데 있어서 중요한 정보가 될 수 있을 것이다.

Ⅴ. 결 론

본 연구는 SNA(Social Network Analysis)를 활용하여 실제로 이주노동자가 누구를 통해 사회적 욕구를 해결하고, 어떠한 연결망을 통해 사회적 서비스에 접근하는지를 분석함으로써 이주노동자의 사회적 서비스의 접근실태와 함께 서비스 접근성과 사회연결망의 관계를 밝히고자 했다.

첫째, 사회적 욕구 중에서 임금체불과 질병 및 상해사고의 경우 경험하지 않은 노동자가 많은 반면, 교육, 정보, 문화영역과 같이 보편적이고 일상적인 문제에서 다수의 노동자가 사회적 욕구상황을 경험한 것으로 나타났다. 이것은 이주노동자에 대한 지원서비스가 기본권적 서비스에서 보편적인 서비스로, 나아가 개별적인 욕구를 충족할 수 있는 보완적인 서비스로 확대될 필요가 있다는 것이다.

둘째, 전반적으로 서비스 지원체계가 개선될 필요가 있다. 분석 결과, 이주노

11) 본 연구는 추가로 SPSS를 활용한 교차분석을 통해 문제의 관계의 유무와 관계유형의 다양성에 집단 간 유의한 차이가 있음을 확인해보았다. SPSS 분석결과, NGO는 종교단체 및 사업체에 비해 관계를 많이 가지며, 다양한 관계유형을 포함하는 것으로 나타남으로써 SNA 분석결과의 타당성을 재확인할 수 있었다.

동자는 욕구충족에 필요한 자원을 사회로부터 충분히 제공받지 못할 뿐 아니라, 필요한 자원을 주로 공식적인 지원조직이 아닌 친구나 직장동료와 같은 비공식적인 집단을 통해 제공받는 것으로 나타났다. 이 중에서 친구집단은 공식적, 비공식적인 지원조직들을 연결시키고 협력하게 만드는 구심점 역할을 하는데, 이것은 사회적 자본의 중요성을 간접적으로 보여주는 것이다. 대부분의 이주민들이 모국인 친구나 직장동료에게 의존하는 것은 문화적 · 언어적 동질성에 기인하기도 하지만, 모국인 친구로부터의 믿음이나 신뢰와 같은 사회적 자본도 중요한 배경이 된다. 특히 민 · 관 지원기구 모두에 대해 불신과 무관심을 표출하고 있는 미등록 장기체류자의 경우에는(경기개발연구원, 2006: 162), 사회적 자본의 확보여부가 더욱 중요하게 작용할 수 있다. 따라서 공식적인 서비스 지원체계에서 이주노동자의 사회적 자본을 강화할 수 있는 방안이 모색되어야 할 것이다. 예컨대, 이주민공동체와 같은 커뮤니티 지원, 이주노동자와 지역시민과의 만남주선 및 중재를 위한 프로그램 혹은 이주노동자의 자원봉사활동 등의 사회활동을 지원하는 프로그램 등을 고려해볼 수 있을 것이다.

그리고 공식적인 지원조직 중에서 공공부문에 비해 상대적으로 민간부문의 역할이 보다 크다는 점에서 공공부문의 역할 제고와 함께 민간부문에 대한 정부지원의 필요성이 요구된다. 정부차원에서 이주노동자를 대상으로 기본적인 서비스를 제공하고 있지만, 사실상 접근이 용이하지 못하다. 일반적으로 야간근무 등의 초과근무와 외곽공단에 거주하는 이주노동자들은 시간적 · 지리적으로 정부기관을 이용하기 어렵다. 게다가 미등록노동자의 경우 정부기관에 대한 심리적인 거리감이 상당히 크기 때문에 민간단체를 이용하게 된다. 하지만 이것도 일부 이주노동자에게 한정될 뿐, 대다수 이주노동자들은 공식적인 지원체계에 접근하지 못하고 있다. 따라서 정부는 서비스 제공방식을 수요자중심으로 전환하고, 공공부문에 대한 접근성을 강화할 수 있는 방안을 시급히 모색해야 한다.

이와 관련해 공공도서관의 역할정립이 필요하다. 분석결과에서 나타나듯이, 서비스 지원집단간의 네트워크에서 NGO, 종교단체, 행정기관 등의 공식적인 지원조직들이 비공식적 지원집단과 비교적 원활하고 고른 연계를 형성하고 있는 반면에, 지식과 정보제공자로서 공공도서관은 다른 지원조직들과 전혀 연계를 형성하지 못하고 있다. 현재 대다수의 공공도서관이 외국인 관련서비스를 지원하지 않고, 서비스나 프로그램의 운영에 필요한 인력조차 구비하지 못할 뿐 아니라 지원의 필요성조차 제대로 인식하지 못하는 현실을 반영하는 결과라 할 수 있다. 공공도서관은 환경변화로 과거 자료의 수집 및 보존이라는 전통적인 기능에서 교육기능, 정보기능, 문화기능으로 다양화되고 있지만, 다문화사회로 진화해가는 시점에서 현재 공공도서관의 이주민을 위한 서비스는 거의 전무한 수준이다. 현재 부산지역 시립도서관의 경우 다국어 자료를 별도로 구비하지 않고, 단지 영어동화 등의 아동도서만 일부 제공하고 있다. 부산시민시립도서관의 영어홈페이지 운영, 서동시립도서관의 다문화가정의 문화강좌 운영, 영도시립도서관의 구청에서 실시하는 결혼이민자 대상 한국어교실의 장소 제공 등이 지원서비스의 전부이다.[12] 향후 지원되는 서비스로서, 부산시청과 교육청이 협력하여 2009년 설립할 예정인 '글로벌 빌리지'에 외국인을 위한 영어전용도서관이 마련될 계획이지만, 다문화사회에 부합하기 위해서는 다국적 이주민들을 위한 서비스를 마련하는 것이 보다 시급하다. 이것은 단순히 서비스의 공여를 넘어서 이주노동자의 서비스 접근성을 개선시키고 향상시킬 수 있는 방안이어야 하고, 더불어 이러한 노력은 다른 지원조직과의 유기적 연계를 통해 이루어져야 할 것이다.

그리고 무엇보다 강조되어야 할 것은 공식적인 지원체계의 개선에 머무르지 않고, 비공식적인 지원조직을 공식적인 서비스 지원체계에 통합할 수 있는 혁신적인 전략을 모색할 필요가 있다는 것이다. 공식적인 지원체계에 관한 논의는 제도적인 맥락에서 어떠한 프로그램과 서비스를 개발해야 할 것인가에 집중하는 반면, 통합적 관점은 공공부문의 간접적인 개입을 강조하고 비공식적인 지원체계의 발달을 통해 커뮤니티에 대한 공식적인 권한 부여로 논의를 확대하는 데 초점을 둔다(Hernández · Pozo · Alonso, 2004: 294).

셋째, 소속집단별 관계망의 분석결과에 의하면 연결중심성이 많고 매개중심성이 높은 구성원들이 많아질수록 집단의 상호의존관계가 균일해지기 때문에 포괄적이고 많은 연결 관계를 보이는 NGO의 서비스 연결망이 서비스 접근성에 가

---

12) 관련서비스의 내용은 부산에 있는 시립도서관 전체를 대상으로 담당자와의 전화 인터뷰를 통해 확인한 결과이다(2008. 10. 31).

상 긍정적인 영향을 미치는 것으로 나타났다. 특히 이 연결망은 다양한 관계유형의 구성원들이 상호 연계된 형태를 보이는데, 구성원 간의 의견 및 정보의 교환이 원활히 이루어지는 환경은 이주노동자에게 필요한 다양한 정보를 제공해주고, 또 당면한 문제를 효과적으로 해결해주며, 체류기간이 짧은 이주노동자들에게 정서적, 문화적 지지를 제공해줄 수 있다. 이것은 이주노동자의 사회적 서비스에 대한 접근성은 자신이 맺게 되는 관계의 특성에 제약을 받을 뿐 아니라, 네트워크의 구조(구성원의 다양성)가 서비스 접근성에 중요한 영향을 미친다는 것을 보여주므로, 이주노동자의 다양한 욕구 충족을 위해서는 다양한 유형의 집단이 참여하는 이주민커뮤니티의 발달을 위한 정책적 노력이 필요하다.

마지막으로 본 연구의 한계를 지적하면, 사회연결망 분석의 본질적인 한계라고 할 수 있는 샘플의 대표성이 낮아 연구결과를 일반화하기 어렵다는 점, 부산지역에 거주하는 이주노동자의 특정문제에 대한 정보만을 담고 있다는 점, 부산에 거주하는 이주노동자의 국적별 구성 비율을 고려한 조사표집이 아니라는 점에서 한계가 있다. 이러한 한계는 후속적인 연구를 통해 보완되어야 할 것이다.

참 고 문 헌

경기개발연구원. 2006. 「외국인근로자 정주실태 및 정책수요조사」, 정책연구보고서

경남발전연구원. 2007. 「경남지역 외국인노동자의 생활실태와 정책과제」, 연구보고서

국가인권위원회. 2008. 부산지역 이주노동자 인권실태. 「이주노동자 인권보호 및 증진을 위한 심포지엄 자료집」

김용학. 2007. 「사회연결망분석」. 서울: 박영사.

김현숙. 2004. 부산지역 여성이주노동자들의 노동상태 및 생활경험에 관한 연구. 「부산여성정책연구」, 2: 70-144.

김현주 · 전광희 · 이혜경. 1997. 국내 거류 외국인의 한국 사회 적응과정에 관한 연구-문화간 커뮤니케이션과 사회적 연결망을 중심으로. 「한국언론학보」, 40: 105-139.

김희재. 2003. 한국과 일본의 외국인노동자 현황 및 정책. 「사회조사연구」, 18: 61-93.

노동부. 2007. 「외국인 고용허가제 시행 3주년 평가 및 제도개선 방안연구」, 조사보고서.

노동부 · 경기대학교 산학협력단. 2007. 「외국인 근로자의 체류 및 귀국지원에 관한 연구」.

김희연 · 한인숙. 2002. 네트워크 이론에서 본 지역사회복지-지방정부와 사회복지관의 관계를 중심으로. 「한국지방자치학회보」, 14(1): 99-122.

박경태 · 설동훈 · 이상철. 1999. 국제 노동력 이동과 사회적 연결망-경기도 마석의 필리핀인 노동자 집단을 중심으로. 「한국사회학」, 33: 819-849.

박석운. 1995. 한국의 외국인 노동자 인권문제와 대책. 「법과 사회」, 11: 273-299.

설동훈. 1997. 외국인 노동자와 한국사회의 상호작용. 「노동문제논집」, 13: 131-158.

______. 2002. 외국인노동자 차별과 시민권. 「당대 시민과 세계」, 2: 345-356.

손동원. 2002. 「사회네트워크분석」. 서울: 경문사.

송종호. 2006. 한국의 외국인노동자 ; 외국인노동자 지원 단체의 현황과 활동. 「민족연구」, 28: 29-54.

안정국. 2008. 한국 이주 동남아시아 무슬림의 현황과 사회연결망. 「한국중동학회논총」, 29(1): 67-93

유명기. 1995. 재한 외국인 노동자의 문화적 적응에 관한 연구. 「한국문화인류학」, 24: 145-181.

윤석오 · 박명호 · 권장수. 2005. 이주노동자 현황 및 개선방안. 「복지행정논집」, 15(2): 221-259.

조석주. 2007. 다문화공생을 위한 지방자치단체의 기능 강화방안－외국인근로자 및 결혼이민자 사례를 중심으로. 「지방행정연구」, 21(3): 3-46.

조용완. 2007. 이주민을 위한 국내 도서관 서비스의 현황 분석. 「한국도서관정보학회지」, 38(2): 245-269.

한국산업인력공단. 2007. 「외국인근로자 체류지원을 위한 상담사례집」.

행정안전부. 2006. 「지방자치단체 거주 외국인 지역사회통합 지원업무추진 지침」. 2006.8.

Durkheim, E. 1951[1897]. *Suicide: A Study in Sociology*. Trans. J. A. Spaulding. New York: Free Press.

Fredson, E. 1960. Client Control and Medical Practice. *American Journal of Sociology* 65, 374-382.

Goldlust, J. & Richmond, A. H. 1974. A Multivariate Model of Immigrant Adaptation. *Interactional Migration Review*, 8: 193-225.

Hernández, P. S. & Pozo, C. & Alonso, M. E. 2004. The Role of Informal Social Support in Needs Assessment: Proposal and Application of a Model to Assess Immigrants' Needs in the South of Spain. *Journal of Community & Applied Social Psychology* 14: 284-298.

Israel, B. A. & Rounds, K. A. 1987. Social Network and Social Support. In William B. Ward(ed.). *Advances in Health Education and Promotion*. Greenwich: JAI Press INC.

Kazemipur, A. 2006. The Market Value of Friendship: Social Networks of Immigrants. *Canadian Ethnic Studies* 38. Issue.

Lynam, M. J. 1985. Support Networks Developed by Immigrant Women. *Social Science and Medicine* 21: 327-333.

Marsh, D. & Rhodes. R. 1991. *Policy Networks in British Government*. Oxford: Clarendon.

McCarthy, A. 2005. 'Bands of Fellowship': The Role of Personal Relationships and Social Networks Among Irish Migrants in New Zealand, 1861-1911. *Immigrant & Minorities*, 23(2-3): 339-358.

May, K. M. 1992. Middle-Eastern Immigrant Parents, Social Network and Help-Seeking for Child Health Care. *Journal of Advanced Nursing*, 17: 905-912.

Portes, A. 1995. Children of Immigrants: Segmented Assimilation and Its Consequence. In *The Economic Sociology of Immigration: Essays in Networks, Ethnicity, and Entrepreneurship*, ed. A. Portes, 248-279. New York: Russell Sage.

Suchman, E. A. 1965. Social Pattern of Illness and Medical Care. *Journal of Health and Human Behavior*, 6: 2-16.

Tindall, D. B. & Wellman, B. 2001. Canada as Social Structure: Social Network Analysis and Canadian Sociology. *Canadian Journal of Sociology*, 26(3): 265-298.

式部 信. 1996. 定住化の 社會經濟學. 「日本社會と 移民」. 伊豫谷登士翁, 杉原 達 共編. 明石書店.

조선닷컴. 2008. 한국말밖에 모르는 2세들 추방되면 그곳서도 이방인, 7월 10일.

법무부 부산출입국관리사무소 내부자료. 2008.

부산시 노사정책과 내부자료. 2008.

법무부 홈페이지 〈www.moj.go.kr〉

부산외국인근로자선교회 홈페이지 〈www.kpmf.org〉

제 3 장

이주민의 정보리터러시 실태에 관한 연구

이용재 · 이수상 · 조용완 · 장임숙

제 3 장

이주민의 정보리터러시 실태에 관한 연구*

Ⅰ. 서 론

1. 연구의 목적

정보의 양이 급증하고 정보통신기술이 급격히 발전하는 등 정보사회가 진전함에 따라 "정보가 필요한 때를 인식하고 필요한 정보를 효과적으로 찾아내고 평가하고 이용하는 능력의 집합"인 정보리터러시의 중요성은 더욱 커지고 있다. 이에 세계의 여러 나라에서는 자국민들, 주로 중등교육과 고등교육에 재학하는 학생들에 초점을 맞추어 그들의 정보리터러시를 배양하기 위해 정보리터러시의 핵심적 요소들을 요약, 정리한 정보리터러시 기준이나 모형을 개발하여 보급하고 있다.[1)]

한편, 우리 사회는 최근 우리와 다른 언어와 문화를 가진 이주민들의 급격한 증가 추세로 인해 다문화사회로 진입하고 있다. 현재 우리나라에는 115만 명 이상의 이주민이 거주하고 있으며 이주민의 증가추세는 갈수록 높아지고 있다. 이주민들은 기존의 국내 거주민과 달리 완전히 언어와 풍습, 문화, 제도가 다른 새로운 사회에 정착하여 삶을 영위해야 하는 입장이므로 일상생활을 비롯해 취업, 자녀교육, 주택 등과 같이 여러 분야에 걸쳐 다양한 정보요구를 가지고 있다. 이러한 이주민들도 고도화된 정보사회를 구축하고 있는 우리 사회에서 기존의 구성원

* 이 논문은 2007년도 정부재원(교육과학기술부 학술연구조성사업비)으로 한국연구재단의 지원을 받아 연구되었음(KRF-2007-411-J01103).

1) 〈Big6〉와 같이 비교적 범용성을 가지고 있는 정보리터러시 모형이라 하더라도 주 고려대상은 자국내의 학생과 대학생, 일반 성인들이다.

들과 어울려 살아가기 위해서는 정보리터러시의 배양이 필수적이라 할 수 있다. 특히, 국내 거주 이주민들의 대부분이 우리나라에 비해 정보통신기술의 발달이 더디고 출판물의 생산과 유통이 발달되지 않은 국가 출신임을 고려할 때, 그들의 정보리터러시를 발전시키는 것에 대한 사회적 관심이 절실하다고 하겠다.

그러나 기존의 정보리터러시 기준과 모형뿐만 아니라 국내외 정보리터러시 관련 연구의 대부분은 주로 대학생을 비롯한 학생들의 보고서 작성 등 학습활동 관련 과제수행에 초점을 맞춘 것으로, 이주민의 삶의 양태와 잘 조응되지 않는 측면이 있다. 일부 이주민이나 유학생의 정보 관련 연구라 하더라도 주로 공공도서관이나 대학도서관이 이주민이나 유학생을 대상으로 다문화 기반의 서비스를 제공하는 연구들에 한정되어 있다. 국내 이주민 인구의 다수를 차지하고 있는 이주노동자(559,965명, 법무부, 2009년 6월 30일 현재)와 결혼이주여성(126,155명, 법무부, 2009년 6월 30일 현재)들은 모든 것이 낯설고 말이 잘 통하지 않고 문화적으로 생소한 이국땅에서 일상생활을 영위해야 하는 성인들이기 때문에, 고등교육 중심의 정보리터러시 지침이나 기준들을 수정, 보완해서 이주민들이 일상생활에 필요한 정보리터러시 수준을 보유하고 있는지를 진단하고 그것을 바탕으로 이주민의 정보리터러시를 배양할 방안을 모색할 필요가 있다.

이에 본 연구는 기존의 다양한 정보리터러시 기준과 모형들을 토대로 하고, 그 위에 기존의 정보리터러시 관련 연구와 이주민과 유학생을 대상으로 한 정보리터러시 관련 연구와 도서관 및 정보서비스 관련 연구를 분석, 정리하여 이주민의 정보리터러시를 구성하는 요소들을 정리한 다음, 국내 거주 이주민들을 대상으로 정보리터러시 수준을 파악하는 설문조사를 수행하여 국내 거주 이주민들의 정보리터러시 실태를 파악하고자 하였다.

2. 연구대상 및 방법

국내 거주 이주민의 정보리터러시 수준을 파악하기 위한 조사는 설문조사방법을 채택하였다. 구체적인 조사대상은 국내 거주 이주민 중 가장 많은 비중을 차지하는 이주노동자와 여성결혼이민자로 하고, 조사의 지역적 범위는 부산과 경남지역으로 한정하였다. 표본의 대표성 확보 및 조사결과의 일반화를 위해 표집방법은 모집단의 국적별, 지역별 인구비례에 따른 할당추출법에 기초하였으나, 조사효율성을 고려하여 유의할당추출방법(Quota Sampling)을 채택하였다.[2] 본격적인 조사에 앞서 이주노동자 5명을 대상으로 1차 예비조사를 실시하여 설문지 내용과 구성의 적절성을 검토하였다. 설문조사는 7월 21일부터 9월 10일까지 진행하여 총 415부의 설문지를 회수하였다. 회수된 설문지는 '윈도우용 SPSS 14.0'을 사용하여 분석하였는데, 조사대상 이주민의 인구통계학적 특성, 한국어 및 정보활용교육 이수여부, 정보리터러시의 일반적 실태를 파악하고자 빈도분석, 교차분석, 집단간 차이분석 등을 수행하였다.

〈표 3-1〉 결혼이민자의 주요 국적별 현황(2009. 5. 31. 단위: 명)

국 적	총계	한국계 중국	중국	베트남	필리핀
인 원	126,290	35,304	33,643	29,171	6,199
국 적	일본	캄보디아	몽골	타이	기타
인 원	4,997	2,790	2,316	2,091	9,779

출처: 법무부 출입국 외국인정책본부, 2009. 5.

〈표 3-2〉 이주노동자의 주요 국적별 현황(2009. 5. 31. 단위: 명)

국 적	총계	한국계 중국	중국	베트남
인 원	565,028	319,067	21,215	49,123
국 적	필리핀	태국	인도네시아	스리랑카
인 원	30,340	26,442	24,560	13,952

출처: 법무부 출입국 외국인정책본부, 2009. 5.

---

2) 모집단의 국적별 인구비례에 따라 결혼이민자는 한국계 중국인, 중국인, 베트남인, 필리핀인으로 한정하고, 이주노동자는 한국계 중국인, 중국인, 베트남인, 필리핀인, 인도네시아인, 태국인으로 조사대상 국적을 한정하여 부산과 경남지역의 인구비례에 따라 표본수를 할당하여 설문지를 배포하였다(표본수가 적은 출신국가는 제외). 그런데 조사대상의 특성상 개인정보를 통해 접근할 수 있는 방법이 제한되어 있어 이주민 관련 지원기관 및 단체 등의 프로그램수강자 및 상담자를 대상으로 조사가 진행되었는데, 한국어 구사가 가능해 이주민 지원기관 및 단체를 이용하지 않는 한국계 중국인의 경우 표본수집이 용이하지 않아 중국인과 통합하여 표본수를 조정하였다. 조사의 기본데이터는 2009년 5월말 현재 기준의 법무부 통계자료를 근거로 하였다.

Ⅱ. 이론적 배경

이주민의 정보리터러시 관련 연구

본 연구과정을 통해 살펴본 결과, 현재까지 국내는 물론 외국에서도 이주민의 정보리터러시를 직접적으로 다루고 있는 연구는 아직 잘 드러나지 않고 있었다. 외국의 경우는 유학생의 정보리터러시 관련 연구들은 대학도서관 사서들을 중심으로 연구되고 있으나 결혼이주민이나 이주노동자를 대상으로 한 정보리터러시 관련 연구는 도서관의 다문화서비스라는 주제 속에 녹아있는 상태로 존재하고 있었다. 이는 문헌정보학 전문 데이터베이스인 LISTA 등의 검색에서도 히트되는 검색결과가 거의 없는 것을 통해서도 잘 알 수 있다. 다만, 국내에서 이주민의 정보리터러시 관련 연구로는 한국염 등(2006)이 수행한 연구를 들 수 있다. 이 연구는 비록 컴퓨터와 인터넷 활용에 초점을 맞춘 정보화교육에 국한되었지만 결혼이주여성의 정보화교육을 위한 커리큘럼 개발과정에서 일반적인 정보리터러시 요소들이 다수 포함되는 의미 있는 연구라 할 수 있다. 그 외의 연구들은 이주민의 정보리터러시에 초점을 둔 연구라기보다는 도서관의 이주민 대상 서비스에 관련된 연구들이거나 이주민의 정보요구와 정보추구행태에 관해 수행된 연구들이었다.

1) 도서관의 이주민 서비스 관련 연구

최근 국내 거주 이주민의 수가 급증하면서 다문화서비스 제공의 필요성을 주장하거나 국내 도서관들이 벌이고 있는 다문화서비스의 현황과 문제점을 분석한 연구들이 등장하고 있다. 이와 관련된 연구로는 국내 공공도서관과 민간도서관의 다문화서비스의 실태를 점검한 조용완의 연구(2007), 전남지역 공공도서관 등에서 실시하는 결혼이주여성 대상 교육프로그램의 실태와 개선방안을 모색한 김갑현의 연구(2007), 국내외 공공도서관의 다문화 관련 프로그램의 실태를 분석하고 개선방안을 제시한 이경란 · 한복희의 연구(2009)와 한윤옥 · 조미아 · 김수경의 연구(2009) 등이 있다. 그리고 도서관의 다문화서비스를 향상시키기 위한 효율적인 다문화자료의 입수 방안을 제시한 조용완의 연구(2008), 다문화도서관의 다문화자료의 목록구축 사례를 제시한 노지현의 연구(2008), 도서관 특색에 맞는 다문화 프로그램과 관련 서비스의 개발원리와 방향을 제시한 한윤옥 · 조미아 · 김수경의 연구(2009), 도서관과 대사관, 문화원 등 다문화관련 단체들의 온라인 정보원을 공유하고 활용하는 방안을 제시한 이혜영 · 곽승진의 연구(2009) 등도 주목할 만하다.

우리보다 앞서 이주민들을 받아들인 외국의 경우, 도서관의 이주민 서비스에 대한 연구가 비교적 다양한 편이다. 대표적인 것으로는 이주민과 난민을 대상으로 자료서비스, 상담지도, 각종 훈련과 세미나, 출판활동 등을 활발히 벌여온 덴마크 국제협력협회 도서관의 사례를 소개한 Bruun의 연구(1989), 도서관 홍보, 다국어 지원, 관련단체와의 협력, 다중언어 장서, 특별 프로그램, 어린이 중점 사업, 새로운 정보기술의 소개 등의 이주민 대상 서비스를 제시한 Someville의 연구(1995), 전통적 도서관 서비스를 뛰어넘어 능력개발, 취업과 언어능력 향상 등 효과적인 사회통합과 정착지원을 제공하는 hybrid library의 개념을 제시한 Thorhauge의 연구(2003), 미국 테네시주 한 도서관이 히스패닉과 아시아계 이민자를 대상으로 전통적인 도서관 서비스와 최신 정보기술을 접목한 새로운 이동도서관을 개발한 사례를 소개한 Virgilio의 연구(2003), 캐나다 토론토시의 Toronto Public Library 시스템에서 제공하는 다문화서비스 사례를 소개하는 Oder의 연구(2003), 미국 인디애나주 공공도서관의 라틴 출신 이용자들을 대상으로 한 다문화서비스 사례를 소개하는 Naylor와 Frey의 연구(2006), 호주의 City of Greater Dandenong 도서관이 이주민 대상 다문화서비스의 일환으로 다국어를 지원하는 'My Language Portal'을 개발한 사례를 연구한 Bogdanovic와 Johanson의 연구(2007) 등이 있다.

2) 이주민의 정보요구와 정보추구행태 관련 연구

이러한 연구 중에서는 일본 관서지역과 동경지역에 거주하는 재일한인을 대상으로 일상적인 정보요구, 이용하는 정보원, 정보입수 과정에서의 장애 등을 조사한 이제환 · 장덕현 · 이연옥의 연구(2004)와 이제환의 연구(2005)가 대표적이라 할 수 있다. 최근에는 부산, 경남 거주 결혼이민자의 사회적 서비스에 대한 욕구를 조사하고 사회서비스 및 정보 접근성에 대해 사회연결망분석(SNA) 기법을 적용한 이용재·배화숙의 연구(2008)와 이주노동자의 사회적 욕구를 파악하고 이주노동자의 사회적 서비스에 대한 접근실태과 그 구조를 SNA기법을 이용해 분석한 이수상·장임숙의 연구(2008)가 수행되었다. 외국의 관련 연구로는 영국 내 소말리아 난민들이 언어문제와 고유의 구두(口頭)문화 전통으로 정보입수와 이용에 어려움을 겪고 있음을 밝혀낸 Olden의 연구(1999)와 오랫동안 구두문화에서 살고 전쟁 등으로 문자해득의 기회를 가지지 못한 몽족 난민의 보건관련 정보입수의 문제를 지적하고 그들의 특성에 기반한 보건정보 제공 서비스를 펼칠 것을 주장한 Allen·Matthew & Boland의 연구(2004) 등이 있다.

3) 도서관의 유학생 대상 서비스

국내에서 수학하는 유학생의 증가추세와 달리, 국내의 유학생 관련 정보리터러시 연구는 아직 초창기 상태이다. 소수의 연구들이 최근 몇 년 사이에 진행되었는데, 먼저 국내 한 대학의 중국 유학생을 대상으로 도서관 포털 서비스의 이용자 만족도를 조사한 이수상·위성광의 연구(2007)와 국내 한 대학도서관에서 유학생을 대상으로 정보이용교육을 실시하고 교육의 효과가 있음을 입증한 이현실과 황동렬의 연구(2007), 국내 여러 대학의 외국인 유학생(학부 및 대학원)들을 대상으로 대학도서관의 디지털도서관이 제공하는 다문화서비스에 대한 만족도를 조사한 이수상의 연구(2009) 등이 있다.

외국의 관련 주요 연구로는 문화적 적응 등을 지적하며, 이에 대해 도서관의 정보 리터러시 교육을 제안한 Baron과 Strout-Dapaz의 연구(2001), 경영학 전공의 유학생과 영국 학생간의 정보리터러시를 비교, 측정한 Tunde Varga-Atkins와 Linda Ashcroft의 연구(2004), 최근 유학생들의 도서관 경험과 컴퓨터 능력이 향상되었기에 비판적 사고와 높은 수준의 정보리터러시 교육이 필요함을 주장한 Jackson의 연구(2005), 유학생들이 직면하는 문제로 언어와 소통의 문제, 교육 및 도서관 체제의 적응 문제, 그리고 중국, 파키스탄 등 아시아권 유학생들을 위한 정보리터러시 교육프로그램의 개발 사례를 소개한 Hurley 등의 연구(2006) 등이 있다.

이상에서 이주민의 정보리터러시에 관련된 분야에서 연구된 선행연구들을 개괄한 결과, 이주민의 정보리터러시 실태에 관한 직접적인 연구는 국내에서는 물론이고 외국에서도 잘 드러나지 않고 있다. 이미 전 세계적으로 국제적인 이주가 보편화되고 이주민을 많이 수용하고 있는 선진국들이 고도의 정보사회를 구축하고 있는 상황에서 이주민의 정보리터러시 실태를 조사하고 그에 적합한 처방을 내놓는 연구들이 부족한 것은 상당히 안타까운 일이라 할 수 있다. 최근 급격히 다문화사회로 변화하고 있는 우리나라에서도 향후 이주민의 정보리터러시 문제에 대한 본격적인 탐구에 보다 많은 관심을 기울일 필요가 있는데, 그런 점에서 본 연구의 결과는 이러한 문제의 개선과 정책적 대응에 기여할 수 있을 것이다.

Ⅲ. 연구의 설계

1. 기존 정보리터러시 기준 및 지침 분석

이주민의 정보리터러시를 파악하기 위해서는 이주민에 적합한 정보리터러시 구성요소를 도출하는 것이 우선이다. 이러한 구성요소 도출과정은 다시 기존의 정보리터러시 기준과 모형들을 검토하여 이주민에게 적용가능한 일반적인 정보리터러시 요소들을 파악하는 것에서 비롯된다. 이를 위해 연구자들은 전 세계의 여러 정보리터러시 기준들 중에서 가장 널리 활용되고 있는 ACRL의 〈Information Literacy Competency Standards for Higher Education〉,[3] ANZIIL의 〈Australia and New Zealand Information Literacy Framework〉,[4] SCONUL의 〈The Seven Pillars of Information Literacy model〉[5]을 중심으로 정보리터러시 기준들의 주요 요소들을 통합, 정리하여 아래의 〈표 3-3〉과 같이 정리하였는데, 본 연구에서 파악한 일반

3) ACRL, Information Literacy Competency Standards for Higher Education, 2000, Available at, 〈http://www.ala.org/ala/mgrps/divs/acrl/standards/standards.pdf〉 [cited 2009. 10. 11].

4) ANZIIL, Australian and New Zealand Information Literacy Framework-principles, standards and practice, 2004, Available at, 〈www.anziil.org/resources/Info%20lit%202nd%20edition.pdf〉 [cited 2009. 10. 11].

5) SCONUL, Information skills in higher education: a SCONUL position paper, 1999, Available at, 〈http://www.sconul.ac.uk/groups/information_literacy/〉 [cited 2009. 10. 11].

〈표 3-3〉 주요 정보리터러시 기준 내용 비교

<table>
<tr><th>ACRL 기준</th><th>SCONUL 기준</th><th>ANZIIL 기준</th><th>비고</th></tr>
<tr><td rowspan="2">1. 필요한 정보의 특성과 범위 파악 능력</td><td>1. 정보요구의 인식 능력</td><td rowspan="2">1. 정보의 필요성 인식, 필요한 정보의 특성과 범위 결정 능력</td><td rowspan="2">정보요구
정보원 인식</td></tr>
<tr><td>2. 정보결손의 확인 능력</td></tr>
<tr><td rowspan="2">2. 필요한 정보에의 접근 능력</td><td>3. 검색전략의 구축 능력</td><td rowspan="2">2. 필요한 정보에의 접근 능력</td><td rowspan="2">정보접근/정보검색</td></tr>
<tr><td>4. 소재파악 및 검색 능력</td></tr>
<tr><td>3. 정보의 비판적 평가와 선택된 정보를 자신의 지식체계로의 결합 능력</td><td>5. 비교평가 능력</td><td>3. 정보와 정보원에 대한 비판적 평가 능력</td><td>정보이용/분석/관리</td></tr>
<tr><td rowspan="2">4. 정보의 효과적인 이용 능력</td><td>6. 정보의 조직, 적용, 전달 능력</td><td>4. 축적, 수집, 생산된 정보의 관리 능력</td><td rowspan="2">정보생산/소통/공유</td></tr>
<tr><td>7. 기존 정보의 종합 및 새로운 지식의 창조능력</td><td>5. 기존 정보와 새로운 정보의 적용 능력</td></tr>
<tr><td>5. 정보와 관련된 사회문화적 문제의 인식 능력</td><td></td><td>6. 정보의 이용과 관련된 사회문화적 문제의 인식 능력</td><td>정보윤리/정보문화</td></tr>
</table>

적인 정보리터러시의 핵심요소는 정보요구 인식, 정보원 인식, 정보접근/정보검색, 정보이용/분석/관리, 정보생산/공유, 정보윤리/정보문화 등이다.

2. 이주민 정보리터러시 관련 요소 추가

기존의 정보리터러시 기준이나 모형들이 대부분 보고서 작성이나 과제수행을 주로 하는 대학생이나 중등학생을 초점에 맞춘 것들이어서 세부 내용을 이주민의 입장에 맞추어보면 잘 들어맞지 않는 부분들이 있다. 하지만 현재 이주민의 정보리터러시에 관련된 모형이나 기준은 존재하지 않는 상황이므로 본 연구에서는 위에서 언급한 이주민과 유학생 대상 도서관/정보 서비스와 정보리터러시 관련 연구들을 바탕으로 이주민의 정보리터러시에 영향을 주는 요소들을 파악하였다. 기존 연구들에서 이주민과 관련해 두드러지는 것은 언어 소통 부분과 도서관 이용 문화, 문화적 차이, 교육시스템의 차이, 정보통신기술 발전 수준 차이 등으로 나타났는데, 그중에서 현지 언어 부분과 정보통신기술 부분은 일반적 정보리터러시 구성요소와 함께 이주민의 정보리터러시 구성요소로 추가하였고, 도서관 이용과 관련된 부분은 일반적 정보리터러시 구성요소로 녹여 내었고, 문화적 차이와 교육시스템 차이 부분은 이주민의 정보리터러시 요소와 직접적인 관계가 없어 제외하였다.

3. 이주민 정보리터러시 설문지 구성

본 연구에서는 기존 정보리터러시 기준과 지침 분석, 그리고 이주민 정보리터러시 관련 연구에서 나타난 정보리터러시 관련 요소를 추가하는 과정을 거쳐 이주민의 정보리터러시를 구성하는 요소들을 아래의 〈표 3-4〉와 같이 종합, 정리하였

〈표 3-4〉 이주민의 정보리터러시 관련 구성요소

주요 요소	세부 요소	문항수
언어	• 한글을 읽고 쓰는 수준 • 일상생활 수준의 의사소통 여부(물건구매, 찾아가기 등) • 고급수준의 의사소통 여부(자녀학원, 권리구제 등) • 컴퓨터와 인터넷 관련 언어의 소통 여부 • 검색시 동의어, 관련어 사용 원활성	5
정보요구 인식/표현	• 정보에 대한 자세와 인식(적극 추구, 자포자기 등) • 정보 필요성 인식 강도 • 정보요구의 표현 정도	3
정보원 인식	• 대인 정보원 인식 • 공공기관 정보원 인식 • 대중매체 정보원 인식 • 인터넷 정보원 인식 • 도서관 인식	9
정보접근/정보검색	• 대인 이용빈도 • 공공기관 이용빈도 • 대중매체 이용빈도 • 도서관 이용빈도 • 인터넷 정보원 이용빈도 • 검색기능 이용	12
정보이용/분석/관리	• 발췌, 메모, 정리, 스크랩 등 • 북마크 관리/메일 관리/파일과 폴더 관리 • 스프레드시트나 DB프로그램 이용한 정보 관리	5
정보생산/소통/공유	• 주위사람(가족, 동료 등)과의 대화 • 신문/잡지 등 투고 • 온라인 게시판 등에 글쓰기 • 메일/메신저 이용하기 • 미니홈피/홈페이지/블로그 운영 • 각종 미디어 제작 • 문서제작/프리젠테이션 제작	8

정보윤리/문화	• 개인정보 보호 중요성 • 영상, 음원, 게시물 등의 합법적 이용 • 인터넷 중독 등에 대한 인식 • 네티켓 준수 • 바이러스/악성코드 검사	6
정보통신기술	• 인터넷의 이용-기본/검색/메일 등 • 컴퓨터의 이용-기본/워드/프리젠테이션/스프레드시트/모국어 언어팩 등 • 정보기기의 이용-프린터/스캐너/디지털카메라 등	10

으며, 이를 토대로 이주민 정보리터러시 설문지를 개발하였다.

그리고 이주민 정보리터러시 관련 측정항목의 신뢰도는 Chronbach의 알파계수값을 사용하여 분석하였다. 이주민의 정보리터러시 세부 항목별 신뢰도 검증 결과 아래 〈표 3-5〉와 같이 전반적으로 높게 나타나 각각의 영역을 표현하는 하위 측정항목이 하나의 동일 개념을 나타내고 있다고 볼 수 있다.[6)]

〈표 3-5〉 이주민의 정보리터러시 측정항목의 신뢰도

	언어	정보요구	정보원	정보접근	정보이용	정보생산	정보윤리	정보통기술
Chronbach's Alpha	0.890	0.456	0.832	0.882	0.861	0.878	0.855	0.946

Ⅳ. 연구의 결과

1. 조사대상의 특성

조사대상의 인구통계학적 특성은 다음 〈표 3-6〉과 같다. 조사대상의 연령은 이주노동자와 결혼이민자 모두 20-30대가 가장 많고, 성별은 결혼이민자로 인해 여성이 절반이상을 차지한다. 출신국가는 한국계 중국인을 포함하여 중국인이 절반을 넘고, 지역은 부산 202명, 경남 170명으로 부산지역은 결혼이민자의 비율이,

6) 신뢰도 계수는 응답자의 일관성이나 측정항목의 유사성 등에 의해 결과가 달라지지만, 동일한 개념을 나타내는 측정항목(하위변수)의 수가 많아질수록 신뢰도가 증가하는 경향이 있다. 정보요구 항목의 낮은 신뢰도 계수는 이 항목의 하위변수가 총 3개에 불과하여 응답자의 일관성 등의 요인에 영향을 많이 받은 것으로 판단된다.

〈표 3-6〉 조사대상의 인구통계학적 특성

항목	구분	전체		결혼이민자		이주노동자	
		빈도	비율(%)	빈도	비율(%)	빈도	비율(%)
연령	20대 미만	20	4.9	15	8.1	5	2.3
	20대	133	32.8	61	32.8	72	32.7
	30대	179	44.1	78	41.9	101	45.9
	40대	67	16.5	27	14.5	40	18.2
	50대	6	1.5	5	2.7	1	0.5
	60대 이상	1	0.2	–	–	1	0.5
	계	406	100	186	100	220	100
성별	남	150	41.4	–	–	150	79.8
	여	212	58.6	174	100	38	20.2
	계	362	100	174	100	188	100
출신국가	중국	120	30.1	59	32.2	61	28.2
	한국계 중국	96	24.1	50	27.3	46	21.3
	베트남	88	22.0	53	29.0	35	16.2
	필리핀	46	11.5	21	11.5	25	11.6
	인도네시아	25	6.3	–	–	25	11.6
	태국	24	6.0	–	–	24	11.1
	계	399	100	183	100	216	100
거주지	부산시	202	54.3	103	60.6	99	49.0
	경상남도	170	45.7	67	39.4	103	51.0
	계	372	100	170	100	202	100
혼인여부	미혼	77	21.4	–	–	77	38.7
	기혼	282	78.6	160	100	122	61.3
	계	359	100	160	100	199	100
직업	생산직	170	45.7	6	3.5	164	81.6
	서비스업	24	6.5	19	11.1	5	2.5
	자영업	18	4.8	10	5.9	8	4.0
	농업	1	0.3	1	0.6	–	–
	전업주부	111	29.8	111	64.9	–	–
	전문직	8	2.2	5	2.9	3	1.5
	기타	40	10.8	19	11.1	21	10.4
	계	372	100	171	100	201	100
체류기간	1년 미만	57	14.5	33	18.3	24	11.3
	1–2년 미만	67	17.1	27	15.0	40	18.9
	2–3년 미만	85	21.7	31	17.2	54	25.5
	3–4년 미만	60	15.3	18	10.0	42	19.8
	4–5년 미만	42	10.7	13	7.3	29	13.7
	5년 이상	81	20.7	58	32.2	23	10.8
	계	392	100	180	100	212	100

경남지역은 이주노동자의 비율이 다소 높다. 혼인 여부에 있어서 전체의 78.6%가 기혼이며, 직업은 생산직이 절반가까이 되지만, 집단별로 이주노동자는 생산직이, 결혼이민자는 전업주부의 비중이 가장 높았다. 마지막으로 조사대상자의 체류기간은 전체적으로 2-3년 미만, 5년 이상, 1-2년 미만의 순으로 나타났고, 결혼이민자는 5년 이상이 많은 데 비해, 이주노동자는 체류기간의 제한으로 인해 3년 미만의 비율이 높게 나타났다.

2. 한국어교육 및 정보활용교육 이수

정보리터러시는 필요한 지식과 정보를 얻고 활용하며 소통하는 능력이라는 점에서 도서관 활용능력, 정보통신기술 활용능력, 커뮤니케이션 능력 등이 요구된다. 이러한 점에서 이주민의 한국어교육 및 정보활용교육의 이수여부는 정보리터러시 수준을 좌우하는 중요한 조건이 된다고 보고 조사대상자의 한국어교육 및 정보활용교육의 이수현황을 조사하였다.

조사 결과, 한국어교육은 대다수의 응답자가 이수한 것으로 나타났고,[7)] 집단별로 결혼이민자는 한국에서, 이주노동자는 모국에서 이수한 비중이 높게 나타났다.[8)] 한국어교육기관은 두 집단 모두 공식교육기관을 가장 많이 이용한 것으로 나타났고, 교육기간은 전체적으로 6개월 이상이 가장 많지만, 이주노동자의 경우 1주일-1개월 미만이라는 응답이 가장 높게 나타났다. 교육에 대한 만족도에 있어서는 대체로 만족하는 것으로 나타났고 이주노동자에 비해 결혼이민자의 만족도가 다소 높았다.

한편, 정보활용교육의 이수는 한국어교육에 비해 상대적으로 비이수자의 비율이 높았는데, 집단별로 결혼이민자는 비이수자의 비율이, 이주노동자는 모국에서 이수한 비율이 가장 높게 나타났다. 교육기관은 전문교육기관을 주로 이용한

---

7) 한국어교육을 이수하지 않은 집단에는 한국어 구사가 가능한 한국계 중국인이 절반가량인 47.2%였고 나머지는 중국 26.4%, 베트남 6.9%, 인도네시아 5.6% 등이 포함되어 있다. 따라서 국내 이주민의 90% 이상이 한국어교육을 받았거나 한국어를 이미 구사할 수 있는 상태라고 볼 수 있다.

8) 고용허가제는 이주노동자의 한국어구사능력을 선발기준으로 명시하고 있기 때문에 이주노동자들은 입국이전에 '한국어능력시험'을 거쳐야 하며, 이를 위해 모국에서 한국어교육을 받게 된다.

〈표 3-7〉 한국어교육 및 정보활용교육의 이수현황(단위: 명, %)

항 목		한국어교육			정보활용교육		
내용	구분	전체	결혼이민자	이주노동자	전체	결혼이민자	이주노동자
교육 이수	모국 이수	179(40.2)	45(21.6)	134(56.5)	136(33.3)	46(24.3)	90(41.1)
	한국 이수	194(43.6)	125(60.1)	69(29.1)	111(27.2)	67(35.4)	44(20.1)
	미이수	72(16.2)	38(18.3)	34(14.3)	161(39.5)	76(40.2)	85(38.8)
	계	445(100)	208(100)	237(100)	408(100)	189(100)	219(100)
교육 기관	자가 학습	77(18.8)	28(15.1)	49(22.0)	63(22.7)	22(17.7)	41(26.8)
	공식교육기관	176(43.0)	80(43.0)	96(43.0)	117(42.2)	58(46.8)	59(38.6)
	민간단체	65(15.9)	32(17.2)	33(14.8)	24(8.7)	8(6.5)	16(10.5)
	사설기관	34(8.3)	9(4.8)	25(11.2)	28(10.1)	11(8.9)	17(11.1)
	도서관	2(0.5)	1(0.5)	1(0.4)	5(1.8)	2(1.6)	3(2.0)
	기타	55(13.4)	36(19.4)	19(8.5)	40(14.4)	23(18.5)	17(11.1)
	계	409(100)	186(100)	223(100)	278(100)	124(100)	153(100)
교육 기간	1주일 미만	29(8.8)	7(4.9)	22(11.8)	41(17.4)	12(11.8)	29(21.8)
	1주일-1개월	61(18.6)	6(4.2)	55(29.6)	59(25.1)	21(20.6)	38(28.6)
	1개월-2개월	45(13.7)	16(11.3)	29(15.6)	30(12.8)	10(9.8)	20(15.0)
	2개월-3개월	31(9.5)	10(7.0)	21(11.3)	23(9.8)	15(14.7)	8(6.0)
	3개월-6개월	35(10.7)	19(13.4)	16(8.6)	21(8.9)	12(11.7)	9(6.8)
	6개월 이상	127(38.7)	84(59.2)	43(23.1)	61(26.0)	32(31.4)	29(21.8)
	계	328(100)	142(100)	186(100)	235(100)	102(100)	133(100)
교육 만족도	매우 만족	97(29.2)	52(36.0)	45(23.9)	43(18.5)	23(22.8)	20(15.3)
	만족	86(25.9)	44(30.6)	42(22.3)	81(34.9)	40(39.6)	41(31.3)
	보통	113(34.1)	38(26.4)	75(39.9)	80(34.5)	30(29.7)	50(38.2)
	불만족	28(8.4)	7(4.9)	21(11.2)	25(10.8)	7(6.9)	18(13.7)
	매우 불만족	8(2.4)	3(2.1)	5(2.7)	3(1.3)	1(1.0)	2(1.5)
	계	332(100)	144(100)	188(100)	232(100)	101(100)	131(100)

것으로 나타났는데, 집단별로 결혼이민자는 전문교육기관에 많이 의존하는 반면, 이주노동자는 전문교육기관 외에도 자가학습의 비중도 높았다. 교육기간은 전반적으로 고른 분포를 보이지만, 결혼이민자는 6개월 이상의 비율이, 이주노동자는 1개월 미만이라는 응답이 높게 나타났다. 교육의 만족도는 전반적으로 만족하는 것으로 나타났지만 한국어교육에 비해 만족도가 낮았고, 집단별로 결혼이민자가 이주노동자보다 더 긍정적으로 평가하였다. 그리고 정보활용교육의 경우 이주민들이 이수한 구체적인 교육내용에 대해 조사한 결과, 〈표 3-8〉과 같이 이주민들

〈표 3-8〉 정보활용교육의 내용

정보활용교육 내용	전 체		결혼이민자		이주노동자	
	빈도	비율(%)	빈도	비율(%)	빈도	비율(%)
도서관 이용법	43	7.3	15	5.2	28	9.3
컴퓨터 이용 기초	127	21.5	61	21.1	66	21.9
워드 프로세서	60	10.2	39	13.5	21	7.0
스프레드시트	33	5.6	20	6.9	13	4.3
데이터베이스	18	3.1	6	2.1	12	4.0
인터넷 검색	86	14.6	45	15.6	41	13.6
인터넷 쇼핑/인터넷 뱅킹	44	7.5	28	9.7	16	5.3
홈페이지 구축	18	3.1	8	2.8	10	3.3
정보보안/바이러스 등	31	5.3	10	3.5	21	7.0
표절/저작권보호/정보윤리	18	3.1	4	1.4	14	4.7
각종 보조기기 사용법	39	6.6	21	7.3	18	6.0
다국어 언어팩 설치	33	5.6	15	5.2	18	6.0
기타	40	6.8	17	5.9	23	7.6
계	590	100	289	100	301	100

은 주로 컴퓨터이용기초 및 인터넷 검색 등과 같이 기초적인 내용에 한정되어 교육프로그램을 많이 이수하였고, 인터넷 쇼핑, 홈페이지 구축, 정보윤리, 보조기기 이용 등과 같이 높은 단계의 교육은 이수비율이 매우 낮았다. 집단별로 결혼이민자는 컴퓨터 이용 기초, 인터넷 교육, 특히 워드프로세서 등의 교육을 상대적으로 더 많이 이수한 반면, 이주노동자는 도서관이용법, 정보보안과 정보윤리에 관한 교육프로그램을 더 많이 이수한 것으로 나타났다.

3. 이주민 정보리터러시 세부항목별 실태

정보리터러시 세부항목별 실태는 응답자의 주관적인 판단에 따라 자기기입식으로 조사되었는데, 각 문항들은 5점 척도를 사용하였으며 최저 1점(부정적)에서 최고 5점(긍정적)으로 구성하였다. 이주민 정보리터러시의 세부항목별 실태를 분석하면 다음과 같다.

〈표 3-9〉 언어능력의 응답현황

언 어	결혼이민자			이주노동자		
	N	평균	표준편차	N	평균	표준편차
한글을 읽고 쓰는 수준	179	3.2011	1.14842	219	3.0411	1.09341
일상생활 수준의 의사소통여부	182	3.5879	1.10272	217	3.3041	1.07997
고급수준의 의사소통여부	172	3.1047	1.32920	211	2.8104	1.20794
컴퓨터와 인터넷 관련언어의 소통여부	176	2.8239	1.29071	215	2.5674	1.20119
검색시 동의어, 관련어 사용의 원활	175	2.6971	1.32818	214	2.4766	1.19345

1) 한국어 능력

한국어 능력에 있어서 전체 평균값은 '일상생활 수준의 의사소통'이 3.4350으로 가장 높고, 그 다음이 '한글을 읽고 쓰는 수준'인데 비해, '고급수준의 의사소통'이나 '컴퓨터 및 검색시 용어 사용'은 미흡한 것으로 나타났다. 집단별로 결혼이민자는 일상적 혹은 고급수준의 의사소통에 관한 능력은 중간수준인 데 반해, 컴퓨터 및 검색 영역의 언어능력은 낮은 것으로 나타났다. 반면 이주노동자의 경우 '일상적인 언어소통'만 가능한 수준이다. 그러나 집단별 언어능력에 차이는 통계적으로 유의미하지 않은 것으로 나타났다($t=1.731$, $p=0.084$).

2) 정보요구

전체 평균값을 기준으로 이주민들은 정보의 필요성을 인식하고 필요한 정보를 찾고자 노력하는 것으로 나타났으나, 불완전한 한국어 구사능력이나 심리적 위축, 문화적 차이 등으로 인해 자신의 정보요구를 적극적으로 표출하지 못하는 것으로 보인다. 항목별로 정보부족과 정보추구행태는 결혼이민자의 수준이 높게 나타난 반면, 요구의 표출은 이주노동자의 평균이 조금 더 높았다. 그러나 두 집

〈표 3-10〉 정보요구의 응답현황

정보요구	결혼이민자			이주노동자		
	N	평균	표준편차	N	평균	표준편차
정보필요성 인식	183	3.1148	1.12560	220	3.0227	0.98594
적극적인 정보추구행태	181	3.4751	0.98075	217	3.1152	0.99098
정보요구의 표현정도	182	2.9890	1.09741	219	2.9954	1.09418

난 간에 정보요구의 평균차이는 통계적으로 유의미하지 않았다(t=1.626, p=0.105).

3) 정보원 인식

전체적으로 이주민들은 '주변 모국인'을 중요한 정보원으로 인식하고, 그 다음이 '주변 한국인'과 '대중매체'의 순으로 높게 나타났으며, 그 외의 정보원에 대한 인식은 낮은 경향이다. 특히 정보원의 인식에서 '전문적인 인터넷 사이트'와 '도서관과 그 홈페이지'의 평균 점수가 매우 낮게 나타났다. 집단별로 이주노동자는 결혼이민자에 비해 '주변 모국인', '민간단체', '인터넷'을 더욱 중요한 정보원으로 인식하는 경향이었다. 한국인남성과 가정을 이룬 결혼이민자들은 가족 및 친척, 이웃 등의 한국인과 접촉이 잦은 데 반해, 이주노동자들은 하루의 일과를 작업장과 회사기숙사에서 보내기 때문에 한국인이나 혹은 공식적인 지원조직에 접근하기 어려울 뿐 아니라, 앞서 조사결과에서 나타나듯이 언어능력에 있어서도 결혼이민자에 비해 낮은 수준이어서 언어에 제약이 따르지 않는 '모국인'과 '인터넷'을 더욱 중요한 정보원으로 인식한다고 볼 수 있다. 또한 이주노동자의 불안정한 체류신분은 행정기관보다 민간단체를 더 중요한 정보원으로 인식하게 한다. 그러나 정보원에 대한 집단 간 평균차이는 통계적으로 유의미하지 않은 것으로 나타났다(t=-0.078, p=0.938).

〈표 3-11〉 정보원 인식의 응답현황

정보원 인식	결혼이민자			이주노동자		
	N	평균	표준편차	N	평균	표준편차
주변 모국인	179	3.3296	1.01548	223	3.4664	1.02995
주변 한국인	178	3.2528	1.02407	220	3.1045	1.04815
행정기관과 그 홈페이지	176	2.7784	1.16707	211	2.6161	1.09088
민간단체	178	2.8146	1.17142	216	2.9259	1.21006
책이나 신문, 잡지	179	2.8827	1.4788	215	2.7721	1.14352
TV/라디오 등 대중매체	176	3.2273	1.09260	211	3.0853	1.15977
인터넷(포털 등 일반 홈페이지)	179	2.8715	1.19936	214	2.9252	1.16039
인터넷(전문 홈페이지)	177	2.6949	1.20493	216	2.6481	1.15589
도서관과 그 홈페이지	178	2.4213	1.09286	217	2.4839	1.15509

〈표 3-12〉 정보접근/정보검색의 응답현황

정보접근/정보검색	결혼이민자			이주노동자		
	N	평균	표준편차	N	평균	표준편차
주변 모국인	179	3.3575	1.10950	223	3.5247	1.01700
주변 한국인	177	3.2429	0.99016	218	3.1284	1.02144
행정기관과 그 홈페이지	167	2.7365	1.15750	213	2.5681	1.05120
민간단체	174	2.7011	1.15918	219	3.0046	1.14739
책이나 신문, 잡지	173	2.7688	1.14311	217	2.7465	1.11193
TV/라디오 등 대중매체	174	3.1724	0.99950	218	2.9771	1.14176
인터넷(포털 등 일반 홈페이지)	171	2.8655	1.25066	215	2.8977	1.22617
인터넷(전문 홈페이지)	174	2.7816	1.24395	215	2.7116	1.16835
도서관과 그 홈페이지	174	2.3908	1.08437	216	2.4074	1.06999
검색시 여러개의 키워드 동시사용	170	2.5118	1.15763	219	2.5114	1.14684
검색결과가 나오지 않으면 재검색	174	2.8103	1.28293	216	2.6620	1.16205
도서관 온라인 목록을 자주 검색	172	2.1163	0.97835	216	2.2778	1.02828

4) 정보접근/정보검색

전체적으로 이주민들은 정보가 필요한 경우 '모국출신의 주변사람'을 가장 많이 활용하고, 그 다음이 '주변 한국인', '대중매체'의 순으로 높게 나타났고, '도서관'이나 '온라인 도서관'에 대한 이용 빈도가 가장 낮았다. 정보접근에 있어서 집단별 응답결과는 정보원에 대한 인식과 거의 유사하게 나타났다. 이주노동자는 결혼이민자에 비해 '주변 모국인'과 '민간단체'에 크게 의존하는 경향이고, 또 '인터넷'과 '도서관'을 상대적으로 더 많이 이용하는 것으로 나타났으나, 검색기능은 오히려 결혼이민자의 이용 빈도가 더 높았다. 그러나 정보이용에 있어서 두 집단간 평균차이는 통계적으로 유의미하지 않다($t=-1.201$, $p=0.231$).

5) 정보이용/분석/관리

전반적으로 정보이용/분석/관리에 있어서는 응답결과가 전체적으로 부정적이었다. 이주민들은 정보이용/분석/관리 영역에 있어서 '메모'와 '정리'를 가장 많이 한 반면, '스프레드시트나 DB프로그램 이용한 정보 관리'를 가장 하지 않는 것으로 나타났다. 즉, 이주민들은 정보통신기술을 이용한 정보의 이용과 관리에 조금

〈표 3-13〉 정보이용/분석/관리의 응답현황

정보이용/분석/관리	결혼이민자			이주노동자		
	N	평균	표준편차	N	평균	표준편차
도서, 신문기사 등의 체계적 정리	178	2.9157	1.15894	222	2.8514	1.10141
정보 이용시 메모	178	2.9607	1.06491	218	2.9312	1.00223
파일과 폴더의 체계적 관리	177	2.6835	1.18293	221	2.7602	1.16831
북마크의 체계적 관리	173	2.3815	1.10711	220	2.6455	1.17109
스프레드시트, DB프로그램 등을 이용한 정보 관리	177	2.2599	1.02814	219	2.5068	1.11442

더 취약한 모습을 보이고 있었다. 이 항목의 집단별 응답결과는 이전의 항목과는 다소 다르게, 이주노동자들이 결혼이민자들에 비해 보다 긍정적인 응답을 보여주고 있었다. 즉, 이주노동자들이 상대적으로 결혼이민자에 비해 '북마크 관리', '파일과 폴더관리', '스프레드시트나 DB프로그램' 등 정보통신기술을 이용한 방법에 더 익숙한 것으로 나타났다. 정보이용/분석/관리에서 집단 간 평균차이는 통계적으로 유의미한 것으로 나타났다(t=-2.553, p=0.011).

6) 정보생산/소통/공유

정보생산/소통/공유에 있어서 이주민들은 새로운 정보가 있으면 '주변사람과 대화'를 나누는 것을 제외하면 모든 항목에서 부정적인 응답결과를 보여, 이주민들이 정보의 생산과 공유 활동에는 소극적인 것으로 나타났다. 특히 '신문 및 잡지에 대한 투고'나 '프레젠테이션 파일의 제작'의 평균점수는 매우 낮았다. 집단별 응답결과를 비교하면, 결혼이민자에 비해 이주노동자가 정보생산/소통/공유에 보다 적극적인 것을 알 수 있다. 결혼이민자는 '주위사람과의 대화'를 통해 정보를 생산하고 공유하는 반면, 이주노동자는 온라인게시판, 메신저, 미디어제작 등의 정보통신기술을 활용하는 방법에 보다 적극적이었다. 이 결과는 이주노동자들이 결혼이민자에 비해 정보통신기술을 이용한 활동에 보다 적극적임을 입증하고 있다. 이러한 차이는 통계적으로 유의미하게 나타났다(t=-2.553, p=0.011).

〈표 3-14〉 정보생산/소통/공유의 응답현황

정보생산/소통/공유	결혼이민자			이주노동자		
	N	평균	표준편차	N	평균	표준편차
주위사람과의 대화	179	3.3128	0.97289	222	3.2162	1.05423
신문, 잡지 등에 투고	175	2.1086	0.90635	217	2.1659	1.02746
온라인 게시판 글쓰기	173	2.2601	1.06010	219	2.5434	1.15405
메일 이용하기	177	2.6215	1.22391	219	2.8037	1.17418
메신저 이용하기	175	2.8629	1.31024	221	3.0814	1.21456
미니홈피/블로그/홈페이지 운영	176	2.4148	1.16796	220	2.5045	1.18012
각종 미디어(UCC)의 제작	179	2.3408	1.10212	222	2.6351	1.20603
프리젠테이션 파일 및 문서 제작	177	2.1751	1.09641	221	2.3167	1.12781

7) 정보윤리/문화

이주민들은 전반적으로 '인터넷 중독'이나 '네티켓 준수'에 대한 인식은 보통 수준인 반면, 영상이나 음원 등의 합법적 이용에는 다소 부정적인 응답경향을 보인다. 집단별로 응답결과를 비교하면, 정보윤리의 모든 항목에서 이주노동자의 평균점수가 결혼이민자보다 높게 나타났다. 특히 결혼이민자는 '개인정보보호', '네티켓 준수', '인터넷 중독'에 대한 인식이 낮은 수준인 데 반해, 이주노동자는 보통수준에 해당하고 '바이러스 검사'에 대해서도 상대적으로 중요하게 인식하고 있다. 이 결과는 이주노동자들이 정보통신기술을 이용한 활동에 더욱 적극적임을 잘 나타내고 있다. 이러한 집단 간에 차이는 통계적으로 유의한 것으로 나타났다 ($t=-3.513$, $p=0.000$).

〈표 3-15〉 정보윤리/문화의 응답현황

정보윤리/문화	결혼이민자			이주노동자		
	N	평균	표준편차	N	평균	표준편차
개인정보보호의 중요성	177	2.6893	1.27009	223	3.1121	1.24154
영상, 음원, 게시물 등의 합법적 이용	179	2.2849	1.14771	219	2.5982	1.28620
바이러스나 악성코드 검사	180	2.5111	1.23492	217	2.9585	1.23346
네티켓 준수	179	2.8939	1.37592	215	3.1256	1.25230
인터넷 중독 등에 대한 인식	180	3.0667	1.41658	221	3.3891	1.24414

〈표 3-16〉 정보통신기술의 응답현황

정보통신기술	결혼이민자			이주노동자		
	N	평균	표준편차	N	평균	표준편차
인터넷 검색의 사용	179	2.9050	1.26621	222	3.0721	1.22723
이메일의 사용	178	2.8764	1.31330	221	3.1538	1.23724
메신저의 사용	179	3.0000	1.35746	220	3.1318	1.22228
워드프로세서의 사용	179	2.6257	1.21766	218	2.7523	1.20793
스프레드시트의 사용	179	2.3240	1.13970	219	2.5388	1.13820
프리젠테이션 프로그램의 사용	178	2.1124	1.05700	217	2.3871	1.12933
모국어 언어팩 설치	179	2.7374	1.24670	220	2.9227	1.25273
프린터 사용	179	2.7095	1.27397	218	2.6835	1.17806
스캐너 사용	179	2.3855	1.19079	218	2.5872	1.12542
디지털카메라 사용	179	3.2291	1.26226	220	3.3318	1.12825

8) 정보통신기술

전체적으로 이주민들이 가장 잘 사용하는 정보통신기술 및 매체는 디지털카메라이고, 그 다음이 인터넷과 이메일인 것으로 나타났다. 이 외의 정보통신기술에는 부정적인 응답결과를 보이는데, 특히 프레젠테이션의 이용은 매우 낮은 수준이다. '프레젠테이션'은 주로 전문직이나 관리직 종사자들이 주로 이용하기에 직업상 생산직과 전업주부에 비율이 높은 이주민들이 프레젠테이션 프로그램을 사용하는 경우는 매우 드물다고 할 수 있다. 집단별로 보면, '프린터' 기기를 제외한 모든 정보통신기술의 사용이 이주노동자가 결혼이민자보다 용이한 것으로 나타났다. 결혼이민자는 메신저와 디지털카메라의 사용만 보통수준이었다. 정보통신기술에 대한 두 집단 간의 평균차이는 통계적으로 유의미한 것으로 나타났다 ($t=-2.028$, $p=0.043$).

이상의 논의를 종합하여 이주민의 정보리터러시의 수준에 대해 요약하면 첫째, 이주민의 정보리터러시 수준에 영향을 미치는 한국어교육 및 정보화교육의 이수에 있어서 이주민들은 대부분 한국어교육을 이수한 반면 정보화교육은 상대적으로 이수비율이 낮았고, 특히 이주노동자는 교육의 이수기간도 매우 짧았다. 둘째, 언어능력은 일상적인 의사소통 정도의 수준을 보였고 집단별로 결혼이민자에 비해 이주노동자의 언어능력의 수준이 낮았다. 셋째, 정보접근성에 있어서 이주민들은 정보부족을 많이 느끼는 데 비해 정보추구행태와 요구의 표현정도는 상대적으로 낮았다. 넷째, 정보원과 정보접근은 거의 유사한 결과를 보이는데, 정보원과 정보접근에 있어서 이주민들은 주로 대인정보원 중에 모국인 집단에 크게 의존하는 경향이며, 결혼이민자는 대인정보원 및 대중매체에 의존하는 반면, 이주노동자는 모국인 집단과 인터넷에 의존하는 경향을 보였다. 다섯째, 이주민들은 언어능력, 정보원, 정보접근에 비해 정보이용, 정보생산, 정보윤리에 있어서 활용능력이 낮은 수준에 머물렀다. 특히 이러한 결과는 결혼이민자에게 더욱 두드러지는데, 결혼이민자는 언어능력, 정보원, 정보접근에서 상대적으로 높은 수준을 보인 반면, 정보이용, 정보생산, 정보윤리, 정보통신기술의 영역에서는 이주노동자의 활용능력이 다소 높았다. 전체적으로 이주민의 정보활용능력은 기초적인 수준에 머물러 있어 정보리터러시의 역량 강화를 위한 방안의 마련이 시급하다고 하겠다.

4. 일반적 특성에 따른 정보리터러시 수준의 비교분석

조사대상자의 연령, 거주지, 출신국가, 체류기간, 직업 등의 인구통계학적 특성과 이주민의 정보리터러시에 중요한 영향을 미칠 것으로 예측되는 한국어교육 및 정보활용교육의 이수여부와 이수기간에 따른 정보리터러시의 수준을 비교 분석하였다.

첫째, 연령별로는 20대의 정보리터러시 수준이 159점으로 가장 높고, 그 다음이 30대이며, 20대 미만을 제외할 경우 연령이 증가할수록 정보리터러시 수준이 낮아지는 경향을 보인다. 연령에 따른 정보리터러시의 수준 차이는 통계적으로 유의미하게 나타났다(F=3.636, p=0.003).

둘째, 거주지의 경우 경남(중소도시와 농어촌)에 비해 부산시(대도시)에 거주하는 이주민의 정보리터러시 수준이 높은 것으로 나타났는데, 이것은 유의수준 0.05 이하에서 통계적으로 유의미한 차이를 보인다(t=2.553, p=0.011).

셋째, 출신국가에 따라서는 한국계 중국인의 정보리터러시 수준이 가장 높고,

그 다음이 필리핀이며, 중국, 인도네시아, 태국의 경우 국적의 전체 평균 점수에 미달하는 수준으로 나타났다. 이러한 결과는 통계적으로도 유의미한 차이를 보였다(F=2.994, p=0.019). 한국계 중국인은 중국에서부터 한국어를 비교적 원활하게 사용하고 있기 때문에 출신국가 항목은 사실상 한국어 능력과도 깊은 관계를 가진다고 볼 수 있다.

넷째, 체류기간을 1년 미만, 1-2년, 2-3년, 3-4년, 4-5년, 5년 이상으로 구분하였을 때, 체류기간별 정보리터러시의 수준 차이가 발견되지 않았다. 하지만 체류기간을 4년 이상인 집단과 4년 미만인 집단으로 구분하여 집단 간 차이를 분석한 결과, 통계적으로 유의미한 차이가 발견되었다(t=-2.300, p=0.022). 체류기간이 4년 이상인 집단의 정보리터러시 평균은 159.3496점으로, 4년 미만 집단의 평균 148.3792점에 비해 약 11점이 높았다. 이러한 점에서 체류기간이 제한되는 이주노동자의 경우 상대적으로 정보리터러시의 수준이 낮을 가능성이 높고, 또한 정보리터러시 수준을 향상시키는 데도 어려움이 있다고 하겠다.

다섯째, 직업별로 정보리터러시의 수준 차이가 통계적으로 유의미하지 않은 것으로 나타나 직업은 정보리터러시의 수준에 중요한 영향을 미치지 못하는 것으로 해석할 수 있다(F=1.828, p=0.123).

여섯째, 한국어교육 이수집단을 모국 이수, 한국 이수, 양국 이수, 비이수로 세분화하여 집단간 정보리터러시의 차이를 분석한 결과, 유의수준 0.05 이하에서는 통계적으로 유의하지 않지만(F=2.619, p=0.051), 유의수준 0.1에서는 통계적 유의성이 있는 것으로 나타났다. 하지만 한국어교육을 이수한 집단과 이수하지 않은 집단의 정보리터러시 수준은 통계적으로 유의미한 차이가 발견되지 않았는데(F=-0.440, p=0.660), 비이수집단의 정보리터러시 수준이 상당히 높기 때문이다. 비이수집단은 한국에서 이수한 집단과 양국에서 이수한 집단보다도 더 높은 정보리터러시 수준을 보인다. 이러한 결과는 비이수집단에서 중국현지에서부터 한국어를 구사하고 있는 한국계 중국인의 비중이 절반 정도를 차지하는 데 기인하는 것으로 나타났다. 그리고 한국어 교육기간은 정보리터러시의 수준에 중요한 영향을 미치는 것으로 보였는데, 한국어 교육기간을 3개월 이상인 집단과 3개월 미만인 집단으로 나누어 정보리터러시의 수준 차이를 분석한 결과, 유의수준 0.05 이하에서 통계적으로 유의한 차이가 존재하는 것으로 나타났다(t=-1.985, p=0.048). 따라서 통계치를 근거로 볼 때, 한국어교육을 어디에서 이수하고, 또 어느 정도 지속적으로 받았는지의 문제는 정보리터러시에 중요한 영향을 미친다고 할 수 있다.

일곱째, 정보활용교육의 이수여부는 유의수준 0.05 이하에서 통계적으로 유의한 차이를 보였다(t=5.146, p=0.000). 즉 정보활용교육을 받은 집단의 평균은 161점으로, 그렇지 않은 집단(139점)에 비해 정보리터러시의 점수가 22점이나 높았다. 그리고 정보활용교육의 이수기간에 따라서도 집단 간에 통계적으로 유의한 차이가 있다(F=6.034, p=0.000). 특히 3개월 이상 이수한 집단은 정보리터러시 점수가 3개월 미만인 집단에 비해 약 30점 가량 더 높은 것으로 나타났고, 이것은 유의수준 0.05에서 통계적 유의성이 있는 것으로 나타났다(t=-5.368, p=0.000).

일반적 특성의 각 분류기준에서 정보리터러시의 수준이 가장 높은 집단의 점수를 살펴보면, 연령은 20대가 159.1053점, 지역은 부산거주자가 158.1188점, 출신집단은 한국계 중국인이 165.1979점, 체류기간은 5년 이상이 159.3827점, 한국어교육은 모국이수가 159.5507점, 한국어교육 기간은 6개월 이상이 157.8740점, 정보활용교육은 이수집단이 161.4113점, 정보활용교육 기간은 6개월 이상이 180.5738점으로 나타났다. 그리고 각 항목에서 집단 간 차이가 통계적으로 유의미하게 나타난 것을 중심으로, 정보리터러시 수준이 가장 높은 집단과 가장 낮은 집단 간의 격차를 살펴보면, 연령은 20대와 60대간에 41점, 거주지는 부산과 경남 사이에 12점, 출신집단은 한국계중국인과 필리핀인 사이에 22점, 체류기간은 4년 미만과 4년 이상의 집단 간에 11점, 한국어교육기간은 3개월 이상과 미만의 집단 간에 9점, 정보활용교육은 이수집단과 비이수 집단 간에 22점, 정보활용교육은 3개월 미만과 3개월 이상의 집단 간에 29점의 차이를 보였다. 여기서 비교척도의 간격이 큰 '연령'을 제외하면 '정보활용교육기간'과 이 정보리터러시 격차를 발생시키는 중요한 요인이라 할 수 있다. 결국 정보리터러시의 수준은 '정보활용교육 이수', '정보활용교육 기간'과 한국어 능력에 관련된 '출신집단' 등에 의해 중요한 영향을 받는다고 할 수 있다.

〈표 3-17〉 일반적 특성에 따른 정보리터러시의 수준

일반적 특성		N	M	SD	t(F)	p
연령	20대 미만	20	126.3500	46.75837	3.636	.003*
	20대	133	159.1053	43.24372		
	30대	179	157.1453	40.08476		
	40대	67	141.0896	49.17955		
	50대	6	141.0000	43.61651		
	60대 이상	1	118.0000	.		
거주지	부산시	202	158.1188	40.39292	2.553	.011*
	경상남도	170	146.2529	47.94783		
국적	중국	120	148.3333	42.68279	2.994	.019*
	한국계 중국	96	165.1979	46.70075		
	필리핀	46	159.1739	44.52430		
	인도네시아	25	142.8000	37.76131		
	태국	24	142.4167	47.51926		
체류기간	1년 미만	57	145.1579	48.25261	1.175	.321
	1-2년 미만	67	151.2687	42.09030		
	2-3년 미만	85	148.8941	44.89857		
	3-4년 미만	60	147.4833	36.46196		
	4-5년 미만	42	159.2857	38.97046		
	5년 이상	81	159.3827	48.75412		
	4년 미만	269	148.3792	43.03354	−2.300	.022*
	4년 이상	123	159.3496	45.48680		
한국어 교육의 이수여부	이수	330	152.2545	43.52327	−.440	.660
	이수하지 않음	72	154.7500	43.98039		
	모국이수	138	159.5507	44.03218	2.619	.051
	양국이수	40	152.8750	37.10635		
	한국이수	152	145.4671	43.78861		
	이수하지 않음	72	154.7500	43.98039		
한국어 교육기간	1주일	29	143.6207	41.28941	1.099	.363
	1-1개월 미만	61	144.1475	33.01910		
	1-2개월 미만	45	146.3778	45.51138		
	2-3개월 미만	31	157.1935	44.16969		
	3-6개월 미만	35	152.6000	42.25775		
	6개월 이상	127	157.8740	48.94684		
	3개월 미만	166	147.0964	40.21762	−1.985	.048*
	3개월 이상	162	156.7346	47.50597		
정보활용 교육이수	이수	231	161.4113	42.48754	5.146	.000*
	이수하지 않음	165	139.2606	41.85630		

정보활용 교육기간	1주일	41	149.7073	35.82753	6.034	.000*
	1-1개월 미만	59	149.9492	42.25923		
	1-2개월 미만	30	148.6000	42.10381		
	2-3개월 미만	23	161.0870	34.09600		
	3-6개월 미만	21	180.5238	29.06995		
	6개월 이상	61	180.5738	44.39762		
	3개월 미만	153	151.2941	39.28152	-5.368	.000*
	3개월 이상	82	180.5610	40.85055		

Ⅴ. 연구결과의 정책적 함의

본 연구의 결과에 근거하여 이주민의 정보리터러시 수준과 관련된 정책적 함의를 살펴보면 다음과 같다.

첫째, 전체적으로 국내거주 이주민들의 정보리터러시 수준은 높지 않은 것으로 나타났다. 물론, 본 연구에서 국내 기존 주민과 이주민간의 직접적인 비교가 이루어지지 않아 단정지을 수는 없지만, 정보리터러시 각 항목별 응답내용을 살펴보면, 대부분이 최저 1점과 최고 5점 사이에서 중간(보통) 점수인 3점을 넘지 못하는 응답들이었다. 관련연구에 따르면, 국내 이주민의 출신국가 중 상당수가 우리나라에 비해 매우 열악한 출판량과 출판유통구조, 그리고 세계 하위권 수준의 정보통신인프라를 가지고 있는 것으로 나타났다(조용완, 2008: 432-433). 이러한 환경에서 생활해온 이주민들이 국내에서 성공적으로 정착하기 위해서는 이주민들의 정보리터러시를 강화하기 위한 정책적 배려가 요구된다. 현재 공공도서관과 복지관, NGO 등 공공영역과 민간영역에서 실시하고 있는 이주민 대상 프로그램들이 주로 한국어 습득과 문화 체험을 중심으로 상당히 중복적으로 제공되고 있는 점은 개선될 여지가 있다. 특히 공공도서관을 비롯한 정보리터러시 관련 기관들은 지역 내 여타 기관에서 제공할 수 없는, 기관 고유의 특성을 충분히 살린 프로그램들을 제공해야 할 것이다. 특히, 본 연구에서 이주민들이 상당히 취약한 것으로 드러난 도서관과 각종 정보원 이용교육, 컴퓨터와 인터넷 활용 등에 관련된 프로그램 제공에 집중할 필요가 있다. 아울러 다문화서비스를 제공하고자 하는 공공도서관이 중심이 되어 지역 사회 내 이주민 프로그램을 운영하는 기관들과의 네트워크를 구축하고 협력을 강화하여 프로그램의 중복방지와 특성화를 위해 노력해야 할 것이다.

둘째, 본 연구에서는 정보활용교육의 이수여부와 이수기간 모두 이주민의 정보리터러시 수준에 큰 영향을 미치고 있는 것으로 나타났다. 정보활용교육을 이수한 이주민과 그렇지 않은 이주민, 그리고 정보활용교육을 단기간만 이수한 이주민과 비교적 장기간 이수한 이주민간 정보리터러시 수준차이가 뚜렷한 것으로 나타났다. 따라서 공공도서관을 비롯한 관련 당국에서는 첨단의 정보사회를 구축하고 있는 한국 사회에 이주민들이 신속히 적응하고 사회에 기여하는 구성원으로 자리 잡을 수 있도록 그리고 자신의 정체성 유지를 위해 모국 정보에 원활히 접근할 수 있도록 컴퓨터와 인터넷, 도서관, 정보원 이용 등에 관련된 정보활용교육을 제공할 필요가 있다. 국내 이주민 중 상당수가 취약한 출판환경과 정보통신인프라를 경험한 상태에서 국내로 유입되었기 때문에, 이주민들을 대상으로 한 정보활용교육은 이주민들이 국내에서 겪게 될 정보격차와 그로 인한 사회적 배제를 감소시키는 데 일조할 것으로 판단된다. 보다 효과적인 정보활용교육을 위해서는 이주민 언어와 한국어로 제작된 컴퓨터와 인터넷 활용교육 교재의 개발, 이중 언어와 웹기반의 정보리터러시 교육 튜토리얼의 제작과 보급, 이중 언어 기반의 도서관 이용안내와 교육 교재의 개발 등을 위한 노력도 병행되어야 한다.

셋째, 이주민의 정보리터러시 수준에 있어 언어능력이 미치는 영향은 매우 높은 것으로 나타났다. 출신국가별로 봤을 때, 한국계 중국인의 정보리터러시 수준이 여타 국가 출신들에 비해 매우 높은 반면, 중국, 인도네시아, 태국 등의 국가 출신들은 낮았다. 그리고 한국어 교육을 3개월 이상 이수한 사람이 3개월 미만으로 이수한 사람에 비해 정보리터러시 수준이 높은 것으로도 나타났다. 따라서 현재 공공도서관과 복지관, NGO 등에서 이주민 대상 한국어 습득 프로그램을 운영하는 것은 이들의 정보리터러시 향상의 관점에서 볼 때 매우 의미있다고 할 수 있다. 하지만 이들 프로그램의 상당수가 지역 내 다양한 국가 출신의 이주민들을 한데 모아 한국어를 교육하고 있고, 각 언어권별로 제작되어 프로그램에서 이용할 수 있는 한국어 교재가 부족하다는 문제점이 제기되고 있다. 또한 교육의 주체도 이주민 언어를 잘 알지 못하는 한국인(퇴임 교사나 공무원 등)이 주를 이루고 있는 상황이다. 이러한 문제점들을 해결하기 위해 향후 관련당국에서는 이중 언어(한국어와 이주민 언어)로 각기 제작된 한국어 교재를 제작하여 배포해야 하며, 인터넷을 통해 이중 언어 체계의 튜토리얼 기반 언어프로그램을 보급하는 데 많은 노력을 기울여야 한다. 또한 이주민들이 밀집해 거주하는 대도시나 안산, 김해 등의 지역에서는 출신국가별 단위의 언어교육 프로그램을 개발하여 운영하는 것도 고려해야 할 것으로 생각된다.

넷째, 거주지별로 살펴봤을 때, 대도시지역(부산)에 비해 중소도시나 농어촌 지역(경남)에 거주하는 이주민들의 정보리터러시 수준이 상대적으로 낮게 나타나고 있다. 이는 아무래도 대도시 지역에 이주민들이 이용 가능한 정보제공 기관이나 정보 관련 시설, 정보통신 인프라, 관련 교육 프로그램 등이 수적인 측면에서 많고 접근과 이용이 용이하기 때문인 것으로 판단된다. 따라서 관련 당국에서는 대도시에 비해 전체적으로 열악한 환경에 있는 중소도시와 농어촌 지역 거주 이주민들이 이용 가능한 정보 관련 인프라의 구비, 교육 프로그램의 제공 등의 노력을 더욱 강화해야 할 것이다. 이를 위해서는 장시간 노동과 농사일과 가사 등으로 근무지 부근이나 가정 부근을 벗어나기 힘든 이주민들이 많이 거주하고 있는 공단지역이나 농촌마을, 그리고 안산시 원곡동과 같은 이주민 밀집지역, 이주민 대상 진료기관이나 상담센터, 이주민 커뮤니티 행사, 법무부의 이동출입국관리사무소[9] 등을 대상으로 찾아가는 서비스를 제공할 필요가 있다. 가령, 현재 공공도서관들이 제공하는 이동도서관에 다문화자료, 다국어 지원 컴퓨터(노트북) 무선인터넷(HSDPA 등)을 장착하여 다문화자료의 제공, 인터넷과 컴퓨터 이용 교육 제공, 모국과의 인터넷 연결 등을 제공할 수도 있고, 이주민이 주로 이용하는 공공기관, NGO, 자체 모임 등을 방문해 정보리터러시 교육 프로그램을 홍보하는 방안도 가능하다.

---

9) 법무부의 기존 출입국관리사무소는 서울, 부산, 대구, 인천 등 전국 11개 지역에만 있어 중소도시와 농어촌지역 거주 이주민들의 이용에 상당히 애로가 있었다. 이에 법무부는 새로이 이주민들이 많이 거주하는 안산, 김해, 진주, 공주, 포천 등 중소도시와 농어촌 지역을 대상으로 19개의 이동출입국관리사무소를 추가로 신설하여 다양한 편의를 제공하고 있다.

다섯째, 이주노동자와 결혼이주민간의 정보리터러시에 있어서의 차이, 특히 정보통신기술과 관련된 정보리터러시 영역에서의 차이에도 관심이 필요하다. 거의 남성인 이주노동자 집단이 전부 여성인 결혼이주민에 비해 정보이용/분석/관리 영역, 정보생산/소통/공유 영역, 정보통신기술 영역 중에서 정보통신기술과 관련된 정보리터러시 수준이 높은 것으로 나타나고 있다. 이는 정보사회에서 나타나는 디지털격차 중에서 성별 간 격차문제와 관련이 있는 것으로 보인다. 따라서 향후 관련 당국에서는 결혼이주여성을 대상으로 한 정보통신기술 관련 교육의 효과적이고 효율적인 제공을 위한 노력이 고려되어야 하겠다.

끝으로, 향후 이주민 대상 한국어교육과 컴퓨터와 인터넷 교육 등 정보리터러시와 관련된 제반 교육 프로그램의 계획, 실행, 평가과정에 한국어에 능통하고 한국 사회, 지역사회, 이주민사회 전반에 이해가 높은 이주민들을 참여시켜 수요자 중심의 정보리터러시 교육을 추진하는 방안을 모색해야 할 것이다. 이미 국내 이주민사회 내에도 주류사회와 이주민사회를 연결하는 게이트키퍼(gatekeeper)나 여론지도자(opinion leader)들이 존재하고 있다. 게이트키퍼들은 새로운 사회에 정착한 지 수년이 지난 상태이고 대체적으로 교육수준, 평균수입, 이중/다중언어 구사능력 면에서 우수하며 지역사회 내의 활동이 왕성하며 활발한 정보의 입수와 전달을 위해 노력하고 있다. 이들은 이러한 능력과 함께 이주민들과 같은 언어와 문화, 경험을 공유하고 있으면서 동시에 같은 이주민이라는 정서를 함께 가지고 있기 때문에, 이주민 게이트키퍼들은 이미 지역사회에서 새로운 이주민들의 정착과 적응에 많은 기여를 하고 있다.[10][11] 현재 국내 이주민 대상 언어와 정보리터러

10) 최근 언론보도를 통해 이주민 게이트키퍼들이 자주 소개되고 있다. 예를 들면, 몽골 울란바토르대학을 졸업하고 한국으로 시집온 몽골인 결혼이주여성은 의정부 고용지원센터에서 통역봉사를 하고, 이 지역 결혼이민자 네트워크 대표로 활동하면서 신규 정착자들에게 많은 도움을 주고 있으면서 체계적으로 이주민을 돕기 위해 서울대 사회복지학과 대학원에 응시하기도 하였다("몽골서 시집와 '사회복지사' 꿈꾸다," 연합뉴스 2008. 7. 31, 〈http://news.naver.com/main/read.nhn?mode=LSD&mid=sec&sid1=102&oid=001&aid=0002201243〉). 필리핀에서 생물교사를 하던 결혼이주여성은 한글교육 자원봉사와 경찰 통역업무를 지원하면서 이주민들을 도와오다가, 현재는 경찰로서 외국인 특별치안센터에서 범죄 예방과 이주노동자들의 인권 보장에 노력하고 있다("이주 노동자 돕는 귀화 경찰관," YTN, 2008. 12. 18, 〈http://www.ytn.co.kr/_ln/0103_200812180532328458〉).

11) 정부에서도 이주민 게이트키퍼들의 역할을 활용하려는 경향이 나타나고 있다. 한국에 들어온 지 오래되어 한국사회를 잘 이해하고 있으며 원활한 의사소통이 가능해 새로 입국한 한국계 중국인들을

시 관련 프로그램의 계획, 실행, 평가과정 전반과 교육교재와 강사 등에 있어서 한국어와 한국인 등이 중심이 되어 있는 구조를 재편하여 이주민 게이트키퍼들을 각종 위원이나 강사로 적극 활용한다면 교육의 효과를 더욱 향상시켜 이주민의 효과적인 정착과 적응을 가능하게 할 수 있을 것이라 판단된다.

지원해온 게이트키퍼들이 중심적으로 활동하고 있는 한중사랑교회, 한중교류협회, 귀한동포연합총회, 안산조선족교회 등의 이주민 단체들은 2008년 7월 정부(법무부)로부터 '동포 체류지원센터'로 지정되었다. 이를 통해 이 단체들은 정부의 지원을 받아 더욱 활발하게 새로 입국하는 한국계 중국인들의 취업 · 주거 · 의료 등 생활정보 제공, 출입국 관련 제도 안내 등의 활동을 펼칠 수 있게 되었다. "김경한 법무부장관, 동포체류지원센터 지정 민간단체 4곳 위촉장수여," 법률신문, 2008. 7. 28. 〈http://news.naver.com/main/read.nhn?mode=LSD&mid=sec&sid1=119&oid=122&aid=0000011655〉.

참 고 문 헌

김갑현. 2007. 국제결혼 이주여성 대상 교육프로그램 개선방안에 관한 연구. 석사학위 논문, 한국교원대학교 교육정책대학원, pp.1-83.

노지현. 2008. 다문화 장서에 대한 목록 구축의 경험과 교훈. 「한국도서관 · 정보학회지」, 39(4): 397-420.

이경란 · 한복희. 공공도서관의 다문화서비스 운영에 관한 연구. 「사회과학연구」, 20(2): 47-74.

이수상. 2009. 외국인 유학생들을 위한 디지털도서관의 다문화서비스에 관한 연구. 「인문학논총」, 14(3): 191-217.

이수상 · 위성광. 2007. 중국 유학생의 대학도서관 포털 서비스 만족도에 관한 연구. 「한국문헌정보학회지」, 41(4): 113-134.

이수상 · 장임숙. 2008. 이주노동자의 사회적 서비스에 대한 접근성과 사회연결망. 「한국문헌정보학회지」, 42(4): 243-268.

이용재 · 배화숙. 2008. 결혼이민자의 사회서비스 및 정보의 접근성에 관한 연구. 「한국도서관 · 정보학회지」, 39(4): 479-504.

이제환, 장덕현, 이연옥. 2004. 在日韓人의 일상적 정보요구와 정보추구. 「한국문헌정보학회지」, 38(3): 221-248.

이제환. 2005. 동경지역 한인의 정보행태에 관한 연구. 「한국도서관 · 정보학회지」, 36(1): 91-116.

이현실 · 황동렬. 2007. 외국인 학생을 위한 대학도서관 정보이용 교육 사례 연구. 「한국도서관 · 정보학회지」, 38(4): 145-165.

이혜영 · 곽승진. 2009. 다문화정보서비스의 협력망에 관한 연구. 「한국문헌정보학회지」, 43(2): 147- 169.

조용완. 2007. 이주민을 위한 국내 도서관 서비스의 현황 분석. 「한국도서관 · 정보학회지」, 38(2): 245-269.

조용완. 2008. 국내 도서관의 다문화자료 입수를 위한 효과적 방안 연구. 「한국도서관·정보학회지」, 39(3): 429-456.

한국염 등. 2006. 여성결혼이민자 정보화교육 프로그램 개발 연구. 서울: 한국정보문화진흥원.

한윤옥·조미아·김수경. 2009. 다문화가정을 위한 도서관 서비스 현황과 문제점에 관한 연구. 「한국문헌정보학회지」, 43(1): 135-160.

한윤옥·조미아·김수경. 2009. 다문화가정을 위한 도서관의 서비스 개발과 운영 방안에 관한 연구. 「한국문헌정보학회지」, 43(2): 91-122.

Anthony Olden. 1999. Somali refugees in London: Oral culture in a western information environment. *Libri*, 49: 212-224.

Damone Virgilio. 2003. Service to the International Community. *Bookmobiles & Outreach Services*, 6(2): 7-15.

Elfreda A. Chatman. 1987. Opinion Leadership, Poverty and Information Sharing. *RQ*, 23(3): 341-353.

Cheryl Metoyer-Duran. 1993. *Gatekeepers in Ethnolinguistic Communities*. Norwood, NJ: Ablex Pub.

Inger Bruun. 1989. Information and documentation on immigrants and refugees. *Journal of Multicultural Librarianship*, 4(2): 83-85.

Jens Thorhauge. 2003. Danish Strategies in Public Library Services to Ethnic Minorities. *IFLA Journal*, 29(4): 308-312.

Margaret Allen, Suzanne Matthew & Mary Jo Boland. 2004. Working with Immigrant and Refugee Populations: Issues and Hmong Case Study. *Library Trends*, 53(2): 301-326.

Marijana Bogdanovic & Graeme Johanson. 2007. Improving access to online multilingual resources by adopting the My Language Portal in the City of Greater Dandenong Libraries. *Australian Library Journal*, 56(2): 135-151.

Mary R. Someville. 1995. Global Is Local. *Library Journal*, 120(3): 131-133.

Norman Oder. 2003. Growing into a Changing City. *Library Journal*, 128(10): 40-42.

Pamela A. Jackson. 2005. Incoming International Students and the Library: A Survey.

Reference Services Review, 33(2): 197-209.

Sara Baron & Alexia Strout-Dapaz. 2001. Communicating with and empowering international students with a library skills set. *Reference Services Review*, 29(4): 314-326.

Shelly Naylor and Susan M. Frey. 2006. Where Cultural and Information Literacy Meet: Serving Spanish- Speaking Library Users in Indiana. *Indiana Libraries*, 25(4): 2-7.

Tina Hurley & et al. 2006. Crossing a bridge: The challenges of developing and delivering a pilot information literacy course for international students. *New Library World*, 107: 302-320.

Tunde Varga-Atkins & Linda Ashcroft. 2004. Information Skills of Undergraduate Business Student - A Comparison of UK and International Students. *Library Management*, 25(1/2): 39-55.

제 4 장

다문화사회의 이주노동자의 정보리터러시 격차

이 수 상 · 장 임 숙

제 4 장

다문화사회의 이주노동자의 정보리터러시 격차*

Ⅰ. 서 론

1. 연구의 필요성

한국은 2010년 UN의 전자정부발전지수(E-Government Development Index)와 온라인참여지수(E-Participation Index)에서 평가대상 192개국 중에서 1위를 차지하였고, ITU의 ICT발전지수(ICT Development Index)에서 조사대상 159개국 중 3위로 평가받았다(한국정보화진흥원, 2010: 37-39). 이처럼 정보화역량과 정보통신 발전수준이 세계 최고라 할 수 있는 IT강국임에도 불구하고, 지식활용의 양극화를 초래하는 정보격차의 문제는 해결해야 할 중요한 정책과제로 남아 있다. 특히 정보격차 중에서도 정보소외계층의 정보역량과 활용수준은 여전히 낮은 수준이다(한국정보화진흥원, 2010: 496).[1] 이러한 정보소외계층으로 장애인, 저소득층, 농어민, 고령층 등을 꼽을 수 있고, 최근에는 체류 외국인의 규모가 증가하면서 결혼이민자와 다문화가정, 이주노동자, 북한이탈주민과 같은 이주민집단이 신소외계층으로 고려되고 있다.

정부는 2012년까지 다문화가족을 위한 다양한 맞춤형 정보 및 온라인 서비스를 제공하는 다국어 지원 포털 사이트를 구축하고, 국가발급 신분증의 신뢰성 확

* 이 논문은 2007년도 정부재원(교육과학기술부 학술연구조성사업비)으로 한국연구재단의 지원을 받아 연구되었음(KRF-2007-411-J01103).

1) 일반국민의 정보화수준을 100으로 가정할 때, 일반국민 대비 정보소외계층의 접근수준 91.0, 역량수준 48.9, 활용수준 54.8로 나타나 취약계층의 정보역량 및 활용수준은 상대적으로 낮은 것으로 나타났다.

보 및 신속한 출입국심사나 체류관리 업무수행 등 행정서비스기능을 추가하여 이주노동자 등의 외국인의 안정적인 정착을 지원할 계획이다(정보화추진실무위원회, 2009: 58). 정부가 정책방향을 수립하고 정책을 실시하기 위해서는 먼저 이주민의 정보격차실태를 실증적으로 검토하고 문제점을 규명하는 작업이 선행되어야 한다. 만일 결혼이민자나 이주노동자가 정보력에 차이를 보인다면, 이들이 정보에 어떻게 접근하는지, 이들의 정보통신기술에 대한 접근과 활용 정도는 어떠한지, 그리고 이들의 정보활용능력은 어느 수준인지 등의 실태 파악과 함께 정보격차가 발생하는 원인이 무엇인지를 규명한 후 정책의 방향과 구체적인 계획을 수립하는 것이 바람직한 접근방식일 것이다.

그런데 정부의 주기적인 실태조사는 장애인, 노령자, 저소득층, 농어민 등 기존의 정보소외계층에 집중하거나, 신소외계층 중에서 결혼이민자만을 대상으로 한다. 게다가 내용적으로 컴퓨터 보유 및 인터넷 접근 용이성의 접근격차, 컴퓨터 응용 S/W 및 인터넷 사용능력 수준의 역량격차, 컴퓨터 · 인터넷의 이용량과 일상생활 도움 및 활용정도에 대한 활용격차를 기준으로 조사가 이루어져 정보격차를 컴퓨터나 인터넷 등의 디지털격차로 제한하고 있다.

따라서 현재의 문제와 한계를 극복하고 다문화사회로의 변화에 적극적으로 대응하기 위해서는 보다 체계적이고 구체적인 연구 조사가 필요하다. 이에 우리 연구팀은 2009년 결혼이민자와 이주노동자를 대상으로 정보리터러시의 실태에 관한 기초연구(이용재 · 이수상 · 조용완 · 장임숙, 2009)를 수행하고, 이를 토대로 2010년 각각의 연구 대상을 중심으로 정보리터러시 격차의 원인 규명과 정책방안을 모색하는 심화연구를 진행하였다. 본 연구는 그 일환으로 이주노동자를 대상으로 정보리터러시 격차와 그 요인을 심층적으로 분석한다. 즉 이주노동자가 필요로 하는 정보가 무엇인지, 필요한 정보에 어떻게 접근하며, 획득한 정보를 어느 정도 이해하고 분석하며 활용하고 있는지, 그리고 이 과정에서 이주노동자 간에 어떠한 차이가 있는지, 과연 그러한 차이를 야기하는 요인이 무엇인지에 대해 심층적이고 구체적으로 분석하고자 한다.

2. 연구의 방법

우리 연구팀은 이번 연구에서 정보리터러시 수준이 높은 집단과 그렇지 않은 집단 간의 차이를 1차 설문조사와 2차 심층인터뷰를 통해 비교 분석함으로써 이주노동자간 정보리터러시의 격차를 집중적으로 분석하고 그 요인을 규명하고자 한다. 연구팀의 2009년 “이주민의 정보리터러시 실태에 관한 연구”는 전 세계적으로 널리 활용되고 있는 ACRL의 〈Information Literacy Competency Standards for Higher Education〉, ANZIIL의 〈Australia and New Zealand Information Literacy Framework〉, SCONUL의 〈The Seven Pillars of Information Literacy model〉의 기준들을 근거로 이주민 정보리터러시 기준을 새롭게 구성하였다. 이주민의 정보리터러시 기준은 언어, 정보요구 인식/표현, 정보원 인식, 정보접근/정보검색, 정보이용/분석/관리, 정보생산/소통/공유, 정보윤리/문화, 정보통신기술로 구성된다. 1차 설문조사의 대상자는 모집단의 국적별 인구비례에 따라 이주노동자의 국적을 한국계 중국, 중국, 베트남, 필리핀, 태국, 인도네시아 6개국으로 한정하고, 2009년 7월 21일부터 9월 10일까지 부산 및 경남지역에 거주하는 이주노동자 총 223명을 대상으로 조사를 진행하였다. 그리고 이번 2차 심층면담조사에서는 이주노동자와 실무자를 대상으로 정보리터러시 격차를 야기하는 요인을 파악하는 데 집중하였다. 심층인터뷰를 통해 이주노동자의 특수성과 정보리터러시 격차를 야기하는 요인의 다양성, 그리고 요인간의 복합적인 상호작용을 면밀하게 파악하고자 하였다. 구체적인 조사대상은 이주노동자, NGO 실무자, 지원센터 상담원으로 나뉘는데, 2010년 4월 6일부터 7월 2일까지 13명의 이주노동자를 인터뷰하였고, 실무자 심층인터뷰는 1차로 2009년 4월 13일부터 29일까지 NGO 실무자 3명을 조사하고, 2차로 2010년 6월 29일부터 30일까지 3명의 NGO 실무자와 3명의 지원센터 상담원을 면담하는 형식으로 이루어졌다.

Ⅱ. 다문화사회의 정보리터러시 격차에 관한 정책

1. 이주민의 정보리터러시 격차

'정보리터러시 격차'는 어떻게 정의할 수 있는가? 정보리터러시 혹은 정보활용능력 교육에 관한 연구들은 다수 있지만, 정보리터러시 격차에 초점을 맞춘 연구는 매우 미흡한 실정이다. 흔히 사용되고 있는 정보격차(digital divide)의 개념과 달리 정보리터러시 격차(Information Literacy Gap)는 명확하게 개념 정의되지 않은 채 사용되고 있으며, 단순히 정보리터러시 수준의 차이를 의미하는 용어로 사용한다. 예컨대, Weetman(2010)은 영국과 미국 대학을 대상으로 학부생 간에 SCONUL을 기준으로 한 정보리터러시 수준의 차이, Deleo 등(2009)은 기간별 Educational Leadership and Technology의 3개 학과 석사학위과정에 등록된 자격교사와 학생들의 ACRL을 기준으로 한 정보리터러시의 수준 차이, Sriganesh(2005)는 인도의 낮은 의료 정보리터러시의 수준을 정보리터러시 격차로 표현하고 있다. 여기서 중요한 것은 수준 차이를 뜻하는 격차의 개념이라기보다는 정보리터러시의 개념, 즉 정보리터러시의 기준이 무엇인가에 있다.

반면에 흔히 사용되고 있는 정보격차(digital divide)의 경우 다양하지만 명확하게 개념정의를 하고 있다. Lloyd Morrisett에 의해 처음 만들어진 정보격차(digital divide)[2)]를 Ryder는 "실질적으로 ICT(정보통신기술)의 혜택을 얻을 수 있는 사람과 그렇지 못한 사람간의 차이"로 해석하고, UK 웹 사이트 "Internet Rights and Internet Wrongs"에서는 Ryder의 정의를 확대하여 '디지털격차'란 정보사회의 새로운 서비스에 접근을 갖는 사람과 그렇지 못한 사람간의 격차 확대, 혹은 사회적 배제로 규정한다(Michele et al., 2009: 1). 그리고 OECD(2001)는 디지털격차를 "상이한 사회경제적 수준의 개인 · 가정 · 기업 · 지역 간에 나타나는 정보통신기술의 접근 기회와 다양한 형태의 활동을 위한 인터넷이용의 차이"로 정의하고 있다

2) Lloyd Morrisett에 의해 정립된 정보격차(digital divide)의 개념은 새로운 정보기술 접근능력이 있는 자와 접근능력이 없는 자 간의 경제적 · 사회적 격차가 심화되는 현상을 지칭한다.

(OECD, 2001: 5). 또 Dewan과 Riggins(2005)는 정보격차를 "정보통신기술에 접근이 가능한 사람과 그렇지 못한 사람간의 괴리 및 접근이 가능한 사람들 간의 활용능력에서의 불평등"으로 정의한다. 우리나라의 경우 2001년 제정된 「정보격차해소에 관한 법률」에서 '정보격차'를 "경제적 · 지역적 · 신체적 또는 사회적 여건으로 인하여 정보통신망을 통한 정보통신서비스에 접근하거나 이용할 수 있는 기회에 있어서의 차이"로 규정하고 정보접근, 정보역량, 정보활용의 차이로 본다(정보격차해소에 관한 법률 제2조 제1항). 이처럼 정보격차는 초기에 주로 전화, 컴퓨터, 인터넷과 같은 정보통신기술의 물리적 접근기회에 한정하여 사용되다가, 점차 국가적 수준에서부터 지역 및 개인 수준까지의 물리적 접근과 함께 정보통신기술의 활용능력의 격차로 의미가 확대되고 있다.[3] 이처럼 광의의 정보격차 개념에는 정보리터러시의 격차가 부분적으로 포함되어 있다.

한편, 우리 연구팀의 2009년 연구에서는 이주민의 정보리터러시의 수준 차이는 연령, 거주지, 국적, 체류기간과 같은 개인적 특성과 함께 한국어교육과 정보화교육의 이수여부 및 기간에 의해 유발되는 것으로 나타났다(이용재 등, 2009). 이와 유사하게 외국인 유학생의 정보리터러시를 연구한 Ishimura 등(2007)은 언어와 문화적 차이를 중요한 영향요인으로 간주하는데, 특히 언어이해력은 정보리터러시 기술인 주제탐색, 정보탐색, 정보이용을 위한 평가척도, 그리고 정보이용 등에 심각한 장애요인으로 작용한다고 지적한다. 그리고 이수상과 조용완의 연구(2007)에서 외국인 유학생의 정보리터러시는 한국 유학기간, 재학학년, 컴퓨터와 인터넷 교육 이수 및 이수기간, 한국어능력, 정보에 대한 인식과 태도, 정보통신기기 보유, 인쇄매체 접근수준, 자기 주도적 학습스타일에 중요한 영향을 받는 것으로 나타났다. 또한 이준(2009)은 다문화가정 자녀의 경우 생소한 사회문화적 환경, 가정의 열악한 경제여건, 학습부진, 학교부적응으로 인해 정보격차가 발생하고, 특히 가정의 소득수준과 언어구사능력이 정보격차에 중요한 영향을 미친다고 주장한다.

그 외에도 Weetman(2010)은 대학 커리큘럼에 정보리터러시 기술을 흡수하는 정도가 대학생의 정보리터러시 격차에 중요한 영향을 미친다고 주장하고, 오의경

---

[3] 최광의의 정보격차는 정보통신기술에의 접근기회는 물론이고 이것의 활용과 함께 사회적 결과의 배분까지 포함하는 정보불평등을 의미한다.

과 장혜란(2005)은 대학생의 도서관이용교육 · 컴퓨터교육 · 인터넷교육의 노출수준, 정보원에 대한 접근 경험 · 컴퓨터프로그램 · 인터넷서비스의 경험수준, 교수진의 조언수준, 정보리터러시에 대한 태도와 성별 · 학년 · 전공계열의 인구통계학적 특성이 정보리터러시의 영향요인이라고 지적한다. 그리고 이정연과 최은주의 연구(2006)와 정영미의 연구(2009)는 공통적으로 정보활용교육을 중요한 요인으로 꼽고 있다. Becta(2007)는 학생의 정보리터러시는 훈련기술, 지식수준, 컴퓨터경험, 자기확신, 기술에의 접근문제에 영향을 받는데, 이를 해결할 수 있는 교사의 지식부족, 교사의 ICT 기술수준에 따라 차별화된 훈련의 부재, 통합적인 기술에 초점을 둔 훈련의 부족 등도 정보리터러시의 장애요인이라고 지적한다. 일반인을 조사대상으로 한 서진완의 연구(2000)는 정보리터러시 수준이 성별, 연령, 교육수준, 소득수준, 직업을 영향 요인으로 지적하고, 실제로 남성보다 여성, 연령층이 높을수록, 교육수준과 소득수준이 낮을수록, 그리고 직업적으로 가정주부와 블루컬러 계층에서 정보리터러시 수준이 낮은 것으로 나타났다. 그리고 Sriganesh(2005)는 국가간 · 도시간 · 도농간의 정보리터러시 격차는 기술 인프라, 예산, 전문인력, 지원시스템, 제도적 요구 등과 같은 사회제도적 요인에서 비롯된다고 주장한다.

이상과 같이 선행연구에서 이주민의 정보리터러시는 언어능력에 영향을 미치는 한국어교육과 정보를 생산하고 이용하고 교환하는 과정에 필요한 소양에 관한 정보활용교육의 경험여부에 중요한 영향을 받는다. 그리고 연구대상이 개인과 같은 미시적 수준에 초점을 두는 경우에는 개인적 특성변수가 중요한 영향을 미치며, 집단 · 조직 · 지역 · 국가로 논의대상을 확대하는 경우 사회적 · 경제적 · 정책적 변수도 중요하게 고려되고 있다. 따라서 이주민의 정보리터러시의 격차 해소를 위해서는 개인적 요인, 사회적 요인, 경제적 요인, 정책적 요인의 개별적 영향과 복합적인 작용을 고려하는 다차원적이면서도 심층적인 원인 분석이 필요하다.

2. 한국의 다문화정책과 정보화정책

21세기 한국사회의 최대의 화두는 정보화와 다문화라고 할 수 있고, 정보화와 다문화에서 가장 중요한 쟁점은 무엇보다 차별과 격차의 문제이다. 국경의 개념을 희석시키며 이동하는 정보의 흐름과 다양한 정보매체를 통한 문화다양성의 확대라는 정보화의 특성은 다문화사회와 닮아 있다.[4] 그리고 정보화는 이주민들의 소통과 참여의 기회를 제공하고, 낯선 사회와 이질적인 문화에 대한 이해를 높임으로써 사회통합을 증진하는 한편 시공간의 자유로운 접근을 통해 모국의 문화적 · 민족적 정체성을 유지, 강화시켜준다는 점에서 궁극적으로 다문화주의를 달성하는 기반이 된다. 따라서 정보화를 통해 열린 다문화사회를 구현하기 위해서는 이주민의 정보격차와 차별 해소를 위한 정부의 정책적 관심이 요구된다.

현재 이주민에 관한 국가정책은 '외국인정책기본방향'과 '재한외국인처우기본법'을 기초로 하여, 정책대상별로 이주노동자의 경우 단순기능인력에 대해서는 「외국인근로자의 고용 등에 관한 법률」을 근거로 "외국인근로자 고용허가제"를 운용하고 있고, 외국국적동포를 위해 "방문취업제"를 시행하고 있으며, 결혼이민자의 경우 "여성결혼이민자가족의 사회통합 지원대책"과 "혼혈인 및 이주자의 사회통합기본방향"을 토대로 다양한 지원 사업을 수행하다가, 2008년 3월 21일 「다문화가족지원법」을 제정, 다문화가족의 사회통합을 위한 법적, 제도적 기반을 마련하였다. 외국인정책기본계획을 토대로 지원하는 정보 관련 서비스를 정보리터러시 격차해소[5] －언어격차, 정보활용격차, 기술격차－ 의 차원에서 정리하면 다음 〈표 4-1〉과 같다.

---

4) 한건수는 "국경을 넘어 자유롭게 이동하는 정보의 흐름이 국민국가의 경계를 약화시키고, 이를 통한 문화교류의 확대는 국경으로 구분되며 절대적 실체로 간주되던 문화 개념을 변화시켜 유동적인 실체로 전화시키고, 또 다양한 정보매체들은 새로운 문화를 창출하고 유통시키며 문화적 다양성을 확대해 나가는 중요한 공간을 제공해 줄 수 있다"고 지적한다.

5) 이주민의 정보리터러시 구성요소인 언어, 정보요구 인식/표현, 정보원 인식, 정보접근/정보검색, 정보이용/분석/관리, 정보생산/소통/공유, 정보윤리/문화, 정보통신기술을 기준으로 정보리터러시 격차는 ① 언어를 언어격차로, ② 정보요구 인식, 정보원인식, 정보접근/정보검색, 정보이용/분석/관리, 정보생산/공유, 정보윤리/정보문화를 포괄해 정보활용격차로, ③ 정보기술능력을 기술격차로 대별할 수 있을 것이다.

〈표 4-1〉 외국인정책기본계획에 의한 이주민 지원

구분	지원 사업
언어 격차	– 한국어 교육 통합 정보망인 'U-세종학당' 구축, EBS 공중파 방송프로그램을 통한 한국어강좌 운영, 이주민 대상 한국어교육 자료 개발 등의 다문화사회의 한국어교육 진흥/ 문광부 및 국립국어원 – 집합교육, 방문교육, 온라인교육, 방송교육 등 다양한 매체활용을 통한 결혼이민자 대상 한국어교육 실시/ 여가부 –「외국인종합안내센터」 3자 통역서비스 확대/ 법무부 – 결혼이민자를 위한 전국적인 통번역 핫라인 시스템 구축/ 여가부 – 이민자 자녀를 위한 이중언어 교육환경 조성/ 여가부 – 다문화가족의 자녀 언어발달 지원/ 여가부 – 이민자 자녀 중 기초학력 미달 학생에 대한 맞춤형 지도/ 교과부
정보 활용 격차	– 한국유학안내시스템운영(10개 언어)/ 교과부 – 외국인근로자용 안전 · 보건 교육자료 보급(10개 국어, 41종), 산업재해다발 업종별 교재 및 자료 개발 보급(39종)/ 노동부 – 외국어 건강진단결과표 개발 및 보급(10개국어)/ 노동부 – 외국인근로자 보건정보자료 제공/ 노동부 – 외국인근로자 고충상담, 무료법률상담/ 법무부 – 외국인근로자지원센터 지자체 이양/ 노동부 – 출입국 등 온라인 민원처리 활성화/ 법무부 – 철도승차권 영문병기 및 지하철 돌발상황 영어 안내방송 실시/ 국토부 – 외국인학교 설립 확대/ 교과부 – 다문화가정 밀집지역 작은 도서관 조성/ 문광부 – 해외 한국소개 간행물 다국어 발간, 이주민 문화가이드북 발간 배포/ 해외문화홍보원, 문광부 – 다문화 지식정보포털 구축/ 국립중앙도서관 – 다문화가정, 이주노동자 등을 위한 도서관 전용코너 설치 및 교육과 문화프로그램운영 등 도서관서비스 개선 및 확대, 다문화가정을 위한 독서진흥 콘텐츠 개발(다국어 번역 동화구연 동영상 제작), 외국도서 구입사업(607개관)/ 문광부, 도서관정보정책기획단, 국립어린이청소년도서관 – 외국 문화체험 전시 리플릿 제작 배포/ 국립어린이청소년도서관 – 이주노동자, 여성결혼이민자, 다문화가정자녀, 다문화가족 등에 대한 12개 언어 다문화 교육자료 제작 배포/ 국립중앙박물관 – 방송프로그램 추진(외국인대상 라디오 음악방송에 다문화가족 관련 정책 등 컨텐츠 제공)/ 보가부(현, 여가부) – 지자체 홈페이지를 통한 각종 생활정보 등 제공(다국어지원)/ 행안부 – 다문화가족을 위한 다국어판 생활 · 정책 정보 매거진 발간 및 배포(6개 국어)/ 보가부(현, 여가부)

	- 다문화가족지원센터 운영지원 및 확대/ 보가부(현, 여가부) - 외국인주민 생활안내서 발간 및 주민자치센터 비치 활용/ 행안부 - 사회통합프로그램 이수제 교육기관 운영권 지방 이양/ 법무부 - 결혼이민자 · 배우자 · 시부모 등 자조모임 네트워크 지원/ 법무부, 여가부 - 위장결혼 피해방지 '외국인권익증진센터' 설치 운영/ 법무부 - 국제결혼 정보제공 프로그램 운영/ 여가부 - 예비 결혼이민자에 대한 입국 전 사전정보프로그램 운영/ 여가부 - 다문화가정 학부모 상담주간 운영/ 교과부 - 다문화 청소년 e-소식 발행, 온라인자료 · 오프라인 전문자료실 도서 제공 등 다문화 아동 · 청소년 관련 종합정보 제공/ 여가부 - 재외 동포 입국 전 취업정보 제공/ 노동부 - 재외 동포 주요 법률정보 안내책자 「법과 생활」과 홍보책자(리플릿, 상담사례집) 발간, 출입국 · 외국인정책본부 및 G4F 홈페이지 관련 법률 정보 지속 등재/ 법무부 - 동포체류지원센터 지정 운영/ 법무부 - 외국인주민 2만명 이상 지자체 안내표지판 및 도로표지판 외국어병기 표기, 외국인주민 자조모임 지원, 지자체별 전담기구 설치 등의 집단주지역 생활안정 지원/ 행안부 - 귀화필기시험 관련 기본소양에 관한 표준교재 발간/ 법무부 - 외국어로 된 범죄피해자 안내서 배포, 이주여성긴급지원센터 1577-1366 서비스, 이주여성쉼터 등의 가정폭력 등 이주여성 전국지원시스템 구축/ 법무부 - 외국인종합안내센터를 통한 인권침해 신고접수/ 법무부 - 보호외국인 상담 등 고충처리/ 법무부 - 난민 지원시설 설립추진/ 법무부
기술 격차	- 구체적으로 명시되어 있지 않음

표에서 보듯이, 기술격차부문에 해당하는 정보기술능력에 관한 정책은 구체적으로 명시되어 있지 않고, 정보기술능력에 관한 대부분의 정책이 정보화정책의 일환으로 추진되고 있으며, 정책대상별로 관계부처가 개별적으로 정보화교육 등의 사업을 마련하고 있다.[6)]

6) 이주노동자와 관련해 2001년부터 정보통신부는 외국인근로자 정보화교육훈련의 실시와 무료 이메일 부여 및 중고PC 기증 등을 추진하였고, 2004년 산자부 · 법무부 · 노동부가 공동으로 외국인근로자 취업 및 외국인 고용사업자에 대한 종합적 지원체계 마련을 위한 정보화전략계획(ISP)사업을 착수하였다. 현재 노동부와 한국산업인력공단에서 외국인근로자지원센터를 통해 정보화교육 등의 서비스를 제공하고 있으며, 한국정보화진흥원에서도 NGO에 정보화교육, 교재 및 컨텐츠 제공, PC보급, 귀환프로그램 등을 지원하고 있다. 여성결혼이민자와 관련해서는 대표적으로 '여성결혼이민자가족의 사회통합 지원대책'에 의한 결혼이민자 정보화교육과 전문교재 및 교육과정의 개발, 보급을 들 수 있다.

본 연구의 대상인 이주노동자들은 외국인고용허가제와 방문취업제를 통해 다양한 지원서비스를 제공받고 있다. 〈표 4-2〉는 이주노동자정책과 2010년 '다문화가족 생활불편 개선방안'에서 지원하는 이주노동자에 관한 정보서비스의 내용을 정보리터러시 격차별로 나누어 정리한 것이다.

정부의 정보화정책에서 이주민에 관한 정책내용을 보면, 최근 정부는 결혼이민자, 북한이탈주민 등의 이주민을 정보화 사회의 신소외계층으로 규정하고, 이들의 안정된 국내사회 정착을 위한 정보격차해소정책을 추진하고 있다. 2008년 수립한 국가정보화기본계획과 2009년 국가정보화실행계획(2009-2012)은 정보격차 해소를 위해 다문화가정 및 외국인 정착 지원을 중요한 추진과제로 채택하고, 2009년부터 다문화가정을 생활지원과 함께, 이주노동자 등 외국인의 안정적인 정착지원을 위해 ① 행정민원서비스와 생활정보 등을 한곳에서 제공할 수 있도록

〈표 4-2〉 이주노동자의 정보리터러시 격차와 관련된 정책 및 지원 서비스

이주노동자정책(고용허가제 및 방문취업제)	
언어 격차	- 외국인근로자지원센터 등을 통한 한국어교육
정보 활용 격차	- 금전문제, 폭행, 사기, 협박, 교통사고, 인권침해, 민 · 형사 사건 등의 법률 상담 - 노동부 고용지원센터에 「외국인고용 고충해소 창구」 마련 - 한국취업 희망자 대상 설명회 및 홍보 강화 - 출신국가별 외국인근로자 커뮤니티 조성 및 지원 - 재외공관 등을 통해 동포에게 국내 고용상황 및 기업정보 제공
기술 격차	- 외국인근로자지원센터 등을 통한 컴퓨터 이용 및 정보화교육 지원
2010년 다문화가족 생활불편 개선방안	
언어 격차	- 외국인근로자를 위한 한국어 전용교재 개발 및 보급 · 활용(문광부, 노동부)
정보 활용 격차	- 자발적 귀환 유도를 위한 현지 한국기업 취업알선 사이트 개선 및 귀국안내서비스 제공(노동부) - 고용변동절차 간소화를 위한 하이코리아 전자민원시스템(G4F)으로 일원화 및 통합고용변동신고서 마련(법무부, 노동부) - 농어업분야 외국인근로자의 근로기준법 내용에 관한 매뉴얼 작성 · 배포(노동부)
기술 격차	- 산재 외국인근로자 대상 PC정비, PC활용 등의 교육훈련 실시(노동부)

주민자치센터 등과 연계한 외국인종합서비스의 활성화, ② 웹 서비스 회원가입, 인터넷 뱅킹, 전자상거래 등 인터넷 사용에 대한 내국인과 차별 해소, ③ 전자칩이 내장된 전자 외국인등록증 및 중앙집중식 전자외국인등록증 관리체제 구축, 응급의료 및 의료비 지원안내, 피해사례 신고접수, 커뮤니티 및 인터넷 상담 코너 등의 지원시스템 구축을 추진하고 있다.

현재 정부의 이주민에 관한 다문화정책과 정보화정책은 대부분 여성결혼이민자를 대상으로 하고 있고, 이주노동자를 위한 정보서비스는 사회보장이나 인권침해와 같은 기본권적 서비스에 대한 정보지원과 행정편의를 위한 온라인행정서비스의 지원이 전부라고 해도 과언이 아니다. 또 언어격차 해소를 위한 한국어교육의 경우 최근까지도 정책대상을 고려하지 않는 비효율적인 교육방식을 유지해왔고, 기술격차 해소와 관련된 정보화교육의 경우에도 획일적인 교육방식과 언어능력을 고려하지 않은 한국어전용교육을 채택하고 있다. 정부는 이주노동자를 국내 노동시장을 보완하기 위해 도입한 '해외노동력'으로 인식하고 있고, 이들에게 다른 지역으로 이동하여 정착한다는 '이주'의 개념보다는 임시 머무르는 '체류'의 개념을 적용하고 있기 때문에 이제까지의 정책도 국내 경제와 노동시장의 상황에 따라 그 유입을 규제하거나 혹은 경제성과 생산성의 관점에서 수입 노동력을 관리하는 데 집중해 왔다(장임숙, 2010: 4). 정보화와 다문화 시대에 정부의 이주노동자정책은 관리주의적인 접근방식에서 다문화주의로 전환되어야 할 것이고, 정보복지의 관점에서 적극적인 정보격차해소정책이 마련되어야 할 것이다.

Ⅲ. 이주노동자의 정보리터러시 격차 분석

본 연구에서 정보리터러시 격차란 "언어능력, 정보요구 인식/표현, 정보원 인식, 정보접근/검색, 정보이용/분석/관리, 정보생산/소통/공유, 정보윤리/문화, 정보통신기술을 포함하는 능력의 수준 차이와 그로 인한 정보력의 차이"로 정의한다. 이주노동자의 정보리터러시 격차 분석은 우리 연구팀의 2009년 "이주민의 정보리터러시 실태에 관한 연구"의 데이터를 활용한다. 지난 2009년 실태조사에서 사용된 정보리터러시의 총점은 285점이고, 집단정의에 따라 달라질 수 있는 임의적 방식이기는 하지만, 통계분석과 해석의 편의성을 고려하여 전체 응답자 중에서 정보리터러시 총점이 상위 20%에 해당하는 집단을 '선도집단'으로 규정하고 나머지를 비선도집단으로 규정한다. 다른 선행연구에서도 정보리터러시의 총점이 상위 20%인 집단을 High집단으로, 하위 20%를 Low집단으로 규정하고 있다(이제관 · 김선희, 2007). 본 연구에서 선도집단에 해당하는 응답자의 수는 총 46명으로 나타났다.

1. 이주노동자의 정보리터러시 격차

이주노동자의 정보리터러시는 언어능력, 정보요구 인식/표현, 정보원 인식, 정보접근/검색, 정보이용/분석/관리, 정보생산/소통/공유, 정보윤리/문화, 정보통신기술으로 구성된다. 먼저 언어능력에 있어서 비선도집단이 일상적인 의사소통만 가능한 반면, 선도집단은 기초적이고 일상적인 언어능력은 물론이고 컴퓨터나 정보 검색시 요구되는 언어능력도 보통수준인 것으로 나타났다. 둘째, 정보요구의 경우, 선도집단은 비선도집단에 비해 정보의 필요성은 낮지만, 정보추구행태가 보다 적극적이고, 또 정보요구의 표현정도도 상대적으로 강한 것으로 나타났다. 셋째, 비선도집단은 "모국인집단"만을 정보원으로 인식하는 반면, 선도집단은 오프라인과 온라인 혹은 대인과 매체 등의 모든 유형의 정보원에 대한 인식도 상대적으로 높으며, 특히 인터넷과 같은 온라인 매체를 가장 중요한 정보원으로 인식하는 것으로 나타났다. 넷째, 정보가 필요한 경우 비선도집단은 주로 주변 모국인에 접근하는 반면, 선도집단은 정보원의 활용이나 검색기능의 이용이 상대적으로 원활한 것으로 나타났다. 특히 비선도집단은 도서관 온라인 목록은 거의 이용하지 않는 데 비해 선도집단은 이용하는 것으로 나타났다. 다섯째, 정보이용의 모든 항목에서 비선도집단이 보통 이하의 수준인 데 반해, 선도집단은 보통 이상이며, 특히 파일과 폴더를 체계적으로 관리하는 것으로 나타났다. 여섯째, 정보의 생산, 소통, 공유를 위해 비선도집단은 주위사람과의 대화에만 의존하는 반면, 선도집단은 메신저와 메일을 가장 많이 이용하고 있으며, 그 외에도 미니홈피, UCC, 인터

〈표 4-3〉 선도집단과 비선도집단의 정보리터러시 비교분석

항목	내용	선도집단			비선도집단			t
		N	M	SD	N	M	SD	
언어	한글을 읽고 쓰는 수준	46	3.7174	1.16739	173	2.8613	1.00195	4.548***
	일상생활 수준의 의사소통여부	46	3.8696	1.06685	171	3.1520	1.03483	4.147***
	고급수준의 의사소통여부	46	3.4348	1.16718	165	2.6364	1.16394	4.112***
	컴퓨터와 인터넷 관련언어의 소통여부	46	3.4783	1.16884	169	2.3195	1.08766	6.304***
	검색시 동의어,관련어 사용의 원활	46	3.4130	1.27499	168	2.2202	1.03487	5.840***
정보 요구	정보필요성 인식	45	3.000	1.12815	175	3.0286	0.94946	−.156
	적극적인 정보추구행태	45	3.5556	0.84087	172	3.0000	0.99707	3.431**
	정보요구의 표현정도	45	3.5333	1.19848	174	2.8563	1.02401	3.813***
정보원 인식	주변 모국인	46	3.8261	1.06049	177	3.3729	1.00394	2.696**
	주변 한국인	46	3.7391	1.16304	174	2.9368	0.95052	4.849***
	행정기관과 그 홈페이지	46	3.3478	1.11987	165	2.4121	0.99381	5.490***
	복지관/민간단체/종교단체	46	3.5870	1.02363	170	2.7471	1.19695	4.347***
	책이나 신문, 잡지	45	3.6667	1.08711	170	2.5353	1.03857	6.435***
	TV/라디오 등 대중매체	44	3.6818	1.11590	167	2.9281	1.12244	3.967***
	인터넷(포털 등 일반 홈페이지)	46	4.0870	0.83868	168	2.6071	1.02680	10.077***
	인터넷(전문 홈페이지)	46	3.7391	1.02056	170	2.3529	1.00538	8.270***
	도서관과 그 홈페이지	45	3.8000	1.07872	172	2.1395	0.90046	10.553***
정보 접근 /검색	주변 모국인	46	3.7826	0.98687	177	3.4576	1.01671	1.943
	주변 한국인	46	3.7609	0.97033	172	2.9593	0.96946	4.980***
	행정기관과 그 홈페이지	45	3.5111	1.03621	168	2.3155	0.90335	7.638***
	복지관/민간단체/종교단체	45	3.6222	1.05073	174	2.8448	1.11948	4.203**
	책이나 신문, 잡지	46	3.6957	1.02999	171	2.4912	0.99036	7.260***
	TV/라디오 등 대중매체	46	3.8478	0.84241	172	2.7442	1.09956	7.365***
	인터넷(포털 등 일반 홈페이지)	45	3.9111	0.94922	170	2.6294	1.15039	7.686***
	인터넷(전문 홈페이지)	45	3.6444	1.11101	170	2.4647	1.05552	6.594***
	도서관과 그 홈페이지	46	3.3696	1.14229	170	2.1471	0.88820	6.729***
	검색시 여러 개의 키워드 동시사용	46	3.5652	1.08837	173	2.2312	0.99051	7.949***
	검색결과가 나오지 않으면 재검색	45	3.5778	0.96505	171	2.4211	1.08921	6.484***
	도서관 온라인 목록을 자주 검색	45	3.2222	1.08479	171	2.0292	0.85699	7.838***
정보 이용 /분석 /관리	도서, 신문기사 등의 체계적 정리	46	3.6304	1.18056	176	2.6477	0.98607	5.768***
	정보 이용시 메모	46	3.7174	0.88602	172	2.7209	0.92593	6.541***
	파일과 폴더의 체계적 관리	46	4.0217	0.74503	175	2.4286	1.02514	11.851***
	북마크의 체계적 관리	46	3.8478	0.84241	174	2.3276	1.03222	10.356***
	스프레드시트, DB프로그램 등을 이용한 정보 관리	46	3.6957	0.86589	173	2.1908	0.94839	9.735***

정보 생산 /소통 /공유	주위사람과의 대화	46	4.0000	0.84327	176	3.0114	1.00847	6.111***
	신문, 잡지 등에 투고	46	3.0435	1.15386	171	1.9298	0.85115	6.114***
	온라인 게시판 글쓰기	44	3.6364	0.89159	175	2.2686	1.04600	7.973***
	메일 이용하기	46	3.8261	0.90196	173	2.5318	1.08659	8.267***
	메신저 이용하기	46	4.0217	0.80247	175	2.8343	1.18466	8.002***
	미니홈피/블로그/홈페이지 운영	46	3.6739	1.03396	174	2.1954	1.01251	8.769***
	각종 미디어(UCC)의 제작	46	3.6957	1.05134	176	2.3580	1.08614	7.486***
	프리젠테이션 파일 및 문서 제작	46	3.4565	1.08948	175	2.0171	0.93141	8.207***
정보 윤리 /문화	개인정보보호의 중요성	46	4.1087	0.87504	177	2.8531	1.19226	7.993***
	영상, 음원, 게시물 등의 합법적 이용	46	3.3696	1.23574	173	2.3931	1.22301	4.803***
	바이러스나 악성코드 검사	46	4.0217	0.90650	171	2.6725	1.15214	8.428***
	네티켓 준수	45	4.1556	0.90342	170	2.8529	1.19001	8.007***
	인터넷 중독 등에 대한 인식	46	4.2609	0.85465	175	3.1600	1.23064	7.028***
정보 통신 기술	인터넷 검색의 사용	46	4.1957	0.83319	176	2.7784	1.14232	9.447***
	이메일의 사용	45	4.2444	0.80214	176	2.8750	1.17413	9.205***
	메신저의 사용	45	4.2000	0.91949	175	2.8571	1.13823	7.320***
	워드프로세서의 사용	44	4.0227	1.04522	174	2.4310	1.02193	9.188***
	스프레드시트의 사용	46	3.7174	1.04696	173	2.2254	0.94071	9.332***
	프리젠테이션 프로그램의 사용	45	3.4889	1.17980	172	2.0988	0.92186	8.470***
	모국어 언어팩 설치	46	3.6304	1.19923	174	2.7356	1.20173	4.493***
	프린터 사용	46	3.8043	1.10794	172	2.3837	1.00488	8.332***
	스캐너 사용	45	3.6222	0.98371	173	2.3179	0.99859	7.829***
	디지털카메라 사용	46	4.1087	0.97133	174	3.1264	1.07848	5.604***

*p<.05, **p<.01, ***p<.001

넷게시판도 이용하는 것으로 나타났다. 특히 비선도집단이 신문·잡지의 투고 및 프레젠테이션을 거의 활용하지 않는 반면 선도집단은 활용하는 것으로 나타났다. 일곱째, 정보윤리/문화 항목의 경우 인터넷 중독에 대한 인식을 제외한 모든 항목에서 비선도집단의 평균점수가 보통 이하인 데 반해 선도집단은 보통 이상으로 나타났다. 특히 합법적인 영상 및 음원의 이용을 제외한 항목에서 높은 수준을 보인다. 한국인들 사이에서도 불법적인 영상 및 음원 이용이 확산되어 있는 현실에서 이들 선도집단은 건전한 정보 윤리 및 문화의식을 가지는 것으로 판단된다. 여덟째, 비선도집단은 디지털카메라를 제외한 정보통신기술을 제대로 사용하지 못하는 반면, 선도집단은 거의 대부분의 기술을 보통수준 이상으로 잘 다루는 것으로 나타났다. 두 집단간 평균 차이는 인터넷검색에서 가장 크고, 모국어 언어팩 설치에서 가장 적은 격차를 보인다. 결과적으로 선도집단과 비선도집단간 정보리터러시의 수준은 정보필요성에 대한 인식과 모국인집단에 대한 정보접근을 제외한 모든 항목에서 상당한 격차를 보인다.

2. 개인적 특성에 의한 격차

선도집단과 비선도집단간 개인적 특성에 어떠한 차이가 있는지를 비교하면, 선도집단은 비선도집단에 비해 20대의 비율이 훨씬 높고, 남성의 비율이 상대적으로 높으며, 한국계 중국인인 조선족과 베트남인이 상대적으로 많고, 부산지역의 거주비율이 높으며, 미혼자가 상당히 많은 비중을 차지하고, 종사하는 직종은 생산직, 자영업의 순으로 높게 나타났으며, 2-3년간 체류한 사람이 상대적으로 많은 편이다. 이것은 연령이 적을수록, 여성에 비해 남성이, 그리고 보다 도시화된 지역일수록 정보화 수준이 높다는 기존 연구와 유사한 결과를 보인다. 그러나 연령, 혼인유무, 직종에서만 집단 간 차이가 통계적으로 유의하게 나타났는데, 연령은 기존 연구결과와 일치하지만 기혼자와 전문직 · 사무직 · 관리직의 정보화 수준이나 사용능력이 높다는 기존 연구와 다른 결과를 보인다. 선도집단에서 미혼자의 비율이 높은 것과 20대의 비중이 높은 것을 고려할 때 혼인유무는 연령과 관련이 있다. 그리고 고용허가제를 통해 국내에 입국한 이주노동자의 대다수가 생산직에 종사하기 때문에 생산직의 비중이 높은 것이고, 자영업자의 비중이 상대적으로 높은 것은 국적과 관련이 있는 것으로 파악된다. 국내에 체류 중인 외국인 자영업자 중에는 한국계 중국인인 조선족이 많은데, 언어소통이 원활한 조선족이 선도집단에 포함됨으로써 나타난 결과라고 할 수 있다.

〈표 4-4〉 선도집단과 비선도집단간 개인적 특성의 차이

구분							
연령		20대	30대	40대 이상			
	선도	23(50)	20(43.5)	3(6.5)			
	비선도	54(31)	81(46.6)	39(22.4)			
		χ^2 =8.959, p=0.030*					
성별		남	여				
	선도	31(83.8)	6(16.2)				
	비선도	119(78.8)	32(21.2)				
		χ^2 =0.456, p=0.499					
국적		중국	조선족	베트남	필리핀	인도네시아	태국
	선도	11(25.6)	11(25.6)	10(23.3)	3(7)	4(9.3)	4(9.3)
	비선도	50(28.7)	35(20.1)	25(14.4)	22(12.6)	21(12.1)	20(11.5)
		χ^2 =3.716, p=0.591					
지역		부산	경남				
	선도	23(53.5)	20(46.5)				
	비선도	76(47.8)	83(52.2)				
		χ^2 =0.438, p=0.508					
혼인유무		미혼	기혼				
	선도	26(63.4)	15(32.3)				
	비선도	51(36.6)	107(67.7)				
		χ^2 =13.304, p=0.000***					
직업		생산직	서비스업	자영업	전문직	기타	
	선도	24(58.5)	1(2.4)	5(12.2)	0	10(24.4)	
	비선도	140(86.4)	4(2.5)	3(1.9)	3(1.9)	11(6.8)	
		χ^2 =23.690, p=0.000***					
체류기간		1년 미만	1-2년	2-3년	3-4년	4-5년	5년 이상
	선도	6(14.3)	8(19.0)	15(35.7)	3(7.1)	5(11.9)	5(11.9)
	비선도	18(10.6)	32(18.8)	39(22.9)	39(22.9)	24(14.1)	18(10.6)
		χ^2 =6.982, p=0.222					

*p<.05, **p<.01, ***p<.001

3. 교육의 차이에 의한 격차

정보리터러시는 필요한 지식과 정보를 얻고 활용하며 소통하는 능력이라는 점에서 도서관 활용능력, 정보통신기술 활용능력, 커뮤니케이션 능력 등이 요구

된다(이용재 등, 2009: 124). 먼저, 한국어교육에 있어서 선도집단은 모국에서 한국어교육을 이수하거나 교육을 받지 않은 비율이 높은데, 이것은 비이수집단에 언어소통이 가능한 한국계 중국인이 포함되었기 때문이다. 교육기간이 늘어날수록 선도집단의 비율이 증가하는 것으로 나타났고 특히 6개월 이상 교육을 받은 사람들의 비율이 높다는 점에서 언어교육이 이주민의 정보리터러시에 중요한 영향을 미친다는 것을 알 수 있다. 그리고 교육받은 기관에는 큰 차이가 없었으나 자가학습에 비해 공식적인 기관을 통해 교육을 받은 비율이 높았고, 비선도집단에 비해 교육에 대한 만족도도 높게 나타났다.

한편, 정보활용교육의 경우 선도집단은 주로 모국에서 교육을 받은 사람들이 많은 비중을 차지했고, 한국어교육에 비해 자가학습이나 사설학원의 비중이 높다. 교육내용에 있어 선도집단은 컴퓨터와 인터넷의 이용을 위한 기초교육은 물론이고 고급의 정보활용교육을 많이 이수한 것으로 나타났고, 또 3-6개월 이상 교육기간의 비율이 상당수를 차지한다는 점에서 지속적이고 체계적인 교육이 필요하다는 것을 알 수 있다. 그리고 교육에 대한 만족도가 높을수록 정보리터러시의 수준이 높았다.

선도집단과 비선도집단간의 차이는 교육의 이수여부, 이수기간, 교육만족도 등에서 통계적으로 유의하게 나타났다. 결국 이주노동자의 정보리터러시는 모국에서 교육을 이수하고, 6개월 이상의 장기적인 교육과 함께 교육에 대한 만족도가 높을수록 향상될 수 있다. 특히 언어교육에 비해 정보활용교육이 이주노동자의 정보리터러시에 더 중요한 영향을 미친다는 것을 알 수 있다. 이주노동자에게 있어 한국 현지의 교육은 언어적으로 이해하기 힘들고, 또 시간적, 지리적, 심리적인 제약으로 공식적인 지원체계에 접근하기 어려워 교육을 받는 데 장애가 따르는데다, 체류기간의 제한으로 인해 지속적이고 체계적인 교육이 가능하지 않다는 점에서 정보리터러시의 격차를 해소하는 데 현실적인 어려움이 따른다고 하겠다.

〈표 4-5〉 선도집단과 비선도집단간 교육의 차이

구분	집단							
한국어 교육 이수		모국이수	한국이수	비이수	양국이수			
	선도	27(61.4)	4(9.1)	10(22.7)	3(6.8)			
	비선도	89(51.4)	46(26.6)	23(13.3)	15(8.7)			
		χ^2 =7.505, p=0.057						
한국어 교육 기간		1주일미만	1주-1개월	1-2개월	2-3개월	3-6개월	6개월 이상	
	선도	2(5.7)	3(8.6)	6(17.1)	6(17.1)	4(11.4)	14(40.0)	
	비선도	20(13.2)	52(34.4)	23(15.2)	15(9.9)	12(7.9)	29(19.2)	
		χ^2 =14.881, p=0.011*						
한국어 교육 기관		스스로	학교	NGO	사설학원	도서관	기타	중복
	선도	6(16.7)	16(44.4)	8(22.2)	3(8.3)	0	1(7.7)	2(5.6)
	비선도	27(17.2)	74(47.1)	19(12.1)	18(11.5)	0	12(7.6)	6(3.8)
		χ^2 =3.929, p=0.686						
교육의 만족도		매우 만족	만족	보통	불만족	매우 불만		
	선도	12(35.3)	9(26.5)	10(29.4)	3(8.8)	0		
	비선도	33(21.4)	33(21.4)	65(42.2)	18(11.7)	5(3.2)		
		t=-2.124, p=0.035*						
정보 활용 교육		모국이수	한국이수	비이수	양국이수			
	선도	27(61.4)	4(9.1)	12(27.3)	1(2.3)			
	비선도	57(33.9)	35(20.8)	72(42.9)	4(2.4)			
		χ^2 =11.376, p=0.010**						
정보 활용 교육 기간		1주일미만	1주-1개월	1-2개월	2-3개월	3-6개월	6개월 이상	
	선도	3(9.4)	4(12.5)	2(6.3)	0	5(15.6)	18(56.3)	
	비선도	26(25.5)	34(33.3)	18(17.6)	8(7.8)	4(3.9)	11(10.8)	
		χ^2 =39.828, p=0.000***						
정보 교육 기관		스스로	학교	NGO	사설학원	도서관	기타	중복
	선도	8(25.0)	11(34.4)	6(18.8)	4(12.5)	0	1(3.1)	2(6.3)
	비선도	22(22.2)	39(39.4)	7(7.1)	7(7.1)	1(1.0)	8(8.1)	15(15.2)
		χ^2 =7.078, p=0.314						
교육 만족도		매우 만족	만족	보통	불만족	매우 불만		
	선도	8(25)	15(46.9)	9(28.1)	0	0		
	비선도	12(12.1)	26(26.3)	41(41.1)	18(18.2)	2(2.0)		
		t=-4.206, p=0.000***						

*p<.05, **p<.01, ***p<.001

Ⅳ. 이주노동자의 정보리터러시 격차 요인 분석

1. 조사대상의 특성

앞서 제시된 설문조사를 기초조사로 하여 2차 면담조사는 이주노동자와 NGO 실무자 및 상담원을 대상으로 한다. 심층인터뷰를 통해 정보격차를 야기하는 다양한 요인들의 작용을 발견하고, 정책의 개선방향을 제시한다. 심층면접의 조사대상은 다음 〈표 4-6〉과 같다.

조사대상 이주노동자의 특성을 정리하면, 연령은 주로 20-30대이고, 성별은 모두 남성이며, 자료 수집의 용이성을 고려하여 부산 경남지역 거주자를 중심으로 하였고, 국적은 베트남, 태국, 중국으로 구성되며,[7] 혼인 여부는 기혼과 미혼이 비슷한 수준이고, 학력은 대체로 고졸이 많으며, 소득수준은 주로 100만 원대이고, 고용허가제의 특성상 직업은 생산직과 서비스업이 주류를 이룬다. 그리고 조

〈표 4-6〉 심층면접 조사대상

조사대상		인원	소속
이주노동자	베트남	5	-
	중국	3	
	태국	5	
상담원	한국	1	외국인근로자지원센터
	중국	1	
	필리핀	1	
	베트남	1	
수도권 실무자	공공기관	1	안산시 외국인주민센터
	준공공기관	1	안산 외국인근로자지원센터
부산경남 실무자	준공공기관	1	김해 외국인근로자지원센터
	NGO	3	이주노동자 지원단체

[7] 모집단에 대한 정확한 정보가 없을 뿐만 아니라, 접근의 용이성, 자료수집의 편의성, 비용 등을 고려하여 연구목적에 부합하거나 특정조건을 충족시키는 대상을 의도적으로 표집하는 유의표집방법을 사용한다.

〈표 4-7〉 면집 대상 이주노동자의 기본 정보

이름	연령	성별	국적	거주지역	혼인	체류기간	학력	소득	직업	한국어능력	한국어 교육 경험	정보통신 기술능력	정보활용 교육경험
A	30	남	베트남	부산	기혼	5	고졸	150	생산직	상	○ (한국, 1년이상)	상	○ (업무)
B	24	남	베트남	부산	미혼	4.6	중졸	70	생산직	중	○ (양국, 2년)	중	X
C	27	남	베트남	부산	미혼	2.6	고졸	100	생산직	하	○ (모국)	중	X
D	28	남	베트남	부산	미혼	6	대졸	180	생산직	상	○ (한국, 1년이상)	중상	○ (친구, 4개월)
E	34	남	중국	김해	미혼	4	고졸	140	생산직	중	○ (모국, 3개월)	중상	X
F	29	남	중국	김해	기혼	5	고졸	140	생산직	상	○ (모국)	중하	X
G	30	남	중국	김해	미혼	4	고졸	120	생산직	중	○ (모국)	중	X
H	42	남	태국	김해	기혼	4	고졸	150	생산직	중	○ (모국)	하	X
I	30	남	태국	김해	기혼	3.6	고졸	150	생산직	하	X	하	X
J	27	남	베트남	김해	미혼	5	대졸	150	생산직	상	○ (모국)	중상	X
K	44	남	태국	부산	미혼	4.2	대졸	90	서비스	하	○ (모국)	중하	○ (4개월)
L	37	남	태국	부산	기혼	2.8	대졸	90	서비스	하	○ (모국)	중	○ (3개월)
M	35	남	태국	부산	기혼	5.7	고졸	100	서비스	중	○ (모국)	중하	○ (2개월)

사대상자의 한국어능력은 상, 중, 하로 고르게 분포했는데, 이들은 대부분 한국어 교육을 수강한 것으로 나타났고, 한국어교육은 모국과 한국으로 나눌 때, 모국에서 이수한 경우가 많았다. 그리고 정보통신기술능력은 상, 중, 하로 나누어 면접 대상자의 자기평가를 거친 다음, 구체적으로 인터넷, 이메일, 메신저, 컴퓨터응용 프로그램, 프린터, 스캐너, 디지털카메라의 사용가능여부를 기준으로 인터넷, 이메일, 메신저, 디지털카메라와 같이 대중적으로 사용하고 있는 기술을 사용할 수

있는 경우 '중간' 수준으로, 이 중에서 일부만 가능한 경우 '중하' 혹은 '하' 수준으로, 이외에 컴퓨터응용프로그램이나 프린터, 스캐너 등을 사용할 수 있는 경우 '중상' 혹은 '상'으로 간주하였다. 이 기준에 의거해 이주노동자들의 정보통신기술능력은 대체로 중간 정도 수준이고, 상당수가 정보활용교육을 이수하지 않은 것으로 나타났다.

면접 상담원들은 주로 2-30대 여성이고, 출신국은 한국인 1명을 제외한 나머지는 모두 동남아국가출신의 결혼이민자이고, 체류기간이 길어 언어소통에 문제가 없으며, 상담경력은 모두 3년 이하에 해당한다.

〈표 4-8〉 면접 상담원의 개인적 특성

이름	연령	성별	출신국가	거주지	체류기간	상담경력
O	29	여	한국	부산	–	1.4
P	35	여	필리핀	김해	10.6	1.6
Q	35	여	베트남	김해	6	0.2
R	39	여	중국	부산	14	3

2. 이주노동자의 정보리터러시 격차 요인

1) 언어능력

이주민이라는 특성으로 인해 이주노동자간 정보리터러시 수준 차이는 정보리터러시를 구성하는 주요 요소인 언어능력에 의해 좌우되는 측면이 크다. 언어능력은 필요한 정보를 탐색하는 과정에서부터 정보의 위치를 파악하고 정보를 받아들여 해석하는 데 중요한 수단이 되고, 생산하는 정보의 질을 좌우하는 요인이 될 수 있다.

이번 면접대상자들의 한국어능력은 한국어교육여부와 체류기간에 영향을 받는 것으로 나타났다. 면접 대상자 중에서 한국어능력이 높은 이주노동자의 경우, 한국어능력시험 준비로 지속적으로 한국어교육을 받은 경우에 해당하고, 그렇지 않은 경우 체류기간이 5년 이상의 장기 체류자였다.

지난 2009년 연구에서도 체류기간과 한국어교육이 정보리터러시에 중요한 영향을 미치는 요인을 밝혀졌다. 체류기간을 세분화하였을 때 집단 간 차이가 발견되지 않았으나 4년 이상인 집단과 4년 미만 집단으로 구분하여 집단간 차이를 분석한 결과 통계적으로 유의미한 차이가 발견되었다(이용재 등, 2009: 19-20).

> 이주노동자 G: 이주노동자들 중에서 정보를 많이 알고 있어서 정보원의 역할을 하는 사람을 보면, 대체로 한국에 오래 체류하여 한국어를 잘하고, 그래서 한국인과 친하게 지내는 사람들입니다. 대표적으로 한국인 여성과 결혼한 이주노동자들이 그런 역할을 하죠. 한국인 여성과 결혼한 사람들은 한국인과 교류가 잦고, 또 한국인들 역시 이들을 신뢰하는 편이어서, 폭넓은 인간관계를 가지고 있습니다. 그러다보니, 다른 이주노동자들보다 정보도 쉽게 많이 알고, 또 정보도 정확한 편입니다(2010. 6. 30).

이주노동자 G의 이야기와 함께 다음의 NGO의 실무자와의 면담내용은 정보리터러시와 언어능력, 체류기간, 사회관계망의 관련성을 간접적으로 확인할 수 있다. 이주민들에게 있어 언어능력이란 정보리터러시를 결정하는 중요한 요소이자 사회관계망을 형성하는 데 필수적인 조건이고, 언어능력은 체류기간이 길어질수록 향상되는 경향이 있는데, 원활한 언어소통능력은 사회관계망의 형성 및 확대에 긍정적인 영향을 미친다고 할 수 있다. 그리고 언어능력과 체류기간이 복합적으로 작용하여 형성되는 사회관계망은 다시 정보리터러시 수준을 좌우하는 요인이 된다. 사회네트워크(social network) 이론에 따르면, 네트워크라는 관계망에 속하게 되면 이전에 가질 수 없었던 정보를 얻게 되는 정보획득효과가 발생하는데, 네트워크를 통하면 원하는 정보를 얻는 데 드는 비용과 시간이 줄어들며 얻은 정보의 질도 우수하게 된다는 것이다(손동원, 2002: 10).

> NGO 실무자: 이주노동자의 정보리터러시 수준의 차이는 언어능력이나 체류기간에 의해 좌우되지만 한국에서의 연줄망이 가장 중요한 요인이라고 본다. 언어소통의 한계로 인해 인근에 자국민이 없는 경우 정보가 차단될 수밖에 없기 때문에 연줄망을 가진 사람과 그렇지 못한 사람들 간에는 정보격차가 발생할 수밖에 없고, 이것은 정보활용능력에 영향을 미친다(2010. 6. 30).

그리고 앞서 선도집단과 비선도집단간 차이 분석 결과와 마찬가지로 지난 2009년 연구에서 한국어교육의 이수여부는 정보리터러시 수준 차이에 영향을 미치지 못했으나, 한국어교육기간은 정보리터러시 수준 차이에 중요한 영향을 미치는 것으로 나타났다. 따라서 이주노동자의 정보리터러시 격차를 해소하기 위해서는 언어이해력을 향상시킬 수 있는 한국어교육이 필요하고 이러한 교육은 체계적이고 장기적으로 진행되어야 할 것이다.

상담원 P: 이주노동자들은 한국어수준이 낮기 때문에 정보를 얻는 데 어려움이 크다. 정보접근성을 개선시키기 위해서는 무엇보다 한국어교육에 대한 지원이 확대되어야 한다(2010. 6. 30).

그런데 문제는 유입 이주노동자의 상당수가 한국어교육을 이수한 경험이 있음에도 불구하고 실제로 한국어능력이 매우 낮아 재교육이 필요하다는 것이다.

지원센터 대표: 현재 지원센터에서 가장 많이 수강하는 교육프로그램은 한국어교육인데, 이주노동자의 경우 모국에서 한국어교육을 이수하고 오지만, 사실상 유입 노동자의 대부분이 쓰기 능력을 거의 갖추지 못했을 정도로 한국어능력은 낮은 수준이다(2010. 6. 29).

NGO 실무자는 이주노동자의 낮은 한국어능력에는 정부의 소홀한 관리감독이라는 행정적인 요인도 작용한다고 지적한다. 그리고 업종별로도 이주노동자 간 한국어능력에 차이가 있다고 하는데, 이러한 한국어능력의 차이로 인해 이주노동자 간 정보리터러시 수준이 결정된다면, 이주노동자의 특성과 개인별 · 업종별 한국어수준의 차이를 고려한 맞춤형 한국어교육과정과 교육교재의 개발이 필요하다고 하겠다.

NGO 실무자: 유출국에서 시행되는 한국어시험의 경우 산업인력공단의 인력부족으로 인해 관리직원이 소수에 불과하므로 시험에 대한 관리감독이 부실한 경우가 많다. 따라서 대부분의 이주노동자들이 입국 후 한국어교육을 재수강하는 형편이고, 물론 업종별로 선원이나 건설업에 종사하는 이주노동자의 경우 한국어능력이 평균보다 낮은 편이다(2010. 6. 30).

안산 외국인근로자지원센터 담당자: 이주노동자의 한국어교육에 사용되는 교재가 있지만, 내용적으로 어려운 부분이 많다. 그래서 본 지원센터에서 교재를 개발하여 사용하고 있는데 주로 사업장에서 필요한 언어를 중심으로 한국어교육을 실시하고 있다(2010. 4. 29).

한편, 외국인 유학생의 정보리터러시를 연구한 Ishimura 등(2007)은 언어능력이 주제를 선택하는 문제에서부터 정보의 위치를 찾는 탐색과정, 탐색한 정보의 유용성에 대한 평가, 나아가 정보를 이용하는 수준에 이르기까지 중요한 영향을 미친다고 지적하면서 유학생의 낮은 언어능력이 자기 확신의 손상과 심리적 불안감 및 부적응을 야기한다고 주장한다(Ishimura, 2007: 11-16). 이것은 이주노동자의 언어능력의 부족이 직장과 사회에서의 부적응의 문제로 이어질 수 있다는 것을 암시한다.

이주노동자 B: 한국에서 생활하는 데 가장 필요한 것이 언어능력입니다. 특히 필요한 정보를 얻기 위해서는 언어가 필수적이죠. 직장에서든 어디서든 궁금한 것을 물어보려고 해도, 도움을 요청하려고 해도 언어 소통이 어려워 힘듭니다. 한국어를 못하니깐 의사소통 때문에 스트레스도 많이 받아요. 간혹 친구들을 통해 한국인들을 만나면, 나는 대화에 참여할 수가 없어서 소외감도 느끼고, 그래서 한국인 만나는 걸 꺼리게 돼요(2010. 6. 29).

따라서 이주노동자의 언어소통능력의 향상은 정보소외와 직장 및 사회 부적응 문제를 해소하여 이주노동자의 노동 생산성 향상은 물론이고 사회 통합에 기여할 것이다.

2) 정보요구의 인식

상당수의 이주노동자들은 언어소통의 한계와 좁은 사회관계망으로 인해 정보

부족을 경험하기 쉽다. 정보의 필요성을 느끼는 영역은 개인에 따라 차이가 있지만, 이주노동자들은 노동과 임금을 목적으로 고국을 떠나 낯선 땅으로의 이주를 선택한 만큼 노동에 관한 정보를 가장 필요로 할 것이고, 또 이주의 형태가 정착이 아닌 일시적인 체류라는 점에서 체류 정보의 필요성을 강하게 인식할 것이다.

> 상담원 Q: 평소 이주노동자들은 근로(노동), 법률, 비자에 관한 정보를 가장 필요로 하는 경향이며, 임금체불, 사업장 변경, 사업주와의 관계가 고충사례가 되고 있다(2010. 6. 30).

> 이주노동자 K: 임금과 근로조건 때문에 어려운 문제들이 생겨도, 극단적인 상황이 아니면 어떻게 해야 할지를 몰라서 그냥 참습니다. 출입국관리사무소나 고용지원센터에 물어보기도 곤란합니다. 정부기관에서는 너무 사무적으로 사람을 대하니깐, 스스로 경직되기도 하고, 또 언어가 안되니깐 자세한 것을 알아보기도 힘들어요. 이주노동자 입장에서 출입국과 고용지원에 관련된 정보는 많이 알면 알수록 좋은데, 정보가 너무 부족해요(2010. 7. 2).

그런데 이주노동자 간에 정보리터러시 격차는 정보의 필요성에 대한 인식의 차이와 정보요구의 다양성을 가져온다. 높은 수준의 언어소통능력과 정보 활용 및 정보 기술 능력을 보유한 이주노동자 A는 이주민 민족커뮤니티 대표로 활동하고 있다. A는 이주민 민족커뮤니티를 지원해주는 NGO를 통해 중요한 정보를 전달받고 있으며, 다양한 사람들과의 접촉을 통해 정보를 교환하고 있다고 한다. 이러한 연유로 A는 다른 이주노동자에 비해 상대적으로 정보부족을 덜 느낄 뿐 아니라 정보요구도 상이한 양상을 보인다.

> 이주노동자 A: 한국에 체류한 지 5년 정도 되었고, 이주민커뮤니티를 운영하고 있는 입장이라서 다른 사람들에 비해 정보를 많이 알고 있고 또 빨리 접하는 편입니다. 그래서 평소 정보의 부족함을 잘 느끼지 못하지요. 이주민커뮤니티를 운영하고 있는 입장에서, 문화 · 창업 · 역사 · 노동법 등에 대한 교육프로그램의 정보가 필요합니다. 온라인이든 오프라인이든 접근성이 좋은 무료 교육프로그램에 관한 정보를 커뮤니티 멤버

> 들에게 알려주고 싶어서요. 최근에 무료교육프로그램이 늘어나고 있지만 대부분의 이주노동자들은 몰라서 이용하지 못하거든요. 그리고 개인적으로는 한국 유학이나 대학교육 등에 대해 알고 싶습니다. 체류기간이 만료되면, 한국에서 대학을 다니고 싶어요. 한국에서 대학을 졸업하면 아무래도 높은 임금과 좋은 일자리를 얻을 수 있잖아요. 공공기관이나 NGO가 이주노동자에게 제공하는 정보들은 대체로 체류나 노동에 관한 정보들이 주류를 이루는데, 일하기 위해 한국에서 체류하고 있지만 체류나 노동 외에 다른 다양한 정보도 필요합니다(2010. 4. 7).

위의 면담내용에서 알 수 있듯이, 이주노동자들이 유사한 동기를 가지고 한국에 체류하고 있지만, 정보력의 격차에 따라 보다 고차원적인 정보요구를 가질 수 있다. 이것은 매슬로(Abraham H. Maslow)의 욕구단계설에 의해서도 설명되어질 수 있을 것이다. 욕구를 강도와 중요성에 따라 5단계로 분류한 매슬로는 인간의 욕구가 계층을 이루고 있어서 하위단계의 욕구가 충족되면 보다 상위의 욕구가 발생한다는 것이다. 그런데 정보요구가 다양해지는 것은 체류기간과도 관련된다고 할 수 있다. 이주노동자의 체류의 기간이 길어질수록 정착의 단계로 진입하기 때문에 정보요구도 과거와 다른 성격을 보일 수 있다.

> NGO 실무자: 이주노동자에게 가장 필요한 정보는 노동 관련 정보나 폭행 문제 등에 관한 법률 정보가 주류를 이루지만, 최근에는 쓰레기분리수거 등의 생활정보에 관한 정보의 필요성도 크게 인식하고 있어 초기 이주단계를 넘어 점차 정착의 단계로 변화하고 있음을 알 수 있다(2010. 6. 30).

결국 이주노동자들은 한편으로는 심각한 정보 부족을 인식하면서도 다른 한편으로는 다양한 정보의 요구를 가지기 때문에 정보부족의 문제와 정보요구의 다양화에 대응할 수 있는 정책방안이 모색되어야 할 것이다.

3) 정보원과 정보접근

선행연구들을 통해서도 검증되었지만, 이주노동자들은 언어소통의 제약으로 인해 필요한 정보를 모국인 정보원에 의존하는 경향이다. 근무조건이 열악한 이주노동자들은 장시간 노동에 노출되어 있어 시간상으로 다양한 정보원을 활용하는 데 제약이 많고, 대체로 사내기숙사에 거주하거나 공단 근처에 주거지를 형성하는 경우가 많아 공공기관이나 민간단체에 접근하는 데 지리적인 제약이 따른다. 그리고 미등록노동자의 경우 다양한 정보원에 접근하는 데 심리적인 제약이 있다. 따라서 모국인 주변사람이라는 한정된 정보원을 주로 활용하게 되는 것이다. 그런데 모국인 주변사람도 같은 외국인이기 때문에 정보를 탐색하고 해석하고 평가하는 능력의 제한으로 정보의 유용성을 판단하기 어려워 잘못된 정보에 노출될 가능성이 높다. 게다가 더욱 심각한 문제는 의존하는 모국인 친구마저 찾을 수 없거나 혹은 잘못된 정보를 정정할 수 있는 통로마저 차단된 외딴 지역이나 특수 업종에 근무하는 이주노동자들은 절대적인 정보 빈곤을 겪게 된다.

> 상담원 R: 상담과정을 통해 이주노동자들이 정보에 관심이 많으나 정확하지 않은 정보에 많이 의존하는 경향을 보이는데, 이것은 정확한 정보에 접근할 수 있는 통로가 제한되기 때문이다. 이주노동자가 주로 접근하는 정보원은 같은 국가출신의 주변사람과 이주공동체와 같이 자주 접촉하는 사람들이다. 대체로 이주노동자들은 한국인 친구가 거의 없고 회사 내에서 한국인 동료와의 교류가 활발하지 않지 않기 때문에 사업체에 모국인 혹은 이주노동자가 별로 없는 경우 더욱 심각한 정보소외를 겪는다(2010. 6. 30).

> NGO 실무자: 이주노동자들은 정보가 필요한 경우, 주로 모국인 주변사람에게 접근하는데, 이 경우 잘못되거나 왜곡되는 정보를 얻을 수 있다. 가끔씩 새로운 정보를 접한 민족공동체 리더가 NGO에 문의하는 경우가 있는데 이때 NGO는 정확한 정보를 리더에게 알려주고 리더는 다시 자국인들에게 알리는 식으로 잘못된 정보를 정정한다. 따라서 관련 기관이나 NGO 혹은 공동체와 같은 조직들이 거의 없는 외딴 지역과 농촌지역의 이주노동자들은 정보의 획득은 물론이고 잘못된 정보를 정정하기도 힘들다는 점에서 정보소외와 불평등이 심각하다고 할 수 있다(2010. 6. 30).

그리고 이주노동자들은 언어 때문에 온라인상의 정보, 정부 홈페이지나 주요 웹 사이트에 대한 관심과 이용도 저조한 편이다.

이주노동자 C: 웹 정보를 이용하려고 해도 대부분의 정부 홈페이지가 한국어나 영어만 지원하고 있고 사실상 이것도 컴퓨터나 인터넷이 가능해야 이용할 수 있잖아요. 그리고 출입국관리사무소나 고용지원센터에서조차 언어지원이 제대로 안 되니깐, 실제로 쉽게 정보를 얻을 수 있는 곳이 없어요(2010. 6. 29).

이주노동자 D: 인터넷 사이트는 주로 베트남 인터넷 사이트를 이용합니다. 언어의 문제가 있지만 베트남에 관한 뉴스나 음악, 영화도 이용할 수 있으니깐. 이주노동자들은 일정 기간 체류하다가 본국으로 돌아가야 하기 때문에 본국의 사정을 잘 모르고 있으면 귀국 후에 적응이 쉽지 않아요(2010. 4. 7).

그러나 이주노동자들 중에는 보다 다양한 정보원에 접근하는 사람들도 있다. 이주노동자 A는 언어소통이 원활하고 무엇보다 사회활동참여에 대해 높은 욕구와 적극적인 태도를 가지고 있었다.

이주노동자 A: 정보가 필요하면 NGO나 이주민연대를 찾고, 직장에 동료나 선배들한테 도움을 요청하는 편이죠. 시간적으로나 지리적으로 공공기관을 이용하기 힘들어요. 이주노동자들은 휴일에 시간이 나는데, 공공기관들은 휴일에는 쉬니깐. 이외에 인터넷을 통해서도 많은 정보를 얻어요. 시간이 나면 많은 사람들을 자주 만나는 편이라서 필요한 정보를 얻는 것이 어렵지 않습니다. 이주민공동체를 운영하면서도 많은 사람들을 만나고, NGO의 요청으로 타 지역에 출장상담을 가기도 합니다. 예전에는 이주민연대활동도 했고, 지금도 이주노동자운동에 관심을 가지고 참여하고 있어요(2010. 4. 7).

한편, NGO 실무자들은 이주노동자의 정보접근성을 향상시키기 위해서는 기존의 공식적 지원체계의 개선이 요구된다고 지적한다. 공식적인 지원 기관이나 단체의 경우, 이주노동자를 제약하는 시간적 · 지리적 · 심리적 접근성을 제고하는 것이 보다 시급하다. 물론 여기에는 이주노동자를 위한 언어지원이 전제되어야 할 것이고, 공식적인 지원체계를 구성하는 NGO에 대한 정부지원의 필요성도 제기된다.

상담원 R: 이전에는 이주노동자들이 상담을 받거나 센터를 방문할 때 공적인 지원이 필요할 정도로 심각한 상황이었으나 최근에는 예방적 차원에서 사전에 지식과 정보를 얻기 위해 방문하는 사람들이 늘고 있다. 우리 센터가 지리적 접근성이 좋기 때문에 가끔씩 방문해서 각종 문제에 대한 정보를 얻어 가기도 한다(2010. 6. 30).

NGO 대표: 정보접근성을 개선시키기 위해 우리 단체에서는 영자신문과 자매신문으로 인도네시아, 베트남신문을 발간하고 있으며 현재 수요가 많아서 전국적으로 발간하고 있고, 리플렛 등을 다국어로 만들려고 하지만 예산이 너무 많이 든다(2009. 4. 20).

안산 외국인근로자지원센터: 본 센터에서 다국어 신문이나 책 등을 지원하기도 하지만 안산의 경우 '국경없는 마을'에 상권이 형성되어 있어서 신문, 책, 비디오 등을 충분히 구입할 수 있어서 자국소식에 접근하기가 수월하다(2009. 4. 29).

위의 안산과 같이 특수한 사례도 존재한다. 안산은 지역적 특수성으로 인해 공식적인 지원체계의 도움 없이도 정보접근성이 양호한 경우이다. 그러나 기본적으로 이주노동자의 정보접근성을 제고하기 위해서는 다국어 언어지원과 함께 공식적인 지원체계의 효과성을 도모하려는 정부의 정책적 노력과 의지가 중요하다. 이것은 정책적인 요인이 정보리터러시의 격차 해소에 중요한 영향을 미친다는 것이다.

4) 정보의 이용, 생산, 소통, 공유

어떤 면담조사자들은 정보의 이용, 생산, 소통에 소극적인 반면 또 다른 면담조사자들은 정보를 생산하고 소통하며 공유하는 데 매우 적극적인 태도를 보였다. 면담과정에서 태국인 이주노동자들 모두는 직접 만나서 대화하거나 혹은 전화로 정보를 소통한다고 이야기한다. 이들은 정보를 소통하고 공유하는 데 있어서 거의 한 가지 수단에만 의존하고 있는 것이다.

이주노동자 F: 많은 사람들을 만나거나 사회적인 활동을 할 시간이 없어요. 평일에 직장에서 한국인 동료들과 식사할 때나 혹은 회식할 때 일에 관한 이야기를 나누는 게

> 전부이고, 가끔 아시아마트나 중국인 친구들을 만나서 정보를 나누는 것이 전부입니다 (2010. 6. 30).

반면에 정보리터러시 수준이 높은 이주노동자들은 매우 다양한 방식으로 정보를 소통하고 공유하고 있으며 정보의 생산에도 적극적인 태도를 보인다.

> NGO 실무자: 정보의 전달과 확산은 공동체모임이 활성화된 경우에는 공동체를 통해 이루어지지만, 일반적으로 아시아마트나 음식점 등에서 직접 만나 정보를 소통하는 경우가 많다. 하지만 젊은 이주노동자들의 경우, 인터넷 민족공동체 카페 게시판에 글을 올리기도 하고, 페이스 북을 통해 의사소통 및 정보교환을 할 뿐 아니라, 정보를 생산, 창출하는 사례도 늘고 있다(2010. 6. 30).

> 이주노동자 A: 새로운 정보는 신속하게 이주민커뮤니티 홈페이지에 올리고, 총무를 통해 회원들에게 바로 알려주는 편입니다. NGO에서 발행하는 소식지에 글도 투고하고, 이주노동자 관련 행사에도 참석하여 개인적인 의견도 제시하고, 다른 이주민커뮤니티 대표들과 정기적인 회의를 통해 서로 의견을 교환하고, 필요한 경우 관련단체나 기관에 건의도 합니다(2010. 4. 7).

> 이주노동자 D: 베트남의 문화나 나의 생각들을 다른 사람들과 나누고 싶어요. 그래서 홈페이지를 제작할 생각입니다. 그런데 정식으로 컴퓨터교육을 받은 적이 없어서, 아직은 힘들어요. 그래서 홈페이지 제작을 위해 컴퓨터교육을 받을 계획입니다(2010. 4. 7).

면담을 통해 발견할 수 있었던 것은, 정보의 생산과 소통, 공유는 사회활동참여에 대한 적극성에 좌우된다. 또한 새로운 기술에 대한 태도(수용성)와 새로운 기술에 대한 적응력도 중요한 영향요인이라고 할 수 있는데, 이것은 연령과 관련성이 있는 것으로 예측된다. 앞서 설문조사 결과에서도 선도집단의 상당수가 20-30대 젊은이로 나타났다는 점은 이러한 추측을 지지해주고 있다.

5) 정보기술능력

컴퓨터나 인터넷을 잘 이용하는 사람들은 정보의 접근과 정보교류 및 소통의 도구로 정보통신기술을 적극적으로 활용한다.

이주노동자 E: 새로운 소식이나 필요한 정보는 인터넷에 의존하는 편이고, 새로운 정보를 주변사람들한테 전달할 때도 거의 메신저나 채팅을 이용하고 있어요. 그리고 쇼핑도 거의 인터넷 쇼핑이죠. 컴퓨터를 사용한 지도 15년이 넘었고, 보통 다른 사람들보다 정보통신기술에 적극적인 편이고, 기술적인 능력도 높은 편이라고 생각합니다. 체류문제나 고용허가제에 관한 정보가 필요하면 노동부나 법무부 홈페이지를 방문하여 필요한 정보를 검색합니다. 그런데 현재 컴퓨터를 가지고 있지 않아서 매일 PC방을 이용하고 있어요. 회사에서도 컴퓨터나 인터넷을 이용할 수도 없으니깐. 지금은 비용 때문에 하루에 한 시간밖에 사용하지 못하고 있어서 컴퓨터를 구입할 예정이에요. 컴퓨터나 인터넷 접속 비용 등을 정부가 지원해주면 좋겠어요(2010. 6. 30).

이주노동자의 정보기술능력은 연령과 같은 인구통계학적 특성과 함께 새로운 기술에 대한 적극적인 태도나 개인적인 능력의 차이에 의해서도 발생하지만, 모국의 정보통신기술의 수준이나 사회적 · 경제적 환경에 영향을 받기도 한다. 정보통신기술에 대한 접근기회와 활용의 차이는 개인, 가정, 지역, 국가 간에 서로 상이한 사회 · 경제적 환경으로 인해 발생하기 때문이다(OECD, 2001: 5). 다음의 이주노동자 I의 인터뷰 내용이 이를 잘 반영하고 있다.

이주노동자 I: 정보가 필요하면 같은 국가 출신의 주변 사람들을 찾거나, 언어지원이 되는 외국인근로자지원센터를 방문합니다. 정보를 얻는데 컴퓨터나 인터넷을 이용하지는 않아요. 컴퓨터나 인터넷을 배운 적도 없고 주변에 잘 사용하는 사람도 거의 없습니다. 새로운 기술에 적극적인 편이 아닌데다, 남들보다 잘 다루는 편도 아닙니다. 태국에는 컴퓨터나 인터넷을 이용하는 사람도 한국에 비해 적은 편이고 컴퓨터나 인터넷을 사용하는 데 비용도 많이 들어요. 물론 태국에서도 젊은이들은 관심을 가지지만 나이 많은 사람들은 거의 이용하지도 않고 관심도 적은 편이라고 할 수 있지요(2010. 6. 30).

앞서 설문조사 결과에서도 나타나듯이, 정보기술능력은 정보활용교육에 의해 차이를 보인다. 그런데 정보기술능력의 격차를 해소하기 위해서는 교육대상에 적합한 정보활용교육이 필요하다. 숙련되지 않은 초보자에게 있어 전통적인 정보리터러시교육은 효과가 없을 뿐만 아니라 오히려 정보격차를 가중시킬 수 있기 때문이다(Gross & Lathama, 2007). 그런데 다음의 면담 내용을 보면, 지역적 차이에 의해 정보활용교육에 대한 태도나 성과, 그리고 정보기술능력에 차이가 존재한다는 것을 알 수 있다. 수도권과 비수도권의 차이로 해석되는데, 수도권 지역에 근무하는 이주노동자의 임금수준이 지방에 비해 높고, 안산과 같이 대규모 공단에 입주한 기업들은 주로 대기업이기 때문에 사업장이나 사내기숙사에 PC 및 인터넷 이용공간을 별도로 마련해두고 있어서 지역 간 격차가 존재하는 것으로 판단된다.

부산지역 NGO 실무자: 한국어교육은 기본적으로 필요하고 또 귀국후 취업에 중요하지만, 컴퓨터교육은 수준차이가 크므로 반편성이 어렵다. 이주노동자의 컴퓨터나 인터넷 활용수준은 개인차가 큰 편이다(2010. 6. 30).

경남지역 지원센터 대표: 이주노동자들의 이주동기가 돈을 벌기 위한 것이고, 체류기간 또한 단기간에 불과하므로 현실적으로 컴퓨터교육은 1,2개월의 단기수강에 머물러 기대효과가 크지 않다. 그리고 컴퓨터에 대한 접근도 양호하지 못하다. 일반적으로 직장에서 컴퓨터를 지원하지 않는 경우가 많아서, 컴퓨터를 보유하지 않은 사람들은 지원센터를 이용한다(2010. 6. 29).

안산시 외국인주민센터 담당자: 컴퓨터교육도 365일 운영하고 있는데, 활용능력이 상당히 증진된 것으로 파악되고 있다. KT와 같은 기업지원도 활성화되어 있으며 수강자의 반응도 상당히 좋은 편이고 한글, 파워포인트 등을 익힌 이주민을 컴퓨터교육프로그램의 강사로 개발하여 채용할 계획이다(2009. 4. 29).

안산 외국인근로자지원센터 담당자: 컴퓨터교육을 교과서위주로 수업했으나 수요조사를 해보니, 인터넷쇼핑이나 화상통화와 같은 것에 관심이 많은 것으로 나타났다. 그래서 새로운 프로그램을 만들어 운영하고 있다. 과거에 비해 이주노동자들의 월급수준이 많이 향상되었기 때문에 디지털카메라, 캠코더, 컴퓨터, 노트북 등을 보유하는 경우가 상당히 많다(2009. 4. 29).

수도권 지역에서는 컴퓨터교육에 머무르지 않고 새로운 미디어교육을 특성화하는 등 이주노동자들의 정보리터러시 향상을 위해 새로운 시도를 하고 있다.

안산 외국인근로자지원센터 실무자: 우리 센터는 컴퓨터교육 외에 미디어교육을 특성화하고, 라디오방송국도 운영하고 있다. 라디오방송국에서 이주민 소식이나 정보를 제공하려고 했으나 서울의 외국인근로자지원센터에서 이미 운영하고 있어서 안산에서는 자기들의 이야기를 하는 기능에만 머물러 있다. 노동부로부터 위탁받은 센터이므로 창조적인 사업을 추진하는 데 한계가 있지만, 라디오방송사업에 보다 역점을 둘 계획이다(2009. 4. 29).

결국 개인적 차이뿐만 아니라 사회적 · 경제적 · 문화적 · 기술적 환경에 차이로 인해 정보기술능력과 정보활용교육의 성과가 나타난다는 것은 특성별로 다양한 정보활용교육의 개발과 함께 정보통신기술 인프라 구축이 필요하다는 것을 시사한다.

V. 결 론

정치, 경제, 사회, 문화 전반에 정보화가 확산되고, 정보가 개인과 국가의 경쟁력을 좌우하는 요소가 되고 있는 시점에서, 최근에 경험하고 있는 다문화현상은 한국 사회의 다양성과 개방성을 양적으로 확대시키고 질적으로 변화시키는 또 다른 동력이 되고 있다. 다문화와 정보화가 동시에 빠르게 진행되고 있는 상황에서, 한국의 다문화정책과 정보화정책의 연계가 필요하다. 이것은 다문화정책의 정보복지적 관점과 정보화정책의 다문화적 인식의 통합을 의미한다. 건강한 다문화사회는 충분한 정보를 가진 이주민에 의해서 유지될 수 있는 것이다.

이 연구는 이주노동사를 대상으로 정보리터러시(information literacy)의 수준이 높은 집단과 그렇지 않은 집단을 비교분석하여 정보리터러시 격차(information literacy gap) 요인을 규명하는 데 목적을 두었다. 이러한 목적을 달성하고자, 1차 설문조사와 2차 심층인터뷰를 통해 정보리터러시 격차와 그 요인을 발견하였다. 조사결과, 이주노동자의 정보리터러시 격차는 연령, 결혼여부, 직업에 영향을 받을 뿐 아니라, 한국어교육 및 정보활용교육의 차이, 정보기술에 대한 적응력, 사회활동에 대한 적극성, 사회연결망 등의 개인적 차이와 함께 기술적 · 경제적 · 사회적 · 정책적 요인이 복합적으로 작용해서 발생하는 것으로 나타났다.

조사결과를 토대로 연구의 정책적 함의를 살펴보면, 첫째 이주노동자들이 한국어교육을 이수한 경험이 있음에도 불구하고 한국어능력이 매우 낮은 수준이라는 점이다. 따라서 이주노동자의 언어능력 향상을 지원해줄 수 있는 새로운 한국어교육과정의 개발이 필요하다. 현재 정부는 결혼이민자를 위한 한국어교육과정의 개발에 많은 노력을 기울이고 있지만, 이주노동자를 위한 정책개발에는 관심과 의지가 미흡하다. 이주노동자의 한국어능력의 향상은 산업재해 비율을 감소시키고, 업무파악능력을 제고하여 생산성의 향상에도 기여할 것이다. 중요한 것은 이주노동자라는 근로자의 특성을 반영할 뿐 아니라, 출신국가별 · 업종별 · 언어능력별 특화된 교육과정의 개발이 필요하다.

둘째로, 이주노동자의 정보요구가 점차 다양해지고 있다는 점이다. 단순히 노동과 체류에 대한 정보를 넘어서 다양화되는 정보요구를 충족시켜주기 위해서는 우선적으로 이주노동자의 정보요구에 대한 실증적인 조사와 연구를 통해 정보요구의 유형을 분류하고 유형에 따라 정보정책을 개발할 필요가 있다. 앞서 지적하였듯이, 인간의 욕구는 계층을 이루고 있기 때문에 이주민이 점차 증가하고 다문화현상이 심화되면 이주민의 욕구도 점차 고차원적인 단계로 발전될 것이므로 이러한 변화에 대응하여 장기적인 관점에서 보다 체계적이고 종합적인 다문화 정보요구의 실태조사 및 연구가 요구된다.

셋째, 이주노동자들은 한정된 정보원에 의존하여 정보를 얻고 있으며, 정보접근성이 매우 제약되어 있는 상태이다. 주로 모국인 중심의 정보원에 의존함으로써 잘못되거나 왜곡된 정보에 노출되기 쉽고, 이것은 제대로 된 의사결정을 할 수 없는 상황을 초래한다. 따라서 이주노동자들이 충분하고 정확한 정보에 접근하기 위해서는 기존의 공식적인 지원체계의 개선이 필요하다. 현재 이주노동자가 사업주를 통해 정보를 전달받는 것이 문제점으로 지적되고 있다. 따라서 이주노동자를 위한 정보 사이트를 마련하여 언어별 지원이 이루어지도록 해야 할 것이다. 물론 노동부에서 고용허가 이주노동자를 위한 사이트를 운영하고 있지만, 사실상 행정절차상의 정보에 국한하고 있어 정보 제공 기능이 매우 제한적이라 할 수 있다. 그리고 현재 고용지원센터의 역할도 개선될 필요가 있는데, 이주노동자 관련 업무를 맡고 있는 인력이 부족하고, 특히 상담기능을 제대로 수행하기 위해서는 언어소통이 가능한 인력의 확충이 필요하다. 또한 공식적인 지원체계가 제대로 구축되어 있지 못한 소외지역에 대한 정책적인 배려가 있어야 할 것이고, 면담과정에서 이주노동자들은 관련 NGO에 대한 정부지원을 강조하고 있어 앞으로 NGO에 대한 정부지원의 확대가 요구된다 하겠다.

넷째, 이주노동자의 정보의 생산, 소통, 공유는 사회활동참여에 대한 적극성과 새로운 기술에 대한 수용성에 영향을 받는 것으로 나타났다. 이주노동자의 사회활동참여를 활성화시키기 위해서는 우선 이주민에 대한 편견과 차별을 방지하기 위한 한국인에 대한 다문화이해교육과 함께 이주민의 한국사회에 대한 이해를 도모할 수 있는 쌍방향 다문화교육이 필요하다. 사실상 지금까지의 다문화교육은 이주민에게 일방적인 통합과 적응을 강요하는 방식으로 이루어져 왔다. 소수자문제는 다수자에 의해 발생한다는 점에서 진정한 다문화사회로 나아가기 위해서는 무엇보다 주류사회의 소수자에 대한 인식의 전환이 이루어져야 할 것이다.

다섯째, 이주노동자 간 정보리터러시 격차는 정보기술능력에 의존하는 만큼 정보기술능력을 향상시켜줄 수 있는 정보활용교육의 확대가 필요하다는 점이다. 이주노동자의 유형별, 학습단계별, 국가별 특성에 맞는 맞춤형 정보활용교육의 개발과 다문화 정보화교육의 콘텐츠 개발 및 보급, 그리고 IT를 매개로 한 다양한 교육프로그램의 확대가 요구된다. 그리고 정보기술능력을 향상시키기 위해서는 정보기술에 대한 접근성을 제고하는 것도 필요하다. 따라서 다문화주체를 대상으로 하는 정보통신기술 인프라의 구축과 이주노동자의 사업장에 대한 네트워크망 지원 등의 기술적인 측면의 정책적 지원도 병행되어야 할 것이다. 대부분의 이주노동자들이 저발전 국가에서 유입되었기 때문에 정보통신기술에 대한 적응이 느리므로 정보통신기술에 대한 접근을 개선시켜준다면 적응력이 향상될 수 있을 것이다.

이상과 같이 이주노동자의 정보리터러시 격차는 다양한 요인에 의해 발생하고 격차해소를 위해서는 다양한 정책적 · 사회적 지지가 필요하다. 이주노동자의 정보리터러시 격차는 개인적 요인은 물론이고 정보통신기술의 보급정도와 접근비용, 사회의 경제적 · 문화적 환경, 정부의 정책적 요인 등의 기술적 · 경제적 · 사회적 · 문화적 · 정책적 요인이 복합적으로 작용해서 발생한다. 이렇게 다차원적이고 복합적인 문제를 해결하기 위해서는 무엇보다 다문화정보서비스를 위한 거버넌스 체계를 구축할 필요가 있다. 이주민과 이주민커뮤니티의 참여를 전제로 제도적이고 정책적인 지원은 정부가 책임지고, 사회적이고 문화적인 변화는 NGO와 시민사회가 주도하며, 경제적이고 기술적인 지원은 시장과 기업이 맡는 역할분담이 필요하다.

덧붙여 인터뷰 과정에서 면담 대상자의 대부분은 도서관을 중요한 정보원으로 인식하고 있지 않았다. 이주노동자의 대부분은 한국에서 도서관을 이용하지 않으며, 유입 전 본국에서도 거의 이용하지 않은 것으로 나타났다. 면담대상자 중 외국인근로자지원센터를 이용한 사람만이 다문화도서관을 이용한 경험이 있다고 응답하였다. 다문화사회에서 도서관이 정보허브로서 기능하기 위해서는 도서관의 다문화서비스 구축과 다문화도서관의 확대가 요구된다.

참고문헌

서진완. 2000. 정보리터러시의 개념을 이용한 지역주민의 정보화수준 측정. 「한국행정학보」, 34(1): 309-325.

손동원. 2002. 「사회네트워크 분석」. 서울: 경문사.

오의경 · 장혜란. 2005. 대학생의 정보리터러시에 영향을 미치는 요인 분석. 「한국문헌정보학회지」, 39(3): 207-231.

이용재 · 이수상 · 조용완 · 장임숙. 2009. 이주민의 정보리터러시 실태에 관한 연구. 「한국도서관 · 정보학회지」, 40(4): 113-137.

이정연 · 최은주. 2006. 정보활용능력 교육의 효용성에 관한 실험적 연구. 「한국문헌정보학회지」, 40(1): 315-334.

이제관 · 김선희. 2007. 정보리터러시가 소상공인의 온라인 활동 수준에 미치는 영향. 「중소기업연구」, 29(1): 49-64.

이준. 2009. 다문화가정 초중등학생을 위한 정보격차 해소 방안 연구. 「한국컴퓨터교육학회 논문집」, 12(6): 41-50.

장임숙. 2010. 이주민 소수자정책의 정향과 정체성 분석. 「한국지방정부학회 2010년도 하계학술대회 발표논문」한국지방정부학회 홈페이지, 〈http://www.klog.or.kr/〉 세미나자료실.

정영미. 2009. 정보활용 교육이 도서관과 정보활용능력 자가인식에 미치는 영향. 한국문헌정보학회지 제43권 제4호(2009), pp.265-280.

조용완 · 이수상. 2010. 국내 외국인 유학생의 정보리터러시 현황분석. 「한국문헌정보학회지」, 44(1): 75-99.

정보화추진실무위원회. 2009. 국가정보화 실행계획 2009~2012. 서울: 정보화추진실무위원회. 국가정보화전략위원회 홈페이지, 〈http://www.ipc.go.kr/〉.

한국정보화진흥원. 2010. 2010 국가정보화백서. 서울: 한국정보화진흥원.

Becta. 2003. What Research Says About ICT and Initial Teacher Training? [Online].

Available at:: 〈http://www.Becta.Org.UK/Research〉.

Bennett, Michele. Cole, Lisa. Tapia, Marisa. Reeder, Ellen. 2009. Digital Divide-Definition. Trends Analysis: The Digital Divide-A View of the Digital Divide in the Context of Young Latina Girls from Low-Income Families.

Deleo, P. A. & Eichenholtz, S. & Andi Sosin, A. 2009. Bridging the Information Literacy Gap with Clickers. *The Journal of Academic Librarianship*, 35(5): 438-444.

Dewan, S. and Riggins, F. J. 2005. The Digital Divide : Current and Future Research Directions. *Journal of the Association for Information Systems*, 6(12): 298-337.

Ishimura, Y. & Howard, V. & Moukdad, Haidar. 2007. Information literacy in academic libraries : Assessment of Japanese students' needs for successful assignment completion in two Halifax universities. *The Canadian Journal of Information and Library Science*, 31(1): 1-26.

Melissa Gross and Don Lathama. 2007. Attaining information literacy: An investigation of the relationship between skill level, self-estimates of skill, and library anxiety. *Library & Information Science Research*, 29(3): 332-353.

OECD, Understanding the Digital Divide(OECD: 2001).

Sriganesh, Vasumathi. 2005. Challenges of Bridging the Information Literacy Gap for the Practice of Evidence Based Healthcare in India. In: ICML9, 20-23, Salvadore, Brazil.

Weetman D. Jacqui. 2010. Is There an Information Literacy Skills Gap to Be Bridged? An Examination of Faculty Perceptions and Activities Relating to Information Literacy in the United States and England. *College & Research Libraries*, 203-222.

제 5 장

결혼이주여성 게이트키퍼 분석을 통한 이주여성의 정보리터러시 향상 방안

이 용 재 · 조 용 완

제 5 장

결혼이주여성 게이트키퍼 분석을 통한 이주여성의 정보리터러시 향상 방안*

Ⅰ. 서 론

1. 연구의 필요성

법무부는 국내 체류 외국인이 2010년 6월말 현재 약 121만 명에 이르고 있다고 밝혔다(법무부 출입국 · 외국인정책본부, 2010a). 그중 한국인과 결혼해 한국에서 영구 정착을 목표로 하는 결혼이민자(국민의 배우자)는 아래의 〈표 5-1〉과 같이 2010년 6월말 현재 총 136,556명이며, 그중 대부분은 결혼이주여성으로 이루어져 있다.

결혼이주여성들은 국내에 거주하는 이주노동자에 비해 그 수는 적을지라도, 한국인과 결혼하여 한국에서 자녀를 출산, 양육하는 중요한 사회적 역할을 수행하므로, 그들의 정착과 적응에 정부와 지자체, 민간 등이 많은 관심을 보이고 있다.

결혼이주여성들이 정보사회인 한국사회에서 정착하기 위해, 그리고 가정주부이자 학부모로서 한 가정을 꾸려나감에 있어 다양한 정보의 필요성을 인식하고 필요한 정보를 찾아내어 활용하는 제반능력, 즉 정보리터러시의 중요성은 새삼 강조할 필요가 없을 것이다. 하지만 얼마 전에 생산된 관련연구에 의하면 결혼이주여성들의 정보리터러시 수준은 그리 높은 수준이 아닌 것으로 나타났다. 이에 본 연구는 이주여성 출신으로 주류사회와 결혼이주여성 사회를 연결하고 일반 결혼이주여성들에게 정착과 적응에 필요한 많은 정보를 제공하고 있는 결

* 이 논문은 2007년도 정부재원(교육과학기술부 학술연구조성사업비)으로 한국연구재단의 지원을 받아 연구되었음(KRF-2007-411-J01103).

〈표 5-1〉 국내 결혼이민자(국민의 배우자)의 국적과 성별 현황

구분	총합계	남자	여자	구분	총합계	남자	여자
총계	136,556	17,783	118,773	미국	2,000	1,452	548
중국	34,361	3,475	30,886	우즈베키스탄	1,671	49	1,622
베트남	32,472	161	32,311	러시아(연방)	1,147	59	1,088
한국계 중국인	32,185	7,350	24,835	캐나다	1,036	914	122
일본	10,189	822	9,367	파키스탄	650	622	28
필리핀	6,895	195	6,700	네팔	646	131	515
캄보디아	3,705	8	3,697	인도네시아	444	50	394
타이	2,453	38	2,415	타이완	438	67	371
몽골	2,414	48	2,366	기타	3,850	2,342	1,508

자료: 법무부 출입국 · 외국인정책본부, 2010b.

혼이주여성 게이트키퍼들을 대상으로 그들의 정보리터러시 수준은 어떠하며, 일반 결혼이주여성과 비교했을 때 어느 정도의 차이를 보이는지를 살펴보고, 그들이 일반 결혼이주여성에 비해 높은 정보리터러시를 보유하게 되는 배경은 무엇인지를 조사하여 일반 결혼이주여성들의 정보리터러시 증진을 위한 방안들을 모색하였다.

2. 연구방법과 연구내용

연구방법은 먼저 국내 결혼이주여성 게이트키퍼들을 대상으로 그들의 정보리터러시 수준을 조사하기 위해 설문조사를 실시하였다. 조사대상은 이전의 게이트키퍼 연구들처럼(Metoyer-Duran, 1993a; Agada, 1999) 다문화 관련 공공기관이나 민간단체에서 근무하고 있는 결혼이주여성들을 대상으로 하되, 게이트키퍼의 특성이 잘 반영되도록 모국 출신자에게 생활상담을 제공하거나 통역, 번역 업무를 담당하는 이주여성들을 대상으로 삼았으며, 2009년 일반 결혼이주여성 연구와의 비교를 위해 부산과 경남지역 거주자로 국한하였다. 하지만 이들 게이트키퍼들은 일반 결혼이주여성들에 비해 그 수가 매우 적을 수밖에 없어, 부득이 부산과 경남

지역 내 다문화 관련 공공기관과 민간단체를 통해 결혼이주여성 게이트키퍼들을 의도적으로 표집하였다.[1] 설문조사는 2010년 4월 20일부터 7월 31일까지 주로 연구자들이 직접 기관과 단체들을 방문하여 설문조사를 진행하였으며, 일부는 다문화 관련 기관과 단체들에 위탁하여 진행하였는데, 총 51명의 게이트키퍼들이 참여하였다.

이어서, 그들이 일반 이주여성에 비해 높은 수준의 정보리터러시를 가졌을 것으로 예상되는 상황에서 그 배경을 살펴보기 위해 결혼이주여성 게이트키퍼 14명에 대해 면담을 실시하였다. 면담은 그들의 정보리터러시와 관련한 설문지 내용을 심화하는 질문들 위주로 진행되었다. 면담은 연구자가 피면담자가 소속된 기관이나 단체 사무실을 방문하여 면담자와 피면담자간 1:1 또는 1:2 방식으로 수행되었으며, 개별 면담은 대략 30분에서 1시간 정도가 소요되었다.

연구의 주요내용은 첫째, 결혼이주여성 게이트키퍼들의 정보리터러시 수준를 조사하고, 둘째, 결혼이주여성 게이트키퍼들의 정보리터러시 수준을 2009년에 조사된 일반 결혼이주여성의 그것과 비교하여 집단 간 차이를 살펴보고, 셋째, 결혼이주여성 게이트키퍼들이 높은 정보리터러시를 가지게 된 배경을 면담을 통해 검토하여 일반 이주여성들의 정보리터러시 수준을 향상시킬 방안을 모색해 보았다.

연구의 한계와 관련해, 본 연구는 부산과 경남지역에 거주하는 결혼이주여성 게이트키퍼 51명을 의도적으로 표집하여 설문조사를 실시하고, 그중 14명에 대해 면담을 실시하여 얻어진 데이터를 토대로 이루어진 연구이므로, 본 연구의 결과를 일반화하는 것에는 무리가 있을 것으로 판단된다.

---

[1] 구체적으로는 (재)부산광역시 국제교류재단, 부산광역시 여성문화회관, 이주여성긴급지원센터 부산센터, 부산이주여성인권센터, (사)아시아공동체, (사)삼산거주외국인지원협회, 경상남도다문화가족지원센터, 김해외국인근로자지원센터, 경남외국인노동자상담소 등이다.

Ⅱ. 연구의 이론적 배경

1. 주요 용어의 개념

먼저 결혼이주여성은 결혼이민자라는 용어에서 파생되었는데, 「재한외국인처우기본법」에 따르면 결혼이민자는 "대한민국 국민과 혼인한 적이 있거나 혼인관계에 있는 재한외국인"을 의미하는데, 이들 중 여성들이 바로 결혼이주여성이다.

게이트키퍼(gatekeeper)는 한 사회 내 이질적인 두 문화 사이의 가교역할을 하는 인물인데, 다문화 환경에서는 주로 인종적, 민족적 소수자 커뮤니티 내에서 여론에 영향력을 행사하고 정보를 전달하고 문화적응의 중개인 역할을 하는 사람이다(Metoyer-Duran, 1993a; Metoyer-Duran, 1993b). 이 게이트키퍼들은 소속된 소수자 커뮤니티에서 그들을 커뮤니티 내에서 영향력이 높기 때문에 여론지도자(opinion leader)의 기능을 수행한다.

그리고 정보리터러시(information literacy)는 미국대학도서관협회(ACRL)의 정의에 따라 "정보가 필요한 때를 인식하고 필요한 정보를 효과적으로 찾아내고 평가하고 이용하는 능력의 집합"이라고 정의할 수 있다(ACRL, 2000).

2. 관련 선행연구

본 연구에서는 인종적, 민족적, 언어적 소수자 집단과 주류사회를 연결하는 관문 역할을 수행하는 게이트키퍼들에 관한 문헌정보학 분야의 연구들을 선행연구로써 살펴보았다. 여기에는 미국 캘리포니아의 소수민족 게이트키퍼 129명을 대상으로 그들이 커뮤니티 내에서 어떻게 정보를 입수하고 배포하는지, 게이트키퍼들이 어디에서 정보를 얻는지, 그들이 그들 자신과 소속 커뮤니티를 위해 필요로 하는 정보는 어떤 유형인지 분석한 Metoyer-Duran의 연구가 대표적이다(Metoyer-Duran, 1993a). Agada는 미국 한 빈민가의 흑인 게이트키퍼 20명을 심층면담을 하여 그들의 정보이용환경을 조사하였는데, 그들은 지역의 일반 주민보다

교육수준이 높고 평균 수입도 두 배 정도 높았으며 주요 정보요구는 차별과 인종문제, 범죄문제, 가족문제 등이었음을 밝혔다(Agada, 1999). Chu는 주류사회의 언어수준이 낮은 부모보다 빠른 속도로 주류언어를 습득하는 이민가정의 어린이들이 그들의 가족을 위해 정보적 매개자 역할을 수행한다는 사실을 한국계와 멕시코계 이민가정 어린이들을 통해 확인하였다(Chu, 1999). Jeong은 미국 내 한인 대학원생과 그 배우자들이 한인 학생이나 한인교회 등 한인 커뮤니티에 정보를 의존하면서 게이트키퍼인 교회 성직자들이 유학생들을 지속적으로 관리하면서 결과적으로 미국사회로의 동화를 가로막고 있다고 주장하였다(Jeong, 2004; Caidi · Allard and Quirke, 2010).

관련 연구 중에는 게이트키퍼와 관련된 정보현상에 대한 문헌리뷰들도 일부 존재하였는데, Metoyer-Duran은 보건, 과학기술, 커뮤니케이션, 문헌정보학 등 여러 분야의 게이트키퍼 관련 연구들의 경향을 조사하면서 인간 게이트키핑 관련 개념들을 살펴보았다(Metoyer-Duran, 1993b). 그리고 Caidi 등은 이주민들의 일상생활에서 정보 문제와 관련된 다양한 문헌들을 분석하는 가운데, 이주민 집단 내에서 게이트키퍼들의 정보중개와 관련된 문헌들에 대한 리뷰를 시도하였다(Caidi · Allard and Quirke, 2010). 또한 Liu는 문헌 분석을 통해 다문화적 성격이 더욱 강해지는 미국사회에서 도서관과 참고사서들이 다문화 이용자들에 대한 인식과 서비스를 강화할 필요가 있으며, 소수인종 집단 내 정보유통과정에서 게이트키퍼들이 중요한 역할을 하고 있다는 사실을 지적하였다(Liu, 1995).

3. 연구의 설계

본 연구는 2009년 부산과 경남의 이주노동자와 결혼이주여성 415명을 대상으로 실시된 이주민의 정보리터러시 설문조사의 틀을 기본적으로 사용하였다(이용재 외, 2009). 그 이유는 본 연구가 2009년에 조사된 일반 결혼이주여성의 정보리터러시 수준과 결혼이주여성 게이트키퍼의 정보리터러시 수준의 차이를 살펴보는 것을 주목적으로 하기 때문이다. 2009년 연구의 설문은 대표적 정보리터러시 기준인 ACRL의 〈Information Literacy Competency Standards for Higher Education〉,

〈표 5-2〉 결혼이수여성 게이트키퍼의 정보리터러시 관련 설문내용

<table>
<tr><th colspan="2">주요요소</th><th>세부 요소</th><th>문항수</th></tr>
<tr><td colspan="2">일반적 특성</td><td>· 연령대, 출신국가, 거주지, 직업, 한국체류기간
· 사용가능 언어, 학력, 같은 모국 출신과 비교한 소득수준 인식과 지역사회 참여 정도(이 부분은 2010년 연구에서 추가됨)</td><td>9</td></tr>
<tr><td colspan="2">한국어 교육 및 정보활용교육의 이수</td><td>· 한국어 교육 이수여부, 이수기간, 이수기관
· 정보활용교육 이수여부, 이수기간, 이수기관</td><td>6</td></tr>
<tr><td rowspan="8">정보리터러시 관련 주요 구성요소</td><td>언어</td><td>· 한글을 읽고 쓰는 수준
· 일상생활 수준의 의사소통 여부(물건구매, 찾아가기 등)
· 고급수준의 의사소통 여부(자녀학원, 권리구제 등)
· 컴퓨터와 인터넷 관련 언어의 소통 여부
· 검색시 동의어, 관련어 사용 원활성</td><td>5</td></tr>
<tr><td>정보요구 인식/표현</td><td>· 정보에 대한 자세와 인식(적극 추구, 자포자기 등)
· 정보 필요성 인식 강도
· 정보요구의 표현 정도</td><td>3</td></tr>
<tr><td>정보원 인식</td><td>· 대인 정보원 인식
· 공공기관 정보원 인식
· 대중매체 정보원 인식
· 인터넷 정보원 인식
· 도서관 인식</td><td>9</td></tr>
<tr><td>정보접근/ 정보검색</td><td>· 대인 이용빈도
· 공공기관 이용빈도
· 대중매체 이용빈도
· 도서관 이용빈도
· 인터넷 정보원 이용빈도
· 검색기능 이용</td><td>12</td></tr>
<tr><td>정보이용/ 분석/관리</td><td>· 발췌, 메모, 정리, 스크랩 등
· 북마크 관리 / 메일 관리 / 파일과 폴더 관리
· 스프레드시트나 DB프로그램 이용한 정보 관리</td><td>5</td></tr>
<tr><td>정보 생산/소통/공유</td><td>· 주위사람(가족, 동료 등)과의 대화
· 신문/잡지 등 투고
· 온라인 게시판 등에 글쓰기
· 메일/메신저 이용하기
· 미니홈피/홈페이지/블로그 운영
· 각종 미디어 제작
· 문서제작 / 프리젠테이션 제작</td><td>8</td></tr>
<tr><td>정보 윤리/문화</td><td>· 개인정보 보호 중요성
· 영상, 음원, 게시물 등의 합법적 이용
· 인터넷 중독 등에 대한 인식
· 네티켓 준수
· 바이러스/악성코드 검사</td><td>5</td></tr>
<tr><td>정보통신 기술</td><td>· 인터넷의 이용 - 기본/검색/메일 등
· 컴퓨터의 이용 - 기본/워드/프리젠테이션/스프레드시트/모국어 언어팩 등
· 정보기기의 이용 - 프린터/스캐너/디지털카메라 등</td><td>10</td></tr>
</table>

ANZIIL의 〈Australia and New Zealand Information Literacy Framework〉, SCONUL의 〈The Seven Pillars of Information Literacy model〉 등에서 정보리터러시를 구성하는 주요 요소들을 추출한 다음, 보고서 작성과 과제수행 등을 주로 하는 대학생 위주로 개발된 이들 정보리터러시 기준의 주요 요소들을 외국에서 태어나 국내에서 생활인으로 살아가는 이주민들의 환경에 부합하도록 수정하였는데, 이주민의 정보리터러시나 정보서비스 등에 관련된 문헌들에서 추출된 정보리터러시 관련 요소들이 접목되었다. 정보리터러시 항목별 조사는 최저 1점(부정적)에서 최고 5점(긍정적)의 척도로 구성되었으며, 조사대상자는 자신의 주관적 판단에 따라 자기기입식으로 응답하였다. 본 연구에 사용된 설문의 구성은 앞의 〈표 5-2〉와 같다.

본 연구의 정보리터러시 측정항목 신뢰도 검증 결과, Cronbach의 α 값은 0.949였으며, 각 세부 항목별 신뢰도 검증결과와 동일 측정항목으로 국내 일반 이주민을 대상으로 실시된 2009년 연구의 Cronbach의 α 값은 〈표 5-3〉과 같다.

〈표 5-3〉 결혼이주여성 게이트키퍼 정보리터러시 측정항목의 신뢰도

		언어 능력	정보요구 인식/표현	정보원 인식	정보접근/ 정보검색	정보이용/ 분석/관리	정보생산/ 소통공유	정보윤리/ 문화	정보통신 기술
Cronbach's Alpha	게이트키퍼 (2010)	0.840	0.270	0.795	0.878	0.818	0.822	0.655	0.886
	일반이주민 (2009)	0.890	0.456	0.832	0.882	0.861	0.878	0.855	0.946
설문문항수		5	3	9	12	5	8	5	10

Ⅲ. 결혼이주여성 게이트키퍼의 정보리터러시 조사결과

1. 조사대상의 일반적 특성

설문조사 참여 게이트키퍼들의 일반적 특성은 아래의 〈표 5-4〉에 잘 나타나 있다. 나이는 30대가 58.8%로 가장 많았고, 이어 40대, 20대 미만 순이었다. 출신 국가에선 베트남이 19.6%, 일본이 17.6%, 중국이 한국계 4명을 포함해 총 15.7%였

고 이어 필리핀과 몽골, 태국, 우즈베키스탄 등의 순이었다. 거주시는 부산시가 76.0%, 경남이 22.0%였고, 직업은 서비스업과 전문직이 22.5%, 전업주부가 20.0%, 기타가 35.0%이었는데, 이는 2009년 일반 결혼이주여성 조사에서 전업주부의 비율이 압도적인 것과는 대조적이어서 게이트키퍼들이 직업을 통해 사회참여에 적극적임을 알 수 있다. 체류기간은 전체의 67.3%가 한국에서 5년 이상 거주하였으며, 4-5년 미만 거주자도 10.2%로 동일지역의 일반 결혼이주여성을 대상으로 실시한 2009년의 연구에서 5년 이상 거주자가 32.2%, 4-5년 미만이 7.3%로 나타난 것에 비해 비교적 긴 체류기간을 보이고 있었다(이용재 외, 2009).

조사대상의 학력은 대졸(전문대졸)이 56.0%, 고졸이 38.0%, 중졸이 6.0%이었는데, 이는 2009년 약 7만 명의 결혼이주여성을 조사한 연구(보건복지가족부 · 법무부 · 여성부 · 한국보건사회연구원, 2010)에 나타난 학력수준(대학 이상 20.6%, 고등학교 42.3%, 중학교 이하 36.1%)과 비교했을 때, 게이트키퍼들의 학력수준이 상당히 높았으며, 외국의 소수인종 게이트키퍼 연구내용과도 일치하였다(Metoyer-Duran, 1993a; Agada, 1999). 사용가능 언어로는 모국어가 88.2%, 한국어가 92.2%, 영어가 17.6%, 기타 언어가 5.9%였으며, 사용가능한 언어의 수를 살펴본 결과, 4개 국어 가능자가 2.0%, 3개 국어가 19.6%, 2개 국어가 58.8%, 1개 국어가 19.6%였는데, 2개 이상의 언어가 가능한 사람의 비율이 80.4%로 나타나, 이중/다중언어 능력이 게이트키퍼의 인식과 지위와 관련해 큰 역할을 한다는 외국의 이주민 게이트키퍼 연구와도 일치하였다(Metoyer-Duran, 1993a; Chu, 1999). 그리고 같은 모국출신 이주여성들과 비교했을 때, 자신의 소득수준은 어떠한지에 대한 질문에서 대체로 비슷하거나(57.4%) 상대적으로 적다고(31.9%) 응답하였고, 지역사회 참여수준에 대해서는 대체로 비슷하거나(51.2%) 상대적으로 많다고(16.8%) 응답하였다.

〈표 5-4〉 설문조사 참여자들의 일반적 특성(게이트키퍼와 일반 비교)

내용	구분	결혼이주여성 게이트키퍼		일반 결혼이주여성 (2009년 조사)	
		빈도	비율(%)	빈도	비율(%)
나이	20대 미만	1	2.0	15	8.1
	20대	9	17.6	61	32.8
	30대	30	58.8	78	41.9
	40대	11	21.6	27	14.5
	50대	–	–	5	2.7
	60대 이상	–	–	–	–
	계	51	100.0	186	100
출신 국가	중국	4	7.8	59	32.2
	중국(한국계)	4	7.8	50	27.3
	베트남	10	19.6	53	29.0
	필리핀	5	9.8	21	11.5
	몽골	5	9.8	–	–
	인도네시아	1	2.0	–	–
	태국	5	9.8	–	–
	우즈베키스탄	3	5.9	–	–
	일본	9	17.6	–	–
	러시아	1	2.0	–	–
	캄보디아	1	2.0	–	–
	네팔	1	2.0	–	–
	기타	2	3.9	–	–
	계	51	100.0	183	100
거주지	부산시	38	76.0	103	60.6
	경상남도	11	22.0	67	39.4
	기타	1	2.0	–	
	계	50	100.0	170	100
직업	생산직	–	–	6	3.5
	서비스업	9	22.5	19	11.1
	자영업	–	–	10	5.9
	농업	–	–	1	0.6
	전업주부	8	20.0	111	64.9
	전문직	9	22.5	5	2.9
	기타	14	35.0	19	11.1
	계	40	100.0	171	100
한국 체류 기간	1년 미만	–	–	33	18.3
	1–2년 미만	3	6.1	27	15.0
	2–3년 미만	5	10.2	31	17.2
	3–4년 미만	3	6.1	18	10.0
	4–5년 미만	5	10.2	13	7.3

	5년 이상	33	67.3	58	32.3
	계	49	100.0	180	100
학력	중학교 졸업	3	6.0	–	–
	고등학교 졸업	19	38.0	–	–
	대학교/전문대 졸업	28	56.0	–	–
	대학원 졸업	–	–	–	–
	계	50	100.0	–	–
사용가능 언어 (복수응답)	모국어	45	88.2	–	–
	한국어	47	92.2	–	–
	영어	9	17.6	–	–
	기타	3	5.9	–	–
	계	104	203.9	–	–
소득 수준	다른 모국 사람보다 많음	5	10.6	–	–
	다른 모국 사람보다 적음	15	31.9	–	–
	그들과 비슷	27	57.4	–	–
	계	47		–	–
지역사회 참여	다른 모국 사람보다 많음	13	30.2	–	–
	다른 모국 사람보다 적음	8	18.6	–	–
	그들과 비슷	22	51.2	–	–
	계	43	100.0	–	–

2. 한국어교육 및 정보활용교육 이수

게이트키퍼들의 한국어 교육 및 정보활용교육 이수에 관해서는 아래의 〈표 5-5〉에 잘 나타나 있다. 먼저, 한국어 교육과 관련해 게이트키퍼들은 한국에서 이수한 경우가 76.4%, 모국에서 이수한 경우가 14.5%였으며, 모국이나 한국, 또는 양국에서 교육을 이수한 사람의 비율이 90.9%에 이르러 일반 결혼이주여성의 80.17%에 비해 상대적으로 더 교육을 받은 것으로 나타났다. 한국어 교육기간은 6개월 이상이 67.4%로 압도적으로 많았으며, 다음으로 3-6개월, 2-3개월, 1-2개월 등의 순이었다. 게이트키퍼들 중 3개월 이상 한국어 교육을 이수한 경우를 살펴본 결과, 84.7%로 나타나 일반 이주여성의 72.6%에 비해 더 많았는데, 이처럼 한국어 교육 이수비율과 이수기간에서 결혼이주여성 게이트키퍼들이 일반 이주여성에 비해 더욱 적극적인 것을 알 수 있었다.

〈표 5-5〉 결혼이주여성 게이트키퍼의 한국어 교육 및 정보활용교육 이수현황

항목		한국어교육				정보활용교육			
내용	구분	결혼이주 여성 게이트키퍼		일반 결혼이주 여성 (2009년)		결혼이주 여성 게이트키퍼		일반 결혼이주 여성 (2009년)	
		빈도	비율(%)	빈도	비율(%)	빈도	비율(%)	빈도	비율(%)
교육이수 (복수응답)	모국에서 이수	8	14.5	45	21.6	17	28.8	46	24.3
	한국에서 이수	42	76.4	125	60.1	32	54.2	67	35.4
	받은 적 없다	5	9.1	38	18.3	10	16.9	76	40.2
	계	55	100.0	308	100	59	100.0	189	100
교육이수 기관 (복수응답)	스스로 학습	8	15.1	28	15.1	7	19.1	22	17.7
	학교등 교육기관	16	30.2	80	43.0	17	36.2	58	46.8
	NGO/종교단체	10	18.9	32	17.2	7	14.9	8	6.5
	사설 교육기관	6	11.3	9	4.8	2	4.3	11	8.9
	도서관	–	–	1	0.5	1	2.1	2	1.6
	기타	13	24.5	36	19.4	11	23.4	23	18.5
	계	53	100.0	186	100	47	100.0	124	100
교육기간	1주일미만	–	–	7	4.9	3	7.3	12	11.8
	1주일–1개월미만	1	2.2	6	4.2	7	17.1	21	20.6
	1개월–2개월미만	2	4.3	16	11.3	2	4.9	10	9.8
	2개월–3개월미만	4	8.7	10	7.0	7	17.1	15	14.7
	3개월–6개월미만	8	17.4	19	13.4	4	9.8	12	11.7
	6개월 이상	31	67.4	84	59.2	18	43.9	32	31.4
	계	46	100.0	142	100	41	100.0	102	100

다음으로 도서관과 컴퓨터 및 인터넷, 정보통신 기기 등을 포함하는 정보활용 교육 이수와 관련해 게이트키퍼들은 한국에서 이수한 경우가 54.2%, 모국에서 이수한 경우가 28.8%였으며, 모국이나 한국, 또는 양국에서 교육을 이수한 사람의 비율은 83.1%였는데, 이는 일반 결혼이주여성의 59.7%에 비해 훨씬 높은 것이었다. 교육기간은 6개월 이상이 43.9%, 2-3개월과 1주-1개월이 각각 17.1%, 3-6개월이 9.8% 등의 순으로 나타났는데, 정보활용교육을 3개월 이상 이수한 사람의 비율을 살펴본 결과, 게이트키퍼는 53.7%, 일반 결혼이주여성은 43.1%로 나타났는데, 교육이수 비율과 교육기간의 비교를 통해 정보활용교육에 있어서도 게이트키퍼들이 일반 결혼이주여성에 비해 더욱 적극적인 것으로 나타났다.

3. 결혼이주여성 게이트키퍼의 정보리터러시 세부항목별 수준

본 연구의 결과, 게이트키퍼의 전체적인 정보리터러시 수준은 2009년에 동일한 설문도구로 조사된 일반 결혼이주여성 집단의 정보리터러시 수준보다 높은 것으로 나타났다. 정보리터러시의 수준을 8개 세부항목별로 총 57개 문항을 조사하여 그 결과를 비교하였는데, 아래의 〈표 5-6〉과 같이 평균점수에서 게이트키퍼들이 더 높은 평균점수를 보였으며 이는 통계적으로도 유의미한 결과를 보였다(t=6063, p=0.000). 그리고 이 결과에서 최근 증가하는 결혼이주여성 출신국가의 성격을 더욱 잘 반영할 수 있도록 9명의 일본출신 게이트키퍼를 제외하고 2009년 일반 결혼이주여성 조사결과와 비교했을 때에도 두 집단간 정보리터러시 수준 차이가 명확하게 드러났다(t=6.634, p=.000).

〈표 5-6〉 정보리터러시 측정항목 총점 비교(게이트키퍼와 일반 결혼이주여성)

		사례 수	평균	5점 척도 평균 (평균/문항 수)	표준편차	표준오차
총점	결혼이주여성 게이트키퍼	51	178.9608	3.1397	26.08905	3.65320
	일반 결혼이주여성	189	148.3810	2.6032	47.81239	3.47784

그리고 정보리터러시의 세부항목별 평균점수를 문항수로 나누어 세부항목을 5점척도로 살펴본 결과, 〈표 5-7〉과 같이 게이트키퍼들은 정보요구 항목에서 3.4379로 가장 높게 나타났으며, 다음으로는 언어능력, 정보통신기술, 정보원 인식, 정보접근/정보검색, 정보윤리/문화 등의 순이었다. 정보생산/소통/공유(2.9485)와 정보이용/분석/관리(2.90196) 항목은 중간점수 이하로 나타나 상대적으로 취약한 수준임을 알 수 있었다. 이를 2009년의 일반 결혼이주여성 대상 연구와 비교한 결과, 일반 이주여성은 정보요구 항목만 중간점수를 넘겼을 뿐 나머지 항목에서는 모두 중간점수 이하를 보였고, 모든 항목에서 게이트키퍼의 정보리터러시 수준이 일반 이주여성에 비해 높은 것으로 나타났다.

〈표 5-7〉 정보리터러시 세부항목 5점척도 비교(항목별 총점/문항수)

	언어능력	정보요구	정보원 인식	정보접근/정보검색	정보이용/분석/관리	정보생산/소통/공유	정보윤리/문화	정보통신 기술
이주여성 게이트키퍼	3.4078	3.4379	3.1590	3.1405	2.90196	2.9485	3.1255	3.1765
일반 결혼이주여성	2.8878	3.0741	2.7460	2.5586	2.4688	2.3459	2.5471	2.5455

1) 언어 능력

언어(한국어) 사용능력과 관련해 게이트키퍼들은 〈표 5-8〉과 같이 전체적으로 중간점수인 3점 이상으로 응답하였고, 이 항목의 5점척도 평균점수는 3.4078로 나타났다.

〈표 5-8〉 언어(한국어) 능력 항목 응답결과

언어(한국어)	이주여성 게이트키퍼			일반 결혼이주여성		
	N	평균	표준편차	N	평균	표준편차
한글을 읽고 쓰기가 원활	51	3.2353	0.86228	179	3.2011	1.14842
일상생활 수준의 한국어 의사소통	51	3.9412	0.67563	182	3.5879	1.10272
고급수준(자녀학원 선택/병원진료 등)의 한국어 의사소통	50	3.5200	0.83885	172	3.1047	1.32920
한국어로 된 컴퓨터 이용 가능 및 인터넷 정보의 탐독과 이해 가능	51	3.3725	0.82367	176	2.8239	1.29071
정보검색 시 한국어 키워드의 동의어나 상하위 개념어 사용 가능	49	3.1837	0.72668	175	2.6971	1.32818

"일상생활 수준의 한국어 의사소통"이 3.9412로 가장 높은 점수를 받았고 "정보검색 시 한국어 키워드의 동의어나 상하위 개념어 사용 가능"이 3.1827로 가장 낮았다. 2009년 연구의 일반 결혼이주여성과 비교했을 때, 게이트키퍼들은 언어 항목의 모든 문항에서 상대적으로 평균점수가 높아, 일반 이주여성에 비해 한국어의 이해와 사용이 상대적으로 원활하였으며, 이는 통계적으로도 유의미한 것으로 입증되었으며(t=4.123, p=0.000), 일본출신 게이트키퍼들을 제외한 상태에서도 그러하였다(t=4.311, p=0.000). 이는 앞에서 게이트키퍼들이 한국어 교육 이수비율과 이수기간이 일반 이주여성에 비해 더욱 적극적이었던 것과도 밀접하다고 할 수 있다.

2) 정보요구

게이트키퍼들은 정보요구 항목에서 다른 항목들에 비해 가장 높은 점수를 보였는데, 5점척도 평균점수가 3.4379로 나타났고 〈표 5-9〉와 같이 3개 질문에서 모두 중간점수 이상이라고 응답하였다. “문제해결을 위한 적극적 정보추구행태”가 가장 높았다. 이 항목을 일반 결혼이주여성들의 응답과 비교했을 때, 대체로 게이트키퍼들이 높은 점수를 보여 게이트키퍼들이 정보요구의 인식과 표현에서 더욱 적극적이었다. 두 집단간의 차이는 통계분석에서도 입증되었으며(t=3.897, p=0.000), 일본 출신 게이트키퍼들을 제외하여도 두 집단간의 차이는 명백하였다(t=4.282, p=0.000).

〈표 5-9〉 정보요구 항목 응답결과

정보요구	이주여성 게이트키퍼			일반 결혼이주여성		
	N	평균	표준편차	N	평균	표준편차
한국 생활에서 평소 정보의 필요성 인식	50	3.4000	0.85714	183	3.1148	1.12560
문제해결을 위한 적극적 정보추구행태	51	3.5294	0.75771	181	3.4751	0.98075
주변사람, 관공서 등에 정보요구 잘 표현함	51	3.4118	0.77914	182	2.9890	1.09741

3) 정보원 인식

이 항목에서 게이트키퍼들은 〈표 5-10〉과 같이 전체적으로 중간점수인 3점을 약간 상회하는 응답을 보여주었고, 5점척도 평균점수는 3.1590로 나타났다. 구체적으로는 “인터넷(포털 등 일반 홈페이지),” “주변 한국인,” “주변 모국인,” “TV/라디오 등 대중매체” 등의 순이었다. 이 결과는 게이트키퍼들이 일반 이주여성들보다 다양한 정보원들을 중요 정보원으로 인식하고 있음을 의미하는데, 통계적으로도 두 집단은 유의미한 차이를 보였다(t=3.994, p=0.000). 일본출신 게이트키퍼를 제외하였을 때에도 그 결과는 동일하였다(t=3.688, p=0.000). 그리고 정보원 인식에 있어 세부 항목에 대한 순위에서도 약간의 차이가 존재하였는데, 주변 모국인, 주변 한국인, TV/라디오 등 대중매체 등에 있어서는 두 집단 모두 중간점수 이상을 부여하였으나, 게이트키퍼들은 인터넷(포털 등 일반 홈페이지), 복지관/민간단체/종교단체, 인터넷(전문 홈페이지), 책이나 신문, 잡지 등도 중요 정보원으로 인식하고 있음을 알 수 있었다. 한편, 도서관과 그 홈페이지는 게이트키퍼들에게 정보원으로 제대로 인식되지 못하고 있었는데, 일반 이주여성들보다 더 낮게 인식되고 있었다.

〈표 5-10〉 정보원 인식 항목 응답결과

정보원	이주여성 게이트키퍼			일반 결혼이주여성		
	N	평균	표준편차	N	평균	표준편차
주변 모국인	51	3.3529	0.91266	179	3.3296	1.01548
주변 한국인	51	3.4314	0.90011	178	3.2528	1.02407
행정기관과 그 홈페이지	51	3.0392	0.93725	176	2.7784	1.16707
복지관/민간단체/종교단체	50	3.1600	1.03726	178	2.8146	1.17142
책이나 신문, 잡지	51	3.1176	0.81602	179	2.8827	1.4788
TV/라디오 등 대중매체	51	3.1961	0.93850	176	3.2273	1.09260
인터넷(포털 등 일반 홈페이지)	51	3.4314	0.83078	179	2.8715	1.19936
인터넷(전문 홈페이지)	51	3.1569	0.94599	177	2.6949	1.20493
도서관과 그 홈페이지	51	2.0678	0.82652	178	2.4213	1.09286

4) 정보접근/정보검색

이 항목에서 게이트키퍼들은 〈표 5-11〉과 같이 대부분 중간점수인 3점을 상회하는 응답을 보여주었고, 5점척도 평균점수는 3.1405로 나타났다. 정보를 얻기 위해 어떤 정보원을 자주 이용하는가에 대해 게이트키퍼들은 "도서관과 그 홈페이지"를 제외한 나머지에 대해 중간점수 이상으로 응답하였는데, 이는 "주변 모국인," "주변 한국인," "TV/라디오 등 대중매체" 등에만 중간점수 이상을 부여한 일반 결혼이주여성의 응답과 차이가 있었다. 그리고 게이트키퍼들은 정보를 얻기 위해 "인터넷(포털 등 일반 홈페이지)," "주변 한국인," "인터넷(전문 홈페이지)," "주변 모국인" 등의 순으로 많이 이용한 반면 일반 결혼이주여성들은 "주변 모국인," "주변 한국인," "TV/라디오 등 대중매체," "인터넷(포털 등 일반 홈페이지)"

〈표 5-11〉 정보접근/정보검색 항목 응답결과

정보접근	이주여성 게이트키퍼			일반 결혼이주여성		
	N	평균	표준편차	N	평균	표준편차
주변 모국인	50	3.3800	0.96658	179	3.3575	1.10950
주변 한국인	51	3.4314	0.92206	177	3.2429	0.99016
행정기관과 그 홈페이지	51	3.2549	0.97659	167	2.7365	1.15750
복지관/민간단체/종교단체	50	3.2000	1.01015	174	2.7011	1.15918
책이나 신문, 잡지	50	3.0600	0.76692	173	2.7688	1.14311
TV/라디오 등 대중매체	51	3.1569	0.98737	174	3.1724	0.99950
인터넷(포털 등 일반 홈페이지)	51	3.5882	0.92036	171	2.8655	1.25066
인터넷(전문 홈페이지)	51	3.3922	0.87358	174	2.7816	1.24395
도서관과 그 홈페이지	50	2.8000	0.92582	174	2.3908	1.08437
검색 시 여러 개의 키워드를 동시 사용	48	3.2708	0.86884	170	2.5118	1.15763
검색 결과가 나오지 않으면 재검색	50	3.2400	0.84660	174	2.8103	1.28293
도서관 온라인 목록을 자주 검색	50	2.4800	0.81416	172	2.1163	0.97835

등으로 나타났다. 즉, 정보를 얻기 위해 게이트키퍼들이 일반 이주여성보다 더 다양한 정보원들을 활용하였으며, 특히 인터넷과 행정기관, 민간기관 등을 정보원으로 더 많이 활용하였다.

정보검색에서도 게이트키퍼들은 일반 이주여성들에 비해서 더욱 역동적이었는데, "인터넷 검색시 여러 키워드의 동시 사용"이나 "검색결과가 나오지 않을 경우 재검색"에서는 중간점수 이상을 나타냈으며, 이는 일반 결혼이주여성들에 비해 높게 나타났다. "도서관의 온라인 목록 검색" 역시 일반 결혼이주여성에 비해서는 약간 높으나 중간점수 이하의 응답을 보여, 앞에서 도서관을 정보원으로 낮게 인식한 것과 연결되어 도서관이 게이트키퍼들에게도 널리 활용되지 못하고 있었다.

종합하면, 게이트키퍼들이 정보접근/정보검색 항목에서 일반 이주여성들에 비해 더 높은 정보리터러시를 보유하고 있는 것을 알 수 있으며(t=5.306, p=0.000), 일본출신 게이트키퍼들을 제외하여도 마찬가지였다(t=5.460, p=0.000).

5) 정보이용/분석/관리

이 항목에서 게이트키퍼들은 〈표 5-12〉와 같이 중간점수 이하의 응답을 많이 보였고, 이 항목의 전체 5점척도 평균은 2.90196로, 다른 항목들에 비해 가장 낮은 점수를 보였다. “파일과 폴더의 체계적 관리”가 3.2000으로 가장 높은 점수를 보였으며, “정보이용시 메모”가 3.1800으로 나타났다. 나머지는 모두 중간점수인 3점 이하였다. 이 항목에서도 게이트키퍼들은 일반 결혼이주여성들보다 높은 평균점수를 보여 상대적으로 높은 정보리터러시 수준을 보유하고 있었으며, 통계적으로도 유의미한 집단간 차이를 보였다(t=3.368, p=0.001). 일본 출신 게이트키퍼들을 제외했을 때에도 마찬가지였다(t=3.568, p=0.001). 구체적으로 컴퓨터를 활용한 정보이용/분석/관리 질문들에서는 게이트키퍼들이 더 높은 점수를 보였으나 “도서/신문기사의 체계적 정리와 보관”에서는 일반 결혼이주여성이 조금 더 높게 나타났다.

〈표 5-12〉 정보이용/분석/관리 항목 응답결과

정보이용	이주여성 게이트키퍼			일반 결혼이주여성		
	N	평균	표준편차	N	평균	표준편차
도서/신문기사 등의 체계적 정리와 보관	51	2.8824	0.86364	178	2.9157	1.15894
정보 이용시 메모	50	3.1800	0.69076	178	2.9607	1.06491
컴퓨터 속 파일과 폴더의 체계적 관리	50	3.2000	0.92582	177	2.6835	1.18293
인터넷 브라우저 북마크의 체계적 관리	50	2.7400	0.89921	173	2.3815	1.10711
스프레드시트/DB프로그램 등을 이용한 정보 관리	48	2.8333	0.97486	177	2.2599	1.02814

6) 정보생산/소통/공유

이 항목에서는 〈표 5-13〉과 같이 중간점수 이하의 응답이 더 많았으며, 이 항목의 5점척도 평균에서 중간점수 이하인 2.9485를 보였는데, “새로운 소식/정보를 다른 사람들과 자주 대화”가 3.8039로 다른 문항에 비해 가장 높은 점수를 부여하였다. 게이트키퍼들은 이 항목 전체와 모든 세부 질문에서도 일반 결혼이주여성들보다 높은 평균점수를 보여 정보생산/소통/공유 활동이 더욱 활발한 것으

〈표 5-13〉 정보생산/소통/공유 항목 응답결과

정보생산/소통/공유	이주여성 게이트키퍼			일반 결혼이주여성		
	N	평균	표준편차	N	평균	표준편차
새로운 소식/정보를 다른 사람들과 자주 대화	51	3.8039	0.77510	179	3.3128	0.97289
각종 소식지, 신문, 잡지 등에 투고	50	2.8600	0.90373	175	2.1086	0.90635
사람들과 소통 위해 인터넷 게시물/댓글 작성	51	2.7255	0.89618	173	2.2601	1.06010
사람들과 소통 위해 메일을 이용	51	3.1765	0.93179	177	2.6215	1.22391
사람들과 소통 위해 메신저를 이용	51	3.1373	1.02019	175	2.8629	1.31024
사람들과 소통 위해 미니홈피/블로그 운영	51	2.6667	0.88694	176	2.4148	1.16796
사진/음악/영상 등을 이용한 UCC 제작	50	2.7200	0.99057	179	2.3408	1.10212
프리젠테이션/워드프로세서 프로그램을 이용한 발표나 문서작성	50	2.6800	0.99877	177	2.1751	1.09641

로 나타났는데, 이는 통계적으로도 유의미하였다(t=5.435, p=0.000). 일본출신 게이트키퍼들을 제외했을 경우에도 마찬가지로 나타났다(t=5.779, p=0.000).

7) 정보윤리/문화

이 항목의 5점척도 평균점수는 3.1255로 나타났으며, 〈표 5-14〉와 같이 "인터넷중독/게임중독의 위험성 인식"에서 가장 높은 응답이 나왔다. "수시로 바이러스나 악성코드 검사를 실시"와 "인터넷으로 영화/음악 이용시, 합법적 이용"은 중간점수 이하로 나타나 상대적으로 취약한 상태였다. 이 항목에서도 게이트키퍼들은 모두 일반 결혼이주여성에 비해 높은 점수를 보여주었고(t=4.682, p=0.000), 일본출신 게이트키퍼들을 제외했을 경우에도 그러하였다(t=4.902, p=0.000).

〈표 5-14〉 정보윤리/문화 항목 응답결과

정보윤리/문화	이주여성 게이트키퍼			일반 결혼이주여성		
	N	평균	표준편차	N	평균	표준편차
인터넷 이용 등에서 개인정보보호 대비 철저	51	3.0588	0.83455	177	2.6893	1.27009
인터넷으로 영화/음악 이용시, 합법적 이용	51	2.6667	1.05198	179	2.2849	1.14771
수시로 바이러스나 악성코드 검사를 실시	51	2.9804	1.06752	180	2.5111	1.23492
인터넷 게시물/댓글 작성시, 인터넷 예절 준수	51	3.2157	1.00625	179	2.8939	1.37592
인터넷중독/게임중독의 위험성 인식	50	3.7600	0.95959	180	3.0667	1.41658

〈표 5-15〉 정보통신기술 항목 응답결과

정보통신기술	이주여성 게이트키퍼			일반 결혼이주여성		
	N	평균	표준편차	N	평균	표준편차
인터넷 검색을 잘 사용	51	3.7059	0.85543	179	2.9050	1.26621
이메일을 잘 사용	51	3.7059	0.85543	178	2.8764	1.31330
메신저를 잘 사용	51	3.1961	1.07740	179	3.0000	1.35746
워드프로세서를 잘 사용	51	3.2745	0.98140	179	2.6257	1.21766
스프레드시트를 잘 사용	51	2.6078	0.80196	179	2.3240	1.13970
프리젠테이션 프로그램을 잘 사용	50	2.6000	0.80812	178	2.1124	1.05700
모국어 언어팩 설치를 잘함	50	3.2800	0.99057	179	2.7374	1.24670
프린터를 잘 사용	51	3.3725	1.01903	179	2.7095	1.27397
스캐너를 잘 사용	50	2.8000	1.06904	179	2.3855	1.19079
디지털카메라를 잘 사용	51	3.4706	0.96650	179	3.2291	1.26226

8) 정보통신기술

이 항목에서 게이트키퍼들은 5점척도 평균에서 3.1765를 보여주었는데, “인터넷 검색 사용”과 “이메일 사용” 부분에서 가장 높은 점수를 보였다. “스캐너 사용,” “스프레드시트 사용,” “프리젠테이션 프로그램 사용”에는 중간점수 이하로 응답하여 상대적으로 취약한 상태였다. 전체적으로 게이트키퍼들은 일반 결혼이주여성들보다 정보통신기술의 다양한 측면에서 높은 수준이었으며, 통계적으로도 뚜렷한 차이를 보여주었다($t=140.624$, $p=0.000$). 일본출신 게이트키퍼들을 제외하여도 그 차이에는 변화가 없었다($t=5.738$, $p=0.000$).

Ⅳ. 결혼이주여성 게이트키퍼의 정보리터러시 구축 배경

설문조사 결과에서 게이트키퍼들은 일반 이주여성들에 비해 정보리터러시 수준이 높았다. 그렇다면 그들은 어떻게 해서 상대적으로 높은 수준의 정보리터러시를 보유하게 된 것인지에 대해 살펴볼 필요가 있다. 왜냐하면 게이트키퍼들에 대한 깊은 이해가 정보사회인 한국사회에서 살아가는 데 많은 어려움을 겪고 있는 일반 이주여성의 정보리터러시 수준을 향상시키는 데 있어 여러 시사점들을 제공해 줄 것이기 때문이다. 이에 본 연구에서는 부산과 경남지역에 거주하면서 이주민 관련 공공기관과 민간단체에서 상담이나 통번역업무를 수행하고 있는 14명의 이주여성 게이트키퍼들을 대상으로 그들의 정보리터러시 수준에 관한 면담을 실시하였다. 면담에 참여한 게이트키퍼들의 기본적 정보는 〈표 5-16〉과 같다.

〈표 5-16〉 결혼이주여성 게이트키퍼와의 면담 관련 기본 정보

이름	출신국/현재국적	연령	학력	직업	지역	한국 체류기간	사용가능 언어	모국에서의 직업	면담일시(2010년)/장소
A	한국계중국인/한국	30대	고졸	상담/통역	부산	5년 3개월	중국어/한국어	웨딩샾 직원/관광안내	4.20 10:30-11:30 /피면담자 근무지
B	베트남/한국	30대	고졸	상담/통역	부산	10년 이상	베트남어/한국어	졸업 직후 한국 산업연수생	4.20 11:30-12:00 /피면담자 근무지
C	한국계중국인/한국	40대	대졸	상담/통역	부산	10년	중국어/한국어	관광업	4.23 14:30-15:30 /피면담자 근무지
D	인도네시아/인도네시아	30대	전문대졸	상담/통역	경남	3-4년	인도네시아어/영어/한국어	모국 내 한국계 기업	4.24 11:30-12:00 /피면담자 근무지
E	베트남/한국	30대	고졸	상담/통역/은행송금업무/복지관 지원	경남	5년 이상	베트남어/한국어	옷 제작 판매	4.24 12:00-12:30 /피면담자 근무지
F	우즈베키스탄/우즈베키스탄	30대	대졸	상담/통역	경남	3년	우즈벡어/러시아어/터키어/한국어	보험설계 업무	4.24 13:00-13:30 /피면담자 근무지
G	베트남/한국	30대	대졸	상담/통역/다문화강사/기업연수	경남	7년	베트남어/프랑스어/한국어	간호사	5.3 11:00-12:00 /피면담자 근무지
H	중국/한국	30대	대졸	상담/통역	경남	10년	중국어/영어(초급)/한국어	초등교사/한국계 무역회사	5.4 11:30-12:00 /피면담자 근무지
I	태국/한국	30대	대졸	상담/통역	경남	8년	태국어/한국어	유치원 교사	5.4 12:30-13:30 /피면담자 근무지
J	필리핀/한국	30대	대졸	상담/통역/영어강사	경남	4년 반	타갈로그어/영어/한국어	싱가폴에서 베이비시터	5.4 12:30-13:30 /피면담자 근무지
K	베트남/한국	40대	대학 중퇴	상담/통역/법원 서류번역	경남	10년	베트남어/한국어	중등교사, 국제결혼 알선회사, 한국 산업연수생	6.16 10:00-11:00 /피면담자 근무지
L	베트남/한국	20대	전문대졸	상담/통역	경남	2년	베트남어/한국어	졸업 직후 한국인과 결혼	6.16 10:00-11:00 /피면담자 근무지
M	몽골/몽골	20대	대졸	상담/통역	경남	2년 반	몽골어/한국어	국제결혼 알선회사	6.16 11:00-12:00 /피면담자 근무지
N	우즈베키스탄/우즈베키스탄	40대	대졸	상담/통역/피아노교습	경남	10년 이상	우즈벡어/한국어	피아노 교습	6.16 11:00-12:00 /피면담자 근무지

1. 모국의 정보이용환경

이주여성 게이트키퍼들이 모국에서 경험한 도서관 환경, 컴퓨터와 인터넷 환경 등 정보이용환경은 그들의 정보리터러시 수준에 긍정적 영향을 주었는지에 대해 질문해 보았다. 하지만 그들은 대체적으로 모국의 정보이용환경은 그다지 좋지 못하였다고 밝히고 있어, 모국의 정보이용환경이 게이트키퍼들의 정보리터러시를 구축하는 데 크게 도움을 주지는 못한 것으로 보인다.

> 중국에서는 당시에 도서관환경이 컴퓨터와 인터넷을 사용하는 방식이 아니고 카드목록을 이용하는 방식이어서 도서관 검색시스템을 사용한 적이 없고 배운 적이 없었다. 한국에서 도서관 검색을 하려고 하니 힘들었다(중국출신 A씨와의 면담).

> 내가 한국 오기 전의 베트남은 컴퓨터 등 정보통신환경이 매우 좋지 않았다. 도시지역만 일부 가능할 뿐 농촌지역에서는 이용할 수 없었다. 컴퓨터도 없고 인터넷도 없었다. 도서관도 거의 없었다(베트남출신 B씨, E씨, G씨와의 면담내용 종합[2]).

2. 높은 교육 수준

본 연구의 설문조사에 참여한 게이트키퍼들의 학력은 중졸 6%, 고졸 38%, 대졸(전문대졸) 56%였고, 면담에 참여한 게이트키퍼들도 14명 중 11명이 대졸(중퇴 포함)이었고 고졸은 3명뿐이었다. 2009년 보건복지가족부 등의 조사에서 대학 이상 20.6%, 고등학교 42.3%, 중학교 이하 36.1%와 비교했을 때, 게이트키퍼들의 학력수준이 상당히 높았다. 이들의 상대적으로 높은 교육수준은 일반 결혼이주여성들에 비해 정보리터러시와 관련된 지식과 경험을 더 많이 제공한 것으로 나타났다.

> 중국에서 대학교 때 컴퓨터 기초교육은 이수하였다(중국출신 C씨와의 면담).

---

[2] 여러 게이트키퍼들의 면담 내용이 중복되는 경우, 논문의 분량을 고려하여 각 면담내용의 본질을 변화시키지 않는 범위에서 면담내용을 종합하였다.

> 대학에서 전공이 컴퓨터분야여서 IT와 관련된 것은 수업을 통해 배웠고 별도로 학원도 다녔다(태국출신 I씨와의 면담).

> 대학다니면서 학교 도서관을 자주 이용하는 편이었다(우즈벡출신 N씨와의 면담).

이상과 같이 그들이 모국에서 받은 고등교육은 컴퓨터 기초교육, 도서관 이용 등 정보리터러시와 관련된 내용들이 포함되어 있어, 그들의 정보리터러시 수준 향상에 어느 정도 도움을 준 것으로 판단된다.

3. 한국어 능력과 이중/다중 언어능력

인종적, 민족적, 언어적 소수자 집단이 주류사회에서 살아가기 위해서는 주류 사회의 다양한 정보에 접근하고 이용할 수 있도록 주류 언어에 능통해야 한다. 또한 이런 소수자들은 모국사회에 대한 왕성한 정보요구를 가지고 있으며, 동일 소수자집단과 정보교환을 지속적으로 하고 있기 때문에 모국어도 지속적으로 이용하게 된다. 면담과정에서 게이트키퍼들은 모두 모국어와 한국어 등 기본적으로 이중언어 구사가 가능했고 5명은 3개 국어 이상의 다중언어 구사가 가능하였다.

> 한국어는 한국에 와서 배웠는데, 인제대 교육센터에서 배웠고, 개인적으로 한국어능력 시험 때문에 과외를 받기도 했다(태국출신 I씨와의 면담).

> 베트남에서 한국어 학원을 6개월에서 1년 정도 다녔고, 한국에 와서도 다문화가족지원 센터하고 이주민 단체에서 1년 정도 공부했다(베트남출신 L씨와의 면담).

면담에 참여한 일부 게이트키퍼들은 모국에서도 이미 한국말을 사용할 수 있었지만, 원활한 의사소통을 위해 더 많은 노력을 기울이기도 하였다.

> 어릴 때부터 한국말을 써왔고, 한국인 대상 백두산관광 일을 해서 한국어는 거의 완벽했다. 한국 표준말을 배우고 싶었는데, 서울이나 경기도에서 중국에 유학온 학생들에

게 중국어 과외를 시키면서 나도 표준말을 많이 배웠다(중국출신 C씨와의 면담).

이와 같이 게이트키퍼들은 주류사회 언어 등 이중/다중언어 역량을 갖추기 위해 적극적으로 노력해왔고, 그러한 언어능력으로 그들은 활발하게 정보를 이용하고 있었다. 일반 이주여성들이 높은 정보리터러시 수준으로 올리기 위해서도 언어역량 구축이 필수적임을 알 수 있다. 하지만, 현재 이주여성을 대상으로 한 한국어 교육프로그램의 일부는 문맹인 한국인을 위한 프로그램에 이주민을 같이 포함하고 있으며, 대부분이 한국인 강사의 수업으로 진행되는 한계도 있었다.

가톨릭센터에서 한국어 공부를 했는데, 노인 한글교실에 섞여서 한글을 배웠다. 그러다보니, 잘 배우지도 못한 것 같아서 불만스러웠다(베트남출신 G씨와의 면담).

한국어 공부는 같은 나라출신이 해줬으면 좋겠다. 한국 사람에게 한글을 배우니까 알아듣기 힘들다. 베트남 사람 중에서 한국말 잘 하는 사람이 많은데, 그런 사람이 가르친다면 한국말을 더 빨리 배울 수 있을 것 같다(베트남출신 L씨와의 면담).

이처럼 수요자의 불만족을 개선할 수 있도록 현재의 한국어 프로그램이 보이는 한계를 극복하여 더욱 효과적인 한국어 수업을 통해 이주여성들의 정착과 사회적 참여를 보장할 수 있는 방안이 요구되는 시점이다.

4. 정보활용교육의 경험

이주여성들이 높은 수준의 정보리터러시를 보유하게 되면, 그들은 주류사회와 모국사회의 정보입수와 이용을 더욱 활발하게 할 수 있어 새로운 사회에서 성공적으로 정착하고 자신의 정체성을 유지할 수 있게 된다. 이를 위해서는 모국이나 새로운 사회에서 정보활용능력 배양을 위한 관련 교육의 이수와 자발적 노력이 필요하다. 면담대상 게이트키퍼들 중 일부는 모국에서 학교교육의 일부로 관련 교육을 이수한 경우도 있었지만, 대체로 앞에서 언급한 열악한 모국의 정보이용환경(도서관 환경과 정보통신기술 환경, 교육환경 등)으로 인해 모국에서 정보활용교육 이수 기회가 많지 않았던 것으로 보인다.

> 컴퓨터 전공이지만 필리핀에서는 컴퓨터 실습환경이 좋지 않아 많이 배우지 못했다(필리핀출신 J씨와의 면담).

> 고향에서 도서관 이용교육이나 컴퓨터교육을 받은 적이 없다(우즈벡출신 N씨, F씨, 베트남출신 B씨, K씨와의 면담내용 종합).

이들 게이트키퍼들 대부분은 한국에 들어온 후 한국사회가 정보사회라는 것을 인식하고 여러 형태로 정보활용교육을 이수하기 위해 노력하였는데, 공공기관이나 시민단체 등에서 주최한 컴퓨터와 인터넷 교육에 많이 참여하였고, 일부는 스스로 학습하거나 가족의 도움을 받아 컴퓨터 사용을 익히기도 하였다.

> 한국에 와서 학원에서 3개월 정도 컴퓨터와 인터넷 교육을 배웠다(태국출신 I씨와의 면담).

> 통장 아주머니가 결혼이민자를 위한 컴퓨터 수업이 있다고 해서 여성회관과 복지관에서 하는 컴퓨터와 인터넷 수업을 받은 적이 있다(베트남출신 E씨와의 면담).

> 집에서 혼자 틈틈이 컴퓨터 사용하는 방법을 익혔다. 간혹 남편 회사사람이나 방문선생님이 오면 물어보고 도움을 받았다(베트남출신 K씨와의 면담).

한편, 모국에서도 도서관 관련 교육을 받은 경험이 별로 없는 게이트키퍼들은 국내에서도 대부분이 도서관 이용교육을 받은 적이 없었는데, 이와 관련해 향후 도서관이 이주여성의 한국생활에 중심이 되기 위해서는 국내 도서관계의 상당한 노력이 요구되고 있다.

5. 정보이용 관련 한국 가정의 우호적 환경

다른 전통과 배경, 종교 등을 가진 결혼이주여성들이 비교적 보수적인 한국인 가정에 시집을 오면서 많은 문화적 갈등을 경험하는 것으로 알려져 있다. 이런 상황에서 남편과 시부모 등 가족구성원들은 이주여성들의 컴퓨터와 인터넷 등의 구매와 이용, 다양한 매체에 대한 접근, 도서관이나 민간단체 등 정보제공기관의 이용, 각종 언어교육과 정보활용교육의 이수, 모국출신자나 기존주민들과의 의사소통 등에 큰 영향을 미치게 되는데 결국 이는 결혼이주여성들의 정보리터러시 수준에 직결된다. 면담에 참여한 게이트키퍼들의 경우, 대체로 남편 등 가족구성원들이 자신의 정보이용 관련 활동을 적극적으로 지원하거나 적어도 장애가 되지 않는 비교적 우호적 가정환경인 것으로 보였다. 그 결과, 면담대상 게이트키퍼들이 모두 휴대전화를 보유하고 있었으며, 컴퓨터를 보유하고 인터넷 접속이 가능하였다.

> 컴퓨터와 인터넷 이용에 있어서 남편의 역할이 크다. 남편이 인터넷, 워드 등을 잘 가르쳐 준다. 집에서 메신저 프로그램을 자주 이용하며, 화상카메라를 설치해 베트남의 가족들과도 직접 연락하고 있다(베트남출신 B씨와의 면담).

> 집에 컴퓨터와 인터넷이 있다. 남편은 잘 쓰지 않는다. 나는 내가 알아서 쓰면 된다(몽골출신 M씨, 중국출신 H씨, C씨, 베트남출신 G씨, K씨와의 면담내용 종합).

위와 같이 정보이용과 관련된 우호적인 가정환경으로 인해 이주여성들은 다양한 매체와 기술, 관련 단체 등을 통해 필요한 정보를 입수하여 활용하고 그 결과, 그들의 정보리터러시 수준은 향상될 수 있다.

6. 적극적인 삶의 태도와 활발한 사회참여

면담에 참여한 게이트키퍼들은 매우 적극적인 삶의 태도와 활발한 사회참여를 보이고 있었다. 이러한 자세는 새로운 사회에 소수자로서 정착하는 과정에서 소외와 차별에 위축되지 않고 삶의 문제 해결을 위한 다양한 정보의 입수와 이용을 위한 적극적 노력으로 이어져 그들의 정보리터러시 수준 향상으로 연결되고 있었다. 또한 정보사회에 주눅들지 않고 필요한 지식과 정보통신기술을 습득하여 성공적인 정착을 이루고 말겠다는 강한 의지도 느껴졌다.

> 나는 어려움을 이기려고 노력하는 편이다. 다른 베트남 사람에 비해 더 노력한 것 같다. 처음에 차별을 많이 느꼈고 한국에 살기 어렵다고 생각했다. 자존심도 많이 상했고 주변사람들도 반기지 않는 것 같았다. 하지만 '여기 한국에서 살 것이다. 적응할 것이다'라는 생각을 굳게 가지고 많이 노력했다. 노력하다보니, 남편과 가족, 다른 (이주민) 단체에서 자신감을 심어주고 많이 도와줬다(베트남출신 G씨와의 면담).

> 인터넷을 통해 같은 이주민들의 일자리를 자주 찾아본다. 사람들이 능력은 있는데 구체적인 취업정보를 몰라 힘든 것이다. 일자리는 정보를 찾는 능력하고 적극성이 중요하다. 한국에서는 인터넷으로 정보를 얻는 것이 중요하다. 나는 중국사람이나 한국사람에게 뭘 잘 안 물어본다. 내 스스로 필요한 정보가 있으면 법무부도 검색하고 다른 사이트도 이용한다(중국출신 C씨와의 면담).

게이트키퍼들은 일반 이주여성보다 적극적으로 사회활동에 참여하고 있었다. 이는 그들의 직업활동을 통해서도 알 수 있는데, 대부분 모국에서 교사나 간호사, 한국계 회사, 관광안내 등 다양한 전문직에 종사했던 것으로 나타났다. 한국에 온 후에도 대부분 파트타임으로 상담과 통역 업무를 수행하고 있으며, 그 외에 초등학교 영어강사, 다문화강사, 피아노 교습, 은행의 현지송금 업무, 법원이나 기업체에서의 문서 번역 등을 병행하고 있었다. 이러한 직업활동은 일반 결혼이주여성에 비해 더 많은 정보의 입수와 배포, 그를 위한 다양한 정보제공기관의 이용과 인터넷 등 정보통신기술의 활용을 필요로 하므로, 그들의 정보리터러시 향상에 도움을 주고 있었다.

> 베트남 사람들이 필요한 정보를 얻기 위해 상담소 전화나 핸드폰으로 자주 연락한다. 그러면 내가 인터넷을 통해 다문화가족 지원과 관련된 정보를 찾아내서 베트남 이주여

성에게 전화해서 이런 정보가 있다는 것을 알려준다(베트남출신 B씨와의 면담).

법원의 공소장 번역이나 기업체 소개서나 계약서 번역같은 일을 할 때 주로 메일을 사용한다. 상담일 하는 다른 나라 동료들과도 메일을 자주 쓴다(베트남출신 G씨와의 면담).

그들의 적극적 사회참여는 직업활동 외에 결혼이주여성 등 자국동포 관련 사안과 한국 내 공공기관과 민간영역과의 활발한 상호작용에서 더욱 잘 드러나고 있었다.

게이트키퍼들은 한국사회의 경험과 지식을 토대로 주위의 자국 이주여성 등에게 공식 상담자를 넘어 '언니'로서 한국 생활에 유용한 정보를 제공하고 있었다.

주변의 모국 사람들한테 많이 연락이 온다. 밤에도 많이 온다. 임금체불, 재판, 이혼, 근로조건, 비자문제, 가정폭력, 공공요금, 은행이용, 물건 사기, 병원, 동사무소, 남편과의 대화 통역, 화상채팅 사용법 등등 다양하다(태국출신 I씨, 몽골출신 M씨, 필리핀출신 J씨, 중국출신 A씨, 베트남출신 G씨, K씨, E씨와의 면담내용 종합).

게이트키퍼들의 활발한 사회참여는 한국의 관공서나 민간단체 등과 대등한 파트너로 활동하는 형태로도 발전하고 있었는데, 이 과정에서 그들은 왕성한 정보관련 활동을 벌이고 있었다.

경찰청, 노동부, 인권위, 청소년회관 직원, 경성대 직원들과도 친한 편이다. 관공서에서 상담이나 진정이 들어오면 직원들이 나에게 연락을 해서 같이 해결한다. 그리고 대학에서는 중국어 강사도 했고, 학교에서 다문화강사도 했다. 중국사람보다 한국사람 친구가 더 많고 한국사람과 더 만나는 편이다. …중략… 초등학교 다문화강사를 작년에 하면서 중국을 소개하는 PPT파일을 처음 만들어봤다. 하다보니, 기술적으로 많이 부족하다는 생각이 들었다. 사진도 넣고 동영상도 넣고 해서 더 잘 만들고 싶다. 다음에 파워포인트 교육을 정말 꼭 교육받고 싶다(중국출신 C씨와의 면담).

이처럼 게이트키퍼들은 더욱 적극적인 삶의 태도와 성공적인 한국사회 정착에 대한 의지를 가지고 있으며 매우 활발하게 자국 출신자 커뮤니티와 한국사회의 공공기관과 민간영역을 오가며 왕성한 사회참여를 하고 있었고, 이러한 삶의 태도, 정보사회에 대한 인식, 활발한 사회참여는 자연스럽게 정보접근과 이용, 배포 관련 활동과 그에 필요한 정보통신기술 습득으로 연결되고 있었다.

7. 다양한 매체와 정보제공기관의 이용

면담에 참여한 게이트키퍼들은 한국에 비해 정보화 수준이 상대적으로 낮은 국가인 중국과 동남아, 몽골, 러시아연방 등에서 나고 자랐다. 그들은 모국을 떠나 상당한 수준의 정보사회인 한국사회에 정착해 나가면서 상당한 문화적 충격과 혼란을 경험했지만, 포기하지 않고 스스로 정보사회와 정보에 대한 중요성을 인식하고 정보사회의 일원이 되기에 필요한 노력을 기울여왔다.

> 처음에 컴퓨터 전원을 켜는 것도 몰랐다. 처음에 고향의 가족들과 채팅이라도 하고 싶어 중고 컴퓨터를 구입했다. 남편도 컴퓨터를 안 써서 A/S기사에게 물어서 바탕화면 설정도 하고 바이러스 치료법도 배웠다. 그 후 가톨릭여성회관 수녀님이 컴퓨터교육을 배우신다고 하기에 따라가서 조금 배웠는데, 이제 제대로 배우고 싶어서 도서관에서 하는 1개월짜리 컴퓨터 교육을 받았다. 다른 베트남 출신에 비하면 잘하겠지만, 아직 한국사람에 비하면 부족하다. 이제 블로그를 만드는 법도 배워보고 싶다(베트남출신 G씨와의 면담).

정보사회와 정보에 대한 중요성 인식을 바탕으로 게이트키퍼들은 한국사회에서 살아가는 데 있어 필요한 정보의 입수와 이용을 위해, 모국에 있는 가족들과의 연락을 위해, 그리고 주변사람들과의 소통을 위해 다양한 매체들을 적극적으로 이용하였고 매체 이용에 필요한 정보통신기술도 활용하는 행태를 보이고 있었다.

> 야후 메신저나 네이트 같은 것을 통해 고향의 가족, 친구들과 화상채팅을 한다. 요새 인도네시아에도 PC방이 많이 생겼다. 메일은 가족들과도 하고 직장 동료들과도 한다.

미니 홈피인 Facebook도 이용하는데 글도 쓰고 사진도 올리면서 친구들과 대화한다. 영어를 할 수 있기 때문에 다른 외국 사람들과도 게시물, 댓글로 대화한다. 신문은 인터넷으로 인도네시아 야후를 통해 자주 보는 편이다(인도네시아출신 D씨와의 면담).

직장에서 부산일보를 보고 집에서는 국제신문을 받아 본다. 인터넷으로도 한국신문을 가끔식 본다. 주로 경제와 증시 관련 정보는 수시로 확인한다. TV도 보지만 드라마는 같은 내용으로 시간도 아깝고, 역사스페셜이나 일요스페셜같은 정보나 교양위주의 내용을 자주 본다. …중략… 중국에 있는 친척들과 연락은 hot메일을 사용하고 채팅도 하고 화상채팅도 한다(중국출신 C씨와의 면담).

위에 언급된 사람들 외에 나머지 게이트키퍼들도 인터넷으로 모국 뉴스와 한국 뉴스를 보며, 가족들과 연락하기 위해 메신저와 메일, 화상채팅을 하며, 일부는 미니홈피를 운영하기도 하였다.

또한 게이트키퍼들은 다양한 매체의 적극적 활용과 함께 한국사회에서 살아가는 데 있어 필요한 정보를 제공하는 행정기관, 다문화 관련 기관, 민간단체, 도서관 등 다양한 정보제공기관을 적극적으로 이용하는 모습도 보이고 있었다.

부산여성가족개발원에 있는 작은 도서관에서 한국책도 이용하고 베트남 책도 이용하고 있다. …중략… 동사무소 같은 곳에 아이들이 여름방학 때 이용할 수 있는 무료교육은 뭐가 있는지 물어보기도 하고, 다문화가족지원센터 같은 곳에서 많은 정보를 얻는 편이다(베트남출신 B씨와의 면담).

아이들 때문에 한국에서 도서관을 자주 이용한다. 동네 도서관에 애들하고 와서 한국어 동화책을 자주 본다. 모국어 책은 다문화도서관에서 빌려 본다(태국출신 I씨, 필리핀출신 J씨, 중국출신 C씨, H씨, 베트남출신 L씨, E씨, K씨, G씨와의 면담내용 종합).

면담내용 중 다양한 매체와 정보통신기술의 이용, 행정기관 등 정보제공기관의 이용은 앞의 설문조사 내용과 다르지 않다. 하지만, 게이트키퍼들이 도서관을 어느 정도 이용한다는 면담내용은 설문조사에서 도서관과 그 홈페이지를 정보원으로 별로 인식하고 있지 않다는 응답과 정보를 얻기 위해 도서관과 그 홈페이지를 이용한다는 응답으로 차이를 보였다. 이는 그들이 공공도서관은 자녀들의 한국말 교육을 위해 한국어 동화책을 이용할 수 있는 곳으로, 다문화도서관은 모국에 대한 향수를 달래기 위해 모국책을 이용하는 곳으로 이용하고 있으며, 아직까지 도서관은 그들의 삶의 문제와 관련해서는 별다른 도움을 주지 못하는 것으로 해석될 수 있다.

Ⅴ. 결론 및 제언

본 연구에서는 부산과 경남지역에 거주하는 결혼이주여성 게이트키퍼들 51명을 대상으로 그들의 정보리터러시 수준에 관련된 설문조사를 실시하였고, 그 결과를 2009년 같은 설문조사 도구를 사용하여 동일지역의 일반 결혼이주여성 189명을 포함한 이주민 정보리터러시 연구결과와 비교하였다. 게이트키퍼들은 자신들의 정보리터러시 수준에 대해 중간점수인 3점을 상회하는 3.1397로 나타났으며, 세부항목에서는 정보요구 항목이 3.4379로 가장 높게 나타났으며, 언어능력, 정보통신기술, 정보원 인식, 정보접근/정보검색, 정보윤리/문화, 정보생산/소통/공유, 정보이용/분석/관리 등의 순이었으나, 끝의 두 항목들은 중간점수 이하로 나타나 상대적으로 취약한 수준이었다. 2009년 연구와 비교한 결과, 일반 결혼이주여성에 비해 게이트키퍼들의 정보리터러시 수준이 전체적으로 높았으며, 개별적인 세부항목들에서도 모두 상대적으로 높은 것으로 나타났다.

또한 게이트키퍼들이 일반 이주여성에 비해 상대적으로 높은 정보리터러시 수준을 가지게 된 배경을 조사하기 위해 게이트키퍼 14명에 대해 면담을 실시하였다. 그 결과, "모국의 정보이용환경"은 그다지 도움을 주지 못한 것으로 나타나며, 그들의 "높은 교육 수준," "한국어 능력과 이중/다중 언어능력," "정보활용교육의 경험," "정보이용 관련 한국 가정의 우호적 환경," "적극적인 삶의 태도와 활발한 사회참여," "다양한 정보제공기관과 매체의 적극적 이용" 등은 그들이 상대적으로 높은 정보리터러시 수준을 가지게 된 배경으로 작용하는 것으로 인식되었다. 이상의 연구결과를 바탕으로 일반 이주여성의 정보리터러시 수준 향상을 위한 방안을 제언하면 다음과 같다.

우선, 이주여성의 한국어 능력 향상과 관련해 이주여성을 대상으로 한 한국어 프로그램을 혁신할 필요가 있다. 언어능력은 이주여성의 정보리터러시 수준 향상을 위해 중차대한 부분이다. 따라서 기존 한국인 문맹자를 위한 한글교실 등에 이주여성들을 포함시키는 방법은 재고할 필요가 있으며, 여러 출신국가들을 모아서 교육하거나 한국인 강사 중심의 프로그램도 개선의 여지가 있다. 이주여성 게이트키퍼들 중에서 한국어에 능통한 사람들을 선발하여 일정한 교육을 시킨 다음, 모국 출신 일반 이주여성을 대상으로 교육하는 방안도 검토될 필요가 있다.

이주여성의 정보접근성 향상과 정보활용교육 경험 제공을 위해서는 정보취약계층에 대한 중고 PC보급이나 인터넷 비용 감면 등의 접근성 향상을 위한 배려가 경제적으로 어려운 이주여성들에게도 적용될 수 있는 방안이 모색되어야 한다. 이와 함께 이주여성을 위한 정보활용교육 프로그램의 증대와 개선이 필요하다. 향후 이주여성의 출신국가별 교육프로그램의 개발과 보급이 계획되어야 하며, 이들에게 같은 모국어를 사용하는 강사인력 발굴 노력도 요구된다. 이러한 프로그램들이 이주여성들에게 더욱 알려질 수 있도록 적극적인 홍보가 이루어져야 한다. 또한 도서관이 이주여성들에게 여러 방면에서 도움이 되는 정보기관이라는 인식을 제공하는 이주여성 대상 도서관 체험과 도서관 이용 교육 등이 필요하며 더불어 도서관에 대한 다국어 기반의 홍보에도 힘을 쏟을 필요가 있다.

이주여성 가정을 더욱 정보이용에 있어 우호적인 환경으로 만들기 위해서는 이주여성 자신의 노력도 중요하지만, 남편과 시부모 등 한국인 가족구성원들의 협조와 지지가 매우 중요하다. 이를 위해 한국인 가족들을 대상으로 하거나 한국인 남편과 이주여성이 함께 참여하여 상호이해와 배려를 증진하는 프로그램과 정보통신기술 등을 함께 배우며 관련기술 습득과 정보에 대한 인식전환을 꾀하는 프로그램들도 고려되어야 한다.

교통 등이 불편한 농어촌지역이나 도시 외곽지역에 거주하는 이주여성들의 행정기관, 다문화 관련 기관, 도서관 등 정보제공기관 이용을 장려하기 위해서는 법무부가 이주민들의 편의증진을 위해 제공하고 있는 이동출입국사무소와 같은

'찾아가는 서비스'를 보다 확대할 필요가 있다. 특히 도서관의 경우, 현재 기존 한국주민을 위해 제공되는 이동도서관 봉사에 이주여성들도 포함될 수 있도록 자료와 시설, 서비스를 강화하고 널리 홍보할 필요가 있다.

끝으로, 공공도서관이 아직 이주여성 게이트키퍼들에게 이주여성의 다양한 문제에 도움을 주는 정보원으로 인식되지 못하고 자녀를 위한 한국어 동화책을 제공하는 곳이라는 수준을 넘지 못하고 있다. 이는 국내 공공도서관들이 다문화사회에 대한 인식과 준비가 늦어 그들과 적극적으로 상호작용하지 못했기 때문이다. 앞으로 공공도서관이 다문화 중요 기관으로 성장하려면 무엇보다 이주여성 사회에 영향력과 동원력을 가진 게이트키퍼들을 적극 활용해야 한다. 일부 민간도서관과 같이 다문화자료의 선정과 입수, 목록, 참고봉사, 프로그램, 이벤트 등 도서관의 다문화 업무 전반에서 이주여성 게이트키퍼들의 활약을 기대할 수 있다. 또한, 도서관이 이주여성 등 이주민 이용자들에게 파고들기 위해서는 다문화가정의 자녀들을 매개체로 적극 활용할 필요가 있다. 앞의 Chu의 연구처럼, 이민자 가정의 어린이들은 부모보다 빠른 언어적응과 사회적응으로 인해 부모들을 대신해 언어적, 문화적, 정보적 매개체로 기능할 수 있다. 따라서 공공도서관에서는 다문화가정의 어린이들이 더 찾아올 수 있는 다양한 자료와 프로그램, 이벤트를 준비할 필요가 있다.

참고문헌

법무부 출입국 · 외국인정책본부. 2010a. 2010년 6월 통계월보. [online]. [cited 2010.8.02]. 〈http://www.immigration.go.kr〉.

______________________________. 2010b. 국민의 배우자 지역별 현황(2010년 6월말 기준). [online]. [cited 2010.8.02]. 〈http://www.immigration.go.kr〉.

보건복지가족부 · 법무부 · 여성부 · 한국보건사회연구원. 2010. 2009년 전국 다문화가족실태조사 연구.

이수상 · 장임숙. 2008. 이주노동자의 사회적 서비스에 대한 접근성과 사회연결망. 「한국문헌정보학회지」, 42(4): 243-268.

이용재 · 이수상 · 조용완 · 장임숙. 2009. 이주민의 정보리터러시 실태에 관한 연구. 「한국도서관 · 정보학회지」, 40(4): 113-137.

이용재 · 배화숙. 2009. 결혼이민자의 사회서비스 및 정보의 접근성에 관한 연구. 「한국도서관 · 정보학회지」, 39(4): 479-504.

ACRL. 2000. Information Literacy Competency Standards for Higher Education [online]. [cited 2010. 4. 11]. 〈http://www.ala.org/ala/mgrps/divs/acrl/ standards/standards.pdf〉

Agada, J. 1999. Inner-City Gatekeeper: An Exploratory Survey of Their Information Use Environment. *Journal of the American Society for Information Science*, 50(1): 74-85.

ALA. 1989. Presidential Committee on Information Literacy: Final Report [online]. [cited 2010. 4. 13]. 〈http://www.ala.org/ala/mgrps/divs/acrl// publications/whitepapers/presidential.cfm〉

ANZIIL. 2004. Australian and New Zealand Information Literacy Framework - principles, standards and practice[online]. [cited 2010. 4. 15]. 〈http: //www.anziil.org/resources/Info%20lit%202nd%20edition.pdf〉

Caidi, N., Allard, D. and Quirke, L. 2010. Information Practices of Immigrants. *Annual Review of Information Science and Technology* 44: 493-531.

Chatman, E. 1987. Opinion Leadership, Poverty, and Information Sharing. *RQ*, 26(3): 341-353.

Chu, C. M. 1999. Immigrant Children Mediators(ICM): Bridging the literacy gap in immigrant communities. *The New Review of Children's Literature and Librarianship*, 5: 85-94.

___________. 1999. Literacy Practices of Linguistic Minorities: Sociolinguistic Issues and Implications for Literacy Services. *Library Quarterly*, 69(3): 339-359.

Gilton, D. L. 1994. A World of Difference: Preparing for Informatiohn Literacy Instruction for Diverse Groups. *Multicultural Review*, 3(3): 54-62.

Jeong, D. 2004. Unbreakable ethnic bonds: Information-seeking behavior of Korean graduate students in the United States. *Library & Information Science Research*, 26: 384-400.

Liu, M. 1995. Ethnicity and Information Seeking. *The Reference Librarian*, 49/50: 123-134.

Metoyer-Duran, C. 1993a. *Gatekeepers in ethnolinguistic communities*. Norwood, New Jersey: Ablex Publishing Corporation.

Metoyer-Duran, C. 1993b. Information Gatekeepers. *Annual Review of Information Science and Technology*, 28: 111-150.

SCONUL. 1999. Information skills in higher education: a SCONUL position paper [online]. [cited 2010.5.02]. 〈http://www.sconul.ac.uk/groups/informa tion_literacy/〉.

제 6 장

결혼이주여성의 정보수준, 정보유용성, 정보욕구의 차이에 관한 연구

최송식 · 김현숙

제 6 장

결혼이주여성의 정보수준, 정보유용성, 정보욕구의 차이에 관한 연구*

Ⅰ. 서 론

전지구적 자본의 확산으로 오늘날 국가간 이주는 이제 보편적인 현상이 되고 있다. 세계인구의 65억 중 약 2.8%는 관광, 유학, 거주, 노동을 목적으로 자신이 살던 고향을 떠나고 있으며(IOM, 2008), 이들 중 일부는 한국으로 유입되고 있다. 2008년 현재 한국으로 이주해 온 사람들의 규모도 점점 증가하여 전체 인구의 약 1.5%를 차지하게 되었다(통계청, 2008). 특히 결혼이주여성은 이러한 인구집단 중 최근 가장 주목을 받는 이주민 집단 중 하나이다.

국내로 유입하는 결혼이주여성이 증가하면서 이들이 한국사회에 적응하는 양상도 다양해지는 모습이다. 많은 결혼이주여성들은 여전히 언어, 음식 등 일상적인 문화적 차이와 경제적, 정치적, 문화적 차별로 인해 온전한 국민으로 인정받지 못한 채 주변화되고 있다(이혜경, 2005; 김이선 외, 2006). 그러나 다른 한편 결혼이주여성 중 일부는 한국사회에 적극적으로 동화하여 주류사회에 편입하거나(양옥경, 2007), 자신의 문화적 차이를 가족이나 사회생활에 활용하여 "다문화사회"를 선도하는 모습을 보이기도 한다(김현숙, 2007).

최근으로 올수록 결혼이주여성들의 출신국이나 계층적 배경이 이전에 비해 보다 다양해졌다. 한국의 국제결혼에서 초기에는 주로 일본 여성이나 중국 조선족 여성이 대부분이었으나, 2000년 이후부터 중국, 일본뿐만 아니라 동남아시아, 중앙아시아 지역 여성들의 유입이 증가하고 있다. 또한 과거에 비해 학력수준이

* 이 연구는 2007년도 학술진흥재단의 중점연구소 과제지원을 받아 수행한 연구임(KRF-J01101).

전반적으로 향상되었고, 또한 이들의 직업적 배경도 매우 다양한 것으로 나타나고 있다. 그리고 결혼이주의 경로도 결혼초기에는 특정 종교단체나 국제결혼중개업체를 통한 결혼경로가 많았는데, 최근에는 이것뿐만 아니라 가족, 친척, 친구 등 다양한 결혼경로를 통해 이주를 하고 있다.

이주자의 적응에 관한 선행연구(Portes, 1996)에 의하면, 이주자의 출신배경, 계층배경에 따라 거주국에서의 적응수준과 방식에서 차이를 보인다고 한다. 고학력 중산층 이민자들이 빠른 시일에 주류사회의 중산층으로 진입하는 반면, 저학력의 하층배경의 이민자들은 현지사회에서 밑바닥 계층을 벗어나지 못하는 경우도 발생한다고 한다. 결혼이주여성의 적응에 관한 연구(양옥경 외, 2007; 설동훈 외, 2008)에서도 결혼이주여성의 출신국과 거주국의 문화가 유사한 경우가 그렇지 않은 경우보다 현지사회에 훨씬 더 빨리 적응하는 것으로 보고한다. 그런데 결혼이주여성의 학력수준이 높다고 해서 반드시 현지사회에 더 빨리 적응하는 것은 아니라고 한다(김현숙, 2007; 양옥경 외, 2007). 이것은 이주자들이 현지사회에 사회통합될 수 있는 거주국의 기회구조와 관련된 문제이기도 하지만, 결혼이주여성의 학력수준 그 자체보다는 학력과는 무관하게 한국이나 배우자에 대한 정보수준이 한국사회에 적응하는 데 더 많이 영향을 미쳤을 가능성도 있다.

세계화, 정보화의 급속한 진전으로 과거에 비해 이주 전에 타국의 문화를 접할 가능성이 커졌다. 출신국과 한국사회의 경제적, 문화적 교류의 확대로 한국 정보를 접할 가능성이 늘어났다. TV, 신문, 라디오 등 대중매체를 통해 한국문화의 확산과 한국상품에 대한 구매, 출신국에 해외투자의 형태로 진출한 한국계 회사에 취업을 통해 한국을 인지하기도 한다(하밍 타잉, 2006). 또한 한국인 관광객을 통해 한국인을 접하기도 하며(김현숙, 2007), 이미 이주경험이 있는 주변사람들로부터 한국에 관한 정보를 전해 듣기도 한다(박경태, 1999; 이혜경 외, 2006). 이와 같이 결혼이주여성을 둘러싼 이주환경이 달라지면서 한국으로 유입되기 전 한국문화나 한국인 배우자를 이해하는 정도가 크게 달라졌으며, 이들의 이주 전 한국이나 한국인과의 접촉기회 혹은 그로 인한 한국정보수준에 따라 한국을 이해하는 정도가 다르며, 그 결과 한국에서 적응하는 데 영향을 미쳤을 것으로 예상된다. 결국 결혼이주여성의 한국이나 한국인 배우자의 이해 차이는 한국에서 적응하는 과정에서 발생하는 문제가 다르다는 것을 의미한다. 이주 전에 한국이나 한국인 배우자에 대한 이해 정도가 높은 경우에는 그렇지 않은 경우보다 한국에 보다 빨리 적응할 것이며, 또한 적응과정에 필요한 서비스의 욕구에서도 차이가 나타날 것이다.

한편 정부는 2008년「다문화가족지원법」을 통해 다문화지원근거를 마련하고 현재 민관협력형태로 다문화사업을 추진하고 있다. 이러한 정부의 방침에 따라 다문화가족지원센터, 복지관, 여성회관, NGO 등에서 다문화사업을 추진하고 있다. 다문화지원단체의 주요사업은 한국어교육, 요리교실, 문화이해프로그램 등[1] 주로 결혼이주여성의 초기 적응과정에 필요한 프로그램에 집중되어 있다. 이것은 결혼이주여성의 한국생활 적응에 도움을 주고 있지만, 이것만으로 이들이 한국사회에 통합되기는 어렵다. 결혼이주여성의 사회통합을 위해서는 이들의 개별적 차이와 욕구에 맞는 프로그램과 동시에 이들이 사회에 통합될 수 있는 다양한 기회들을 제공해야 한다. 예를 들어 다문화강사나 한국어강사 등 결혼이주여성의 취업지원이나 사업이 효력을 발휘하기 위해서는 일시적인 일자리 지원이 아니라 보다 장기적인 지원 및 대책이 함께 고려되어야 한다. 하지만 현재 결혼이주여성을 대상으로 하는 프로그램은 초기 적응과정에 머물러 있으며, 또한 결혼이주여성의 차이를 고려하지 않으며, 지역 간 격차 역시 크다. 이것은 현재 정부의 다문화정책의 한계를 의미하며, 또한 사회복지 서비스를 지원하는 일선에서도 서비스 당사자의 차이와 욕구를 반영한 다양한 프로그램을 개발해 내지 못하기 때문이다. 한국사회가 다문화사회로 나아가기 위해서는 한편으로는 정부의 다문화정책이 보다 장기적인 안목을 가지고 수립될 필요가 있으며, 다른 한편으로 일선에서 서비스를 제공하는 실천가들 역시 서비스 당사자의 차이와 욕구를 고려한 프로그램의 개발이 필요하다.

이러한 맥락에서 이 연구는 결혼이주여성의 출신국, 결혼경로에 따라 한국 및

[1] 이것은 정부의 결혼이주여성에 대한 태도가 '가정주부'로만 보는 인식에 배태된 결과이지만, 더 근본적으로는 다문화사회에 대한 기본적인 가치설정을 제대로 확립하지 못했기 때문에 발생한 문제이다. 물론 한국어, 요리 등이 현지사회에서 초기 적응과정에 필요한 부분이기는 하지만, 이들이 한국사회에 통합되고 나아가 한국이 다문화사회로 나아가기 위해서는 좀 더 진전된 방향으로 사회통합이 이루어져야 한다.

배우자에 대한 정보수준이 어떻게 다르며, 또한 그러한 정보수준이 한국에서 생활하는 데 얼마나 유용했는지를 살펴보며, 그리고 어떤 출신국, 결혼경로에 따라 어떠한 정보욕구를 가지고 있는지 살펴보고자 한다. 기존의 결혼이주여성에 대한 연구에서는 결혼이주여성의 개별적 차이를 고려하지 않은 상태에서 적응과정에 기초적인 정보수요에 초점을 두고 연구가 이루어져 왔으나, 이 연구에서는 결혼이주여성의 출신국별, 결혼경로별로 이주 전 정보수준이 이주 후 적응과정에 어떤 영향을 미치고 있는지를 살펴보고자 한다. 결국 이주여성의 정보수준을 고려한 적응에 대한 재해석이 필요하며, 동시에 이들의 정보욕구를 통해 한국에 대해 전혀 접해보지 못한 이주여성들이 가족이나 사회생활을 유지할 수 있는 지원책을 강구하는 것이 필요하다.

Ⅱ. 선행연구 검토

1. 결혼이주여성의 정보수준과 정보유용성

정보는 일상생활의 영역에서 관측이나 측정을 통해 수집된 데이터를 실제 문제에 도움이 될 수 있도록 해석하고 정리한 지식을 의미하며(이제환 외, 2004), 이러한 정보는 해석하는 관점에 따라 크게 정량적 실체로 보는 입장과 인지구조의 변화로 보는 입장이 있다. 이 연구에서는 결혼이주여성에게 이주사회에 필요한 정보지표를 마련하기 위한 탐색적 연구로 전자의 입장에서 정보를 사용한다.

결혼이주여성에 관한 선행연구에서는 이들이 한국으로 들어오기 전에 한국에 관한 정보를 거의 알지 못한 채 유입되는 것으로 보고 있다(윤형숙, 2004; 이주여성인권센터, 2004; 김이선, 2006). 김이선 외 연구(2006: 57)에서 결혼이주여성의 출신국과 '한국'과의 관계나 문화교류에 따라 한국을 접하는 기회나 수준에서 차이가 나지만, 정보수준은 매우 낮은 편이라고 한다. 이주여성의 사회문화적 정체성에 관한 연구(정경운, 2007)에서 결혼이주여성들은 정작 한국이 어떤 나라인지 모르는 상태에서 한국을 미국과 같은 동경의 나라로 동일시하는 추상적 인식을 보이거나 '양복을 입은 남자'를 돈 많은 '사장'으로 생각하는 문화적 상황 속에서 양복 입은 한국 남자를 곧 자신의 빈곤을 해결해 줄 수 있는 존재로 인식하기도 한다.

이렇듯 결혼이주여성들의 한국 정보수준이 낮은 것은 그동안 아시아지역에서 한국의 위상이 높아지기는 했지만, 일반 시민들이 다른 나라의 정보를 접하는 것이 쉽지 않았기 때문이다. 정보는 각 집단이 처한 상황에 따라 달라질 수 있기 때문에(Dervin, 1976), 특별히 '한국'을 접할 수 있는 기회, 예를 들어 한국기업에서 일하거나 한국사람과 만나거나 혹은 한국상품을 접하지 않는다면 '한국'에 관한 정보를 알 수 있는 기회는 매우 제한된다. 또한 최근 아시아지역에서 한류열풍으로 한국 드라마를 통해 한국에 대한 인식수준이 높아졌다고 하지만(김현숙, 2007), 드라마를 통한 한국 정보는 매우 한정될 뿐만 아니라, 사실을 그대로 전달하기보다 현실을 왜곡하는 측면이 강해, 오히려 한국에 관해 잘못된 정보를 전달할 가능성도 있다. 그리고 사회경제적 지위에 따라 정보의 양에도 차이가 나타날 수 있는데(이제환 외, 2004), 각 집단별로 정보매체의 접근기회가 다르기 때문이다. 교육수준이 높을수록 정보 기기를 더 많이 사용하여 더 많은 정보에 접근할 가능성이 크다. 하지만 정보 제공자가 한정된 정보만을 제공한다면 일반 시민들이 접하는 정보의 양은 크게 제한된다. 예를 들어 중국 조선족 여성들이 TV, 신문 등을 통해 한국에 관한 기사를 접했다고 하지만, 베트남 여성의 경우 한국 드라마를 제외하고 한국 기사를 접해보지 못했다고 한다(김이선 외, 2006). 이것은 출신국에 따라 한국과의 교류의 정도나 중요성에 따라 제한된 정보를 제공하기 때문이다.

또한 결혼이주여성들은 한국기업에서의 노동경험, 한국 상품, TV 등 대중매체 이외에도 주변이주노동자를 통해서도 '한국'에 관한 정보를 접했던 것으로 보인다. 국가 간 이주가 활발하게 진행되면서 이주에 관한 정보뿐만 아니라, 이미 이주경험이 있는 주변사람들로부터 이주사회에 대한 정보를 접하고 들어오는 사례가 증가했다(박경태 외, 1999). 하지만 이들이 전달하는 정보 역시 '한국에 가면 돈을 잘 벌 수 있다' 등 매우 피상적인 정보에 불과해 한국으로 이주하려는 여성들의 정보욕구를 충족하기에는 매우 부족했다(이혜경 외, 2006).

한편 결혼이주여성들이 한국이나 배우자에 관한 정보를 보다 구체적으로 접하게 되는 것은 이들의 이주를 구체적으로 실현시키는 결혼중재자를 만나면서부터이다. 대부분의 여성은 자력으로 국가의 경계를 넘는 것이 쉽지 않기 때문에 이들의 결혼과정에는 다양한 중개자가 존재하며,[2] 이들을 통해 한국과 배우자에 관한 정보를 접하게 된다. 설동훈 외(2005)에 의하면, 결혼이주여성은 결혼과정에 이르러서야 한국이나 한국인 배우자에 대해 보다 자세한 정보를 접하지만, 정보수준은 이들의 결혼경로에 따라 다르다고 한다. 결혼중개업체를 통해 남편을 소개받은 경우 거의 절반에 가까운 44%의 이주여성이 사실과 다르다고 했다. 또한 부모나 친인척 또는 아는 사람의 소개로 만난 경우로 21%가, 그리고 통일교를 통한 국제결혼에 있어서도 17%가 사실과 다르다고 한다. 따라서 남편에 대한 사전정보가 일치한다는 응답은 본인이 직접 상대방을 만난 경우로 이 경우에는 일치한다가 71%에 이르렀다. 그리고 배우자에 관한 정보 중 사실과 다르다는 내용은 남편의 성격(37%)이 가장 많았고, 그 다음으로는 남편의 소득(28%), 재산(21%), 직업(20%) 등 남편의 경제적 지위가 주로 지적되었다.

이렇듯 결혼이주여성들이 배우자나 한국에 대해 이해 없이 결혼하게 되는 배경에는 이들의 결혼이 '매매혼의 성격'을 띤 결혼(이수자, 2004)이기 때문이다. 즉, 이들의 결혼과정이 종교집단이나 국제결혼 중개업체와 같은 곳에서 대규모로 이루어짐으로써 상업적 측면이 강하다. 또한 결혼이 이러한 방식으로 이루어지다보니, 이들이 한국이나 한국인 배우자에 대해 질문할 수 있는 여지가 매우 좁다. 결혼중개업체를 통한 결혼에서 이주여성들이 배우자의 정보에 대해서 묻는 경우는 드물고, 대개 남성이 여성을 선택했을 때만 남성에 대해서 질문을 할 수 있다(김현미, 2007). 그리고 이때 통역자를 통해 듣게 되는 남성의 정보는 대개 직업이나 가족관계에 대한 정보라고 한다. 심지어 베트남 이주여성의 경우(하밍 타 잉, 2005), 한국은 물론 한국 남성에 대한 정보가 제공되지 않은 상황에서, 일주일 안에 맞선도 보고 결혼식도 올리고 신혼여행까지 가지만, 이 과정에서 통역자의 설명에 의한 정보가 상대방에 대한 지식의 전부이고, 한국 입국 수속을 기다리는

---

2) 국제결혼의 특성상 이주여성들이 한국인 남성과 직접적으로 만나 연애하는 경우는 드물고, 대부분 친척, 친구 등 아는 사람의 소개를 거치거나 국제결혼중개자를 거치는 경우가 많다.

2개월 동안 한국어를 배우는 것이 한국에서 적응을 위한 정보의 전부가 되는 경우가 많다고 한다. 결국 결혼과정이 이렇게 이루어지다 보니, 결혼하기에 적절하지 않은 사회적 비적응자나 정신에 이상이 있는 남성과 성혼이 이루어지는 경우가 많다고 한다. 또한 원하는 정보를 제대로 얻지 못한 상태에서 결혼이 이루어지다 보니, 정보가 사실과 달라 한국으로 이주 후 적응하는 데 어려움을 겪을 뿐만 아니라, 결혼의 실패로 이어질 가능성이 크다.

2. 결혼이주여성의 정보욕구

인간은 생존, 성장 발전에 있어서 무엇인가의 결핍상태에 이르면, 그로 인한 불만족/불편함, 고통을 겪게 되는데, 이때 이러한 내적인 긴장과 불균형의 상태를 개선하고자 욕구(need)가 발생한다. 이때 욕구는 실재하는 물체에 대한 표출된 수요의 개념으로 이해된다(이제환 외, 1998: 98). 이러한 의미에서 정보욕구(information need)는 결혼이주여성의 물리적 형태의 정보자료에 대한 수요 및 공식적으로 표출된 요구(request)로 제한된다. 물론 결혼이주여성의 경우 일반인이 겪는 정보욕구 이외에도 국제결혼에 따른 특수한 정보욕구가 포함된다.

결혼이주여성에 관한 선행연구에서 이들은 한국사회에 적응하면서 많은 어려움에 처하고 있는 것으로 보고된다. 이들은 언어, 음식 문제와 더불어 일상생활, 가족구조, 젠더관계 등 본국과 다른 문화적 차이(강원도 여성정책개발실, 2006; 김이선 외, 2006), 사회화된 편견(김민정, 2004), 경제적 어려움(강원도 여성정책개발실, 2006), 사회적 고립(충남여성정책개발원, 2003), 국적취득의 문제 등으로 많은 어려움을 겪는 것으로 나타났다.

이러한 어려움은 사회적 서비스에 대한 정보 및 지원에 대한 욕구로 나타나는데, 서울거주 국제결혼이주여성의 문화적응과 사회적 지원서비스에 관한 조사연구(양옥경 외, 2007)에서 결혼이주여성들은 한국어 교육, 한국음식 만들기 등 일상생활에 대한 욕구 및 한국사회, 문화교육에 대한 정보 및 지원욕구가 높은 것으로 나타났으며, 자녀교육 및 교육에 대한 관심 및 지원, 의료서비스 이용지원, 직업훈련 및 알선 등의 부분에서도 정보제공 및 서비스 지원에 대한 욕구가 높은 것으로 나타났다.

한편 정보욕구는 이주자 개인이 처한 상황에 따라 정보욕구의 생성과 강도가 다르다(Dervin, 1976). 예를 들어 결혼이주여성이 느끼는 한국생활의 어려움은 거주기간에 따라 다양하게 나타났는데(경기도가족여성개발원, 2007), 거주기간이 짧은 집단일수록 '언어문제' 등 문화적 차이로 인한 어려움이 크며, 거주기간이 길수록 '경제적 어려움', '자녀양육의 어려움'을 크게 인식하고 있다.

한편 설동훈 외(2008)는 결혼이주여성의 욕구수준이 출신국에 따라 상이함을 지적하는데, 몽골 출신의 경우 상대적으로 사회적 적응 수준이 높아 사회적 적응과 관련된 정보제공 및 지원욕구가 상대적으로 덜한 반면, 일본, 필리핀 여성들의 경우 경제적 적응에 대한 욕구가 높기 때문에 소득지원과 적극적인 노동시장 정책이 마련되어야 한다고 지적한다. 즉, 사회경제적 적응에 관한 지원에 있어 모든 결혼이주여성의 욕구수준이 출신국에 따라 상이하기 때문에 결혼이주여성에 대한 정책지원을 만들어가는 시점에서 출신국에 따른 보편성과 특수성의 문제가 고려되어야 한다.

이상과 같이 결혼이주여성의 어려움 및 적응과정의 다양성, 그리고 출신국에 따른 정보욕구의 차이는 적응의 조건이 이주여성의 개인별 특성에 따라 차이가 큼을 반영한다. 또한 결혼이주여성의 특성상 내국인 집단과 비교했을 때 이주지역에 관한 많은 정보를 필요로 하기 때문에 그만큼 정보 및 서비스지원에 대한 욕구가 높다고 할 수 있다. 그런데 이처럼 많은 정보를 필요로 하고 사회적 서비스 지원에 대한 욕구가 높음에도 불구하고, 정보를 제공하는 서비스기관의 이용률은 그다지 높지 않은 것으로 나타났다. 경기도 내 국제결혼이민자 가족 실태조사 및 정책지원방안 연구(2007)에서 결혼이주여성의 경우, 읍면동사무소에서 생계, 의료지원 및 생활정보를 제공한다는 것을 알고 있는 사람은 전체의 23%에 불과했으며, 지역별로는 도시지역은 23.1%, 농촌지역의 경우 15.5%로 농촌지역에서 서비스지원에 대한 인지도가 더 낮은 것으로 나타났다. 또한 국적별로는 일본 이주여성이 가장 높은 반면, 베트남, 몽골 이주여성의 서비스지원에 대한 인지도가 가장 낮은 것으로 나타났다. 이와 같이 이들이 정보 및 사회적 서비스 지원 기관의 이용률이 낮은 것은 우선은 도시와 농촌에 따라 경제사회적 여건이 상이하여 사회적 서비스 욕구가 달라(설동훈 외, 2008) 제공된 서비스 내용이 부적합하거나, 교육을 받는 동안 아이를 맡길 수 있는 보육시설과 정보의 부재(경기도가족여성개발원, 2007), 서비스 담당 직원과의 의사소통의 문제(양옥경 외, 2007) 등을 들 수 있다. 따라서 결혼이주여성의 특성을 고려한 다양한 사회적 서비스 지원과 교육을 받는 동안 아이를 맡길 수 있는 보육시설이나 모국어 상담 지원 서비스 제도 등 이에 대한 대책 마련이 필요하다.

이렇듯 결혼이주여성의 정보수준은 출신국, 결혼경로, 입국시기에 따라 차이가 크며, 사회경제적 적응에 차이가 발생할 수 있으며, 그 결과 정보제공 및 사회적 서비스의 욕구도 다르다. 한국에 들어오기 전에 이미 한국어를 습득하여, 의사소통의 어려움이 없는 경우는 한국어 교육을 중심으로 이루어지는 정보제공 및 서비스 보다는 자신이 부족하다고 느끼는 부분에 대한 정보 욕구가 클 것이다. 또한 부부 및 가족생활에 어려움을 많이 겪는 경우에는 가족관계를 향상시킬 수 있는 정보욕구를 필요로 하지만, 경제적으로 어려운 경우에는 취업에 관한 정보욕구가 가장 크게 느껴질 것이다. 그리고 현재 생활주기에 따라 어려움의 내용이 다를 수 있는데, 자녀가 성장하면서 자녀교육에 대한 정보나, 가족 중 누군가가 병환 중에 있다면 의료에 대한 정보욕구가 절실할 수 있다.

3. 결혼이주여성의 정보수준, 정보유용성, 정보욕구의 차이

이 연구는 결혼이주여성의 출신국, 결혼경로별로 정보수준, 정보유용성, 정보욕구가 어떻게 차이가 나타나는지를 살펴보고자 한다. 이를 위해 첫째, 결혼이주여성의 배우자 및 한국생활 정보수준이 출신국, 결혼경로에 따라 어떠한 차이가 있는지 살펴본다. 둘째, 결혼이주여성의 정보수준이 한국으로 이주후 적응하는 과정에 얼마나 유용했는지를 살펴봄으로써 이주 전 정보의 문제점을 파악한다. 그리고 정보유용성은 가족생활 정보유용성과 사회생활 정보유용성으로 나누고, 이것이 출신국, 결혼경로에 따라 어떠한 차이가 있는지를 살펴본다. 셋째, 결혼이주여성의 정보욕구를 기초생활, 가족관계, 사회생활 정보욕구로 세분화하여, 출신국, 결혼경로에 따라 어떠한 차이가 있는지 살펴본다.

가설 1. 결혼이주여성의 정보수준은 출신국, 결혼경로 간의 차이가 없다.
가설 1-1. 결혼이주여성의 배우자 정보수준은 출신국 간의 차이가 없다.
가설 1-2. 결혼이주여성의 한국생활 정보수준은 출신국 간의 차이가 없다.
가설 1-3. 결혼이주여성의 배우자 정보수준은 결혼경로 간의 차이가 없다.
가설 1-4. 결혼이주여성의 한국생활 정보수준은 결혼경로 간의 차이가 없다.

가설 2. 결혼이주여성의 정보유용성은 출신국, 결혼경로 간의 차이가 없다.
가설 2-1. 결혼이주여성의 가족생활 정보유용성은 출신국 간의 차이가 없다.
가설 2-2. 결혼이주여성의 사회생활 정보유용성은 출신국 간의 차이가 없다.
가설 2-3. 결혼이주여성의 가족생활 정보유용성은 결혼경로 간의 차이가 없다.
가설 2-4. 결혼이주여성의 사회생활 정보유용성은 결혼경로 간의 차이가 없다.

가설 3. 결혼이주여성의 정보욕구는 출신국, 결혼경로 간의 차이가 없다.
가설 3-1. 결혼이주여성의 기초생활 정보욕구는 출신국 간의 차이가 없다.
가설 3-2. 결혼이주여성의 가족관계 정보욕구는 출신국 간의 차이가 없다.
가설 3-3. 결혼이주여성의 사회생활 정보욕구는 출신국 간의 차이가 없다.
가설 3-4. 결혼이주여성의 기초생활 정보욕구는 결혼경로 간의 차이가 없다.
가설 3-5. 결혼이주여성의 가족관계 정보욕구는 결혼경로 간의 차이가 없다.
가설 3-6. 결혼이주여성의 사회생활 정보욕구는 결혼경로 간의 차이가 없다.

Ⅲ. 연구방법 및 절차

1. 자 료

결혼이주여성의 정보수준, 정보유용성, 정보욕구의 차이를 분석하기 위해 부산대학교 사회과학연구소에서 실시한 "다민족국가에서 개인과 사회" 1차년도 조사자료[3]인 결혼이주여성의 이주 전 정보연결망과 정보수준 조사자료를 활용하였

3) 본 연구는 "다민족국가에서 개인과 사회"라는 과제수행의 일환으로 첫 번째 과제에서는 결혼이주여성의 이주 전 정보활동이 한국에서 생활하는 데 얼마나 영향을 미치는지를 고찰하였다. 그 결과 결혼

다(최송식 외, 2008). 이 조사는 2008년 5월 1일부터 7월 30일 사이에 이루어졌으며, 조사대상은 부산, 경남지역의 결혼이주여성이다. 이 자료는 행정안전부 자료(2008. 7)에서 중국, 중국 조선족, 일본, 베트남, 필리핀, 몽골, 태국, 인도네시아 여성결혼이민자를 선정하였고, 부산경남지역 여성결혼이민자 모집단 분포(부산/4,544명, 경남/5,828명)를 제곱근 비율로 조정하여 목표 표본 크기(260명)를 정한 것이다. 이 자료의 실제 표본은 부산, 경남지역에 소재한 여성회관, 복지관, 다문화가족지원센터, 이주여성인권센터 등에 참여하는 결혼이주여성을 발견하여 연쇄소개표집(chain referral sampling)[4]방식으로 조사대상자 표본(251명)을 추출하였으며, 중국 조선족 19명, 중국 26명, 일본 27명, 베트남 94명, 필리핀 11명, 몽골 20명, 태국 26명, 인도네시아 20명, 기타 8명이 포함되어 있다.

2. 측정도구

1) 정보수준

정보는 일상생활의 영역에서 관측이나 측정을 통해 수집된 데이터를 실제 문제에 도움이 될 수 있도록 해석하고 정리한 지식으로(이제환 외, 1998), 여기서는 결혼이주여성들이 한국으로 이주하기 전 수집한 배우자와 한국에 대한 정보로 한정하여 측정하였다. 결혼이주여성의 이주 전 배우자나 한국에 관한 정보수준 혹은 그것들의 하위범주들을 같은 비중으로 분석에 사용하는 것은 다소 무리가 있지만, 예비조사에서 큰 차이가 없어 같은 점수체계를 사용하여 분석에 사용하였다.

배우자에 대한 정보는 배우자의 가족관계, 재산, 직업, 학력, 소득, 건강상태, 성격 등에 대해서 (1) 매우 잘 알고 있다 (2) 어느 정도 알고 있었다 (3) 보통이다

이주여성의 이주 전 정보활동이 배우자 정보수준보다는 한국정보수준에 더 많은 영향을 미치고, 또한 이주 전 정보활동이 한국정보수준을 매개할 때 한국에서 생활하는 데 영향을 미치는 것으로 나타났다.

4) 연쇄소개표집은 응답자들을 연쇄적으로 소개받되 각 단계에서 조사대상자를 무작위로 추출하는 방식으로 확률표집의 일종이다.

(4) 거의 몰랐다 (5) 전혀 몰랐다로 나누어 번호에 기입하도록 한다. 점수는 역점수로 처리하여, 점수가 높을수록 정보수준이 높은 것을 의미한다.

한국생활에 대한 정보는 한국어, 날씨, 음식, 의례, 취업 여건, 가족관계와 역할, 인종편견 등에 대해서 (1) 매우 잘 알고 있다 (2) 어느 정도 알고 있었다 (3) 보통이다 (4) 거의 몰랐다 (5) 전혀 몰랐다로 나누어 번호에 기입하도록 한다. 점수는 역점수로 처리하여, 점수가 높을수록 정보수준이 높은 것을 의미한다.

2) 정보유용성

정보유용성은 수집된 정보가 실제 소용이 닿고 이용한 후 얻은 만족감으로,[5] 여기서는 결혼이주여성이 이주 전에 수집한 배우자와 한국 정보가 한국에서 실제 생활하는 데 도움이 되는 정도를 의미한다. 정보유용성의 내용을 일상생활, 가족 및 사회적 관계, 사회활동, 여가 및 오락, 정치참여 등으로 나누어 (1) 매우 도움이 되었다 (2) 조금 도움이 되었다 (3) 그저 그렇다 (4) 거의 도움이 되지 않았다 (5) 전혀 도움이 되지 않았다 (6) 해당없음 등으로 나누어 번호에 기입하도록 한다. 점수는 역점수로 처리하여, 점수가 높을수록 정보수준이 높은 것을 의미한다.

3) 정보욕구

정보욕구는 결혼이주여성이 한국에서 생활하는 데 필요한 물리적 형태의 정보로, 이것의 하위 범주는 기존의 소수민족의 이주사회에 대한 정보욕구분석(이제환, 2004)에서 사용한 변수들과 양옥경 외(2007)가 사용한 변수들을 결혼이주여성에게 적합하게 구성하여 사용하였다. 결혼이주여성의 정보욕구는 음식/요리, 언어/억양, 주거/주택, 부부관계, 시부모관계, 자녀관계, 직업/출세, 한국사람들과의 관계, 건강/안전, 여가/취미, 복지혜택/노후대책, 국적/이혼 등 법률문제, 종교/신앙 등으로 나누어 (1) 매우 필요하다 (2) 대체로 필요하다 (3) 그저 그렇다 (4) 별로 필요하지 않다 (5) 전혀 필요하지 않다 등으로 나누어 번호에 기입하도록 한다. 점수는 역점수 처리하여, 점수가 높을수록 정보욕구가 높은 것을 의미한다.

---

[5] 유용성은 경제학이나 게임이론에서 상품이나 서비스로 통해 얻은 행복감이나 만족감을 의미한다(Wikipedia 사전 참고). 여기서는 유용성 개념을 정보로부터 얻는 도움의 정도로 사용하였다.

4) 통제변인

결혼이주여성의 정보수준, 정보유용성, 정보욕구에 영향을 미치는 변수들에 대한 보다 정밀한 검증을 위하여 선행연구에서 독립변인 및 종속변인에 영향을 미치는 것으로 나타난 결혼이주여성의 사회인구학적 특성을 통제변인으로 사용하였다. 국적(중국 조선족=1, 중국 =2, 일본=3, 베트남=4, 필리핀=5, 몽골=6, 태국=7, 인도네시아=8, 기타=9), 연령(21-29세=1, 30-39세=2, 40-49세=3), 학력(초등학교 이하=1, 중학교 이하=2, 고등학교 이하=3, 전문대학 이상=4), 입국시기(1986-1990=1, 1991-1995=2, 1996-2000=3, 2001-2005=4, 2006-2008=5)를 사용하였다.

3. 자료분석

본 연구의 자료분석은 SPSS 15.0을 이용하여 통계 처리하였다. 연구대상의 사회 인구학적 특성을 파악하기 위해 빈도, 백분율, 평균을 산출하였다. 정보수준은 ANOVA 분석을 하고, 각 변인별 차이를 살펴보기 위해 Scheffe 사후검증을 실시하였다. 정보유용성은 가족생활과 사회생활로 나누어 ANOVA 분석후 Scheffe 사후검증을 하였다. 정보욕구는 주성분 분석(principle component analysis)을 통해 정보욕구의 유형을 나누고, 다시 변인별로 ANOVA 분석 후 Scheffe 사후검증을 실시하였다.

Ⅳ. 결과 및 해석

1. 결혼이주여성의 정보수준

〈표 6-1〉은 결혼이주여성들이 한국으로 들어오기 전 배우자와 한국생활에 대한 정보수준을 보여준다. 배우자 정보수준은 배우자의 직업(평균치 3.77)에 대한 정보수준이 가장 높았고, 그 다음이 가족관계에 대한 정보수준(평균치 3.69)이

〈표 6-1〉 배우자 및 한국생활 정보수준

	사례수	평균	표준편차
배우자 가족관계	251	3.69	1.219
배우자 재산	251	2.92	1.336
배우자 직업	251	3.77	1.197
배우자 학력	251	3.48	1.325
배우자 건강상태	251	3.45	1.287
베우자 성격	251	3.25	1.309
배우자 거주지	251	3.73	1.286
한국어	251	2.92	1.284
한국날씨	251	3.34	1.217
한국음식	251	3.15	1.230
한국풍습	251	2.54	1.253
취업여건	251	2.51	1.184
가족관계	251	2.95	1.269
인종편견	251	2.30	1.198

었다. 배우자의 정보수준 중 가장 낮은 부분은 재산에 대한 정보수준(평균치 2.92)이었고, 그 다음이 배우자 성격(평균치 3.25)이었다. 이는 여성들이 배우자를 소개받는 과정에서 배우자의 직업과 가족관계를 중심으로 정보를 제공받고 있으며, 그에 비해 실질적으로 결혼생활을 유지하는 데 중요한 배우자의 성격부분에 대해서는 정보를 덜 제공받고 있음을 의미한다.

한편 한국생활 정보수준에서는 한국날씨에 대한 정보수준(평균치 3.34)이 가장 높았고, 그 다음이 한국 음식에 대한 정보(평균치 3.15), 한국의 가족관계(평균치 2.95), 한국어(평균치 2.92), 한국풍습(평균치 2.54), 취업여건(평균치 2.51), 그리고 인종편견 순이었다. 이와 같이 결혼이주여성들은 한국생활에 대한 정보를 초기 적응과정에 필요한 기초생활부분에 대한 정보를 중심으로 제공받고 있으며, 사회 및 경제 활동에 필요한 정보는 덜 제공받는 것으로 나타났다. 또한 조사결과에서 한국어 정보수준은 그다지 높지 않은 것으로 나타나, 많은 결혼이주여성들이 한국으로 들어오기 전에 한국어에 대한 정보나 교육이 제대로 이루어지지 않고 있었다.

결혼이주여성들은 변인별로 정보수준에서 어떤 차이가 나타나고 있는지를 살펴보았다. 우선 배우자 정보수준의 경우 응답자의 연령, 학력 등에서는 통계적으로 유의한 차이가 없었으나, 응답자의 출신국, 결혼경로에 따라 유의한 차이를 보이고 있다(p〈.05). 한편 한국생활 정보수준은 모든 변인에서 통계적으로 유의하지 않아, 〈가설 1-3〉, 〈가설 1-4〉는 채택되어, 결혼이주여성의 한국생활 정보수준은 차이가 없다고 할 수 있다.

〈표 6-2〉는 출신국별 배우자 정보수준을 보여준다. 출신국별 배우자 정보수준은 인도네시아 출신 여성들의 정보수준(평균치 30.05)과 중국 출신 여성들의 정보수준(평균치 27.68)이 가장 높았고, 그 다음이 필리핀 출신 여성(평균치 24.73), 몽골 출신 여성(평균치 24.50), 베트남 출신 여성(평균치 24.47)이 중간정도의 수준으로 나타났고, 일본 출신 여성(평균치 23.29), 태국 출신 여성(평균치 22.23)이 그 다음이고, 기타 출신 여성(평균치 14.25)이 가장 낮았다.

한편 출신국별 배우자 정보수준에 대한 사후검증 결과에서는, 중국-기타 출신국, 베트남-기타 출신국, 인도네시아-기타 출신국 집단 간의 차이가 나타났는데(중국: M=27.68, SD=4.269, 베트남: M=24.47, SD=6.516, 인도네시아: M=30.05, SD=2.605, 기타 출신국: M=14.25, SD=6.563, p〈.001), 기타 출신국이 중국, 베트남, 인도네시아 출신 여성 집단보다 배우자 정보수준이 낮다고 할 수 있다.

따라서 결혼이주여성의 배우자 정보수준은 출신국 간의 차이가 없다는 〈가설 1-1〉은 채택되지 않아, 결혼이주여성의 배우자 정보수준은 출신국 간의 차이가

〈표 6-2〉 출신국별 배우자 정보수준에 대한 Scheffe 검증

	사례수	평균	표준편차	1	2	3	4	5	6	7	8	9	
1.중국조선족	19	24.16	9.106										
2.중국	25	27.68	4.269									*	
3.일본	26	23.19	7.699										
4.베트남	90	24.47	6.516									*	df=8
5.필리핀	11	24.73	7.001										F=5.191
6.몽골	20	24.50	6.637										
7.태국	26	22.23	8.473										p=.000
8.인도네시아	20	30.05	2.605									*	
9.기타	8	14.25	6.563									*	
전체	245	24.53	7.195										

〈표 6-3〉 결혼경로별 정보수준에 대한 Scheffe 검증

	사례수	평균	표준편차	연애	가족 외	학교/직장	아는사람	중개	
연애	34	28.88	5.596					*	df=4 F=4.916 p=.001
가족/친척	16	24.00	6.450						
학교/직장	6	24.17	6.242						
아는 사람	80	25.04	7.217						
교회/중개업체	109	22.91	7.271					*	
전체	245	24.53	7.195						

있다고 할 수 있으며, 집단 간 차이는 중국-기타 출신국, 베트남-기타 출신국, 인도네시아-기타 출신국 집단에서 나타났다.

〈표 6-3〉에서 결혼경로별 정보수준은 95%수준에서 통계적으로 유의한 것으로 나타났다(df=4, F=4.916, p=.001). 〈표 6-3〉에서 나타나듯이, 결혼경로별 정보수준에서는 연애를 통한 결혼집단(평균치 28.88)이 가장 높았고, 그 다음이 아는 사람을 통한 결혼집단(평균치 25.04), 학교/직장을 통한 결혼집단(평균치 24.17), 가족/친척을 통한 결혼집단(평균치 24.00) 순이었고, 교회/중개업체를 통한 결혼집단(평균치 22.91)이 가장 낮았다.

한편 결혼경로별 정보수준에 대한 사후검증 결과에서는 연애를 통한 결혼집단과 교회/중개업체를 통한 집단 간의 차이가 나타나(연애: M=28.88, SD=5.596, 교회/중개업체: M=22.91, SD=7.271), 연애를 통한 결혼집단은 교회/중개업체를 통한 결혼집단보다 배우자 정보수준이 높다고 할 수 있다.

따라서 결혼이주여성의 배우자 정보수준은 결혼경로 간의 차이가 없다는 〈가설 1-2〉는 채택되지 않아, 결혼이주여성의 배우자 정보수준은 결혼경로가 차이가 있다고 할 수 있으며, 집단 간 차이는 연애를 통한 결혼집단과 교회/결혼중개를 통한 집단 사이에서 나타났다. 이는 다른 연구(설동훈 외, 2008)에서도 동일하게 나타난 결과로, 연애결혼을 한 경우는 배우자와 만나 사귀는 과정을 통해 배우자를 알 수 있는 기회가 더 많기 때문이다.

2. 결혼이주여성의 정보유용성

결혼이주여성이 한국으로 들어오기 전에 고향에 있을 때 알았거나, 결혼중개자로부터 전해 들은 배우자나 한국생활에 대한 정보는 한국에서 적응하는 데 얼마나 도움이 되었는가?

〈표 6-4〉에서 나타나듯이, 전체적으로 가족생활에 대한 정보유용성(평균치 3.30)이 사회생활에 대한 정보유용성(평균치 2.27)보다 높았다. 가족생활에 대한 정보유용성에 있어서는 부부관계 정보유용성(평균치 3.67)이 가장 높았고, 이웃관계 정보유용성(평균치 2.96)이 가장 낮았다. 사회생활에 대한 정보유용성에 있어서는 여가 및 오락 정보유용성(평균치 2.59)이 가장 높았고, 정치참여 정보유용성(평균치 1.80)이 가장 낮았다. 즉, 결혼이주여성들의 정보유용성은 가족생활에 대한 정보유용성이 높았는데, 이것은 이들이 한국으로 들어오기 전 수집된 정보가 배우자 정보를 중심으로 수집되었으며, 한국생활에 대한 정보는 매우 낮았음을 의미한다.

다음은 정보유용성에 영향을 주는 변인을 분석하였다. 분석결과 응답자의 연령, 입국시기, 학력 등에서는 통계적으로 유의한 차이가 없었으나, 응답자의 출신

〈표 6-4〉 유형별 정보유용성에 대한 평균 및 표준편차 점수

	사례수	평균	표준편차
가족생활	*251*	*3.30*	*1.39*
일상생활	251	3.43	1.428
부부관계도움	251	3.67	1.352
시부모관계도움	251	3.24	1.349
자녀관계도움	251	3.22	1.522
이웃관계도움	251	2.96	1.288
사회생활	*251*	*2.27*	*1.31*
직장동료관계도움	251	2.35	1.347
직업활동도움	251	2.24	1.348
사회활동도움	251	2.37	1.398
여가및오락	251	2.59	1.309
정치참여	251	1.80	1.173

국, 결혼경로에 있어서는 유의한 차이를 보이고 있다($p<.05$).

우선 〈표 6-5〉에서 출신국별 가족생활에 대한 정보유용성은 95퍼센트 유의도 수준에서 통계적으로 유의미하게 나타났다(F=8.568, df=8, p=.000). 〈표 6-5〉에 의하면, 인도네시아 출신 여성들의 정보유용성(평균치 21.60)이 가장 높았고, 그 다음이 중국 조선족 여성(평균치 17.74), 일본 출신 여성(평균치 17.26), 필리핀 출신 여성(평균치 16.55), 베트남 출신 여성(평균치 16.46), 중국 출신 여성(평균치 16.27), 태국 출신 여성(평균치 15.15), 몽골 출신 여성(평균치 14.00)순이고, 기타 출신 여성들의 정보유용성(평균치 10.75)이 가장 낮았다.

출신국별 가족생활 정보유용성은 가족생활과 관련된 배우자 정보수준보다 낮게 나타나 이주 전 정보가 한국에서 생활하는 데 크게 유용하지 않음을 의미한다. 인도네시아 출신 여성들의 가족생활 정보유용성이 가장 높으나, 이들의 가족생활 정보유용성은 이들의 배우자 정보수준에 비해 높지 않았다. 또한 중국이나 몽골 출신 여성들의 경우에도 이주 전 정보수준에 비해 정보유용성이 매우 낮게 나타나 잘못된 정보를 전해 들었을 가능성도 있다. 또한 중국 조선족이나 일본 출신 여성들의 경우 이주 전 가족생활과 관련된 배우자 정보수준이 다른 국가 여성들보다 적게 나타났음에도 불구하고 정보유용성이 높게 나타나 이들 국가의 여성들이 비교적 정확한 정보를 갖고 이주했다고 볼 수 있다.

그리고 출신국별 가족생활에 대한 사후검증 결과에서는 인도네시아 출신 여성들과 다른 출신국 여성들과 차이가 나타나(중국 조선족: M=17.74, SD=6.556, 중국: M=16.27, SD=5.326, 일본: M=17.26, SD=4.596, 베트남: M=16.46, SD=4.467, 필리핀: M=16.55, SD=6.846, 몽골: M=14.00, SD=6.473, 태국: M=15.15, SD=4.469, 인도네시아: M=21.60, SD=1.142, 기타 출신국: M=10.75, SD=3.240, $p<.001$), 인도네시아 출신 여성들이 다른 출신국 여성들보다 가족생활에 대한 정보유용성이 높다고 할 수 있다.

따라서 결혼이주여성의 가족생활 정보유용성은 출신국 간의 차이가 없다는 〈가설 2-1〉은 채택되지 않아, 결혼이주여성의 가족생활 정보유용성은 출신국 간의 차이가 있다고 할 수 있으며, 인도네시아 출신 집단은 중국 조선족을 제외한 나머지 출신국 집단과 차이가 나타났다.

〈표 6-5〉 출신국별 정보유용성에 대한 차이와 Scheffe 검증

		사례수	평균	표준편차	1	2	3	4	5	6	7	8	9	
가족생활	중국조선족	19	17.74	6.556								*		
	중국	26	16.27	5.326								*		
	일본	27	17.26	4.596								*		
	베트남	94	16.46	4.467								*		df=8
	필리핀	11	16.55	6.846								*		F=8.568
	몽골	20	14.00	6.473								*		
	태국	26	15.15	4.469								*		p=.000
	인도네시아	20	21.60	1.142	*	*	*	*	*	*	*		*	
	기타	8	10.75	3.240								*		
	전체	251	16.52	5.197										
사회생활	중국조선족	19	11.68	6.290										
	중국	26	12.50	4.982										
	일본	27	13.56	5.905								*		
	베트남	94	11.30	5.001										df=8
	필리핀	11	14.09	3.833										F=3.030
	몽골	20	9.55	6.871										
	태국	26	9.50	5.014										p=.003
	인도네시아	20	10.30	1.380			*							
	기타	8	9.63	3.852										
	전체	251	11.36	5.226										

〈표 6-5〉에서 출신국별 사회생활에 대한 정보유용성의 차이를 살펴보았는데, 95퍼센트 유의도 수준에서 통계적으로 유의하게 나타났다(F=3.030, df=8, p=.003). 〈표 6-5〉에 의하면, 필리핀 출신 여성의 정보유용성(평균치 14.09)이 가장 높고, 그 다음이 일본 출신 여성(평균치 13.56)이었다. 정보유용성이 가장 낮은 집단은 기타 출신 여성(평균치 9.63), 태국 출신 여성(평균치 9.50), 몽골 출신 여성(평균치 9.55)이었다.

출신국별 사회생활 정보유용성은 가족생활 정보유용성에 비해 매우 낮게 나타나 이주 전 사회생활에 대한 정보가 낮았음을 의미한다. 그러나 사회생활 정보유용성의 결과만 놓고 볼 때 필리핀, 일본, 중국 출신 여성들이 나머지 국가 출신 여성들보다 사회생활 정보유용성이 높아 이들 국가 출신 여성들이 사회생활에 관한 정보를 더 많이 접했을 것으로 추측할 수 있다.

한편 출신국별 사회생활 정보유용성에 대한 사후검증 결과에서는, 일본과 인

도네시아 출신 여성 집단간의 차이만이 유의미하게 나타나(일본: M=13.56, SD=5.905, 인도네시아: M=10.30, SD=1.380, p〈.01), 일본 출신 여성들이 인도네시아 출신 여성들보다 사회생활 정보유용성이 높았다.

따라서 결혼이주여성의 사회생활 정보유용성은 출신국 간이 차이가 없다는 〈가설 2-2〉는 채택되지 않아, 결혼이주여성의 사회생활 정보유용성은 출신국 간 차이가 있다고 할 수 있으며, 집단 간 차이는 일본과 인도네시아 출신 여성 집단에서 나타났다.

〈표 6-6〉은 결혼이주여성의 결혼경로별 가족생활 및 사회생활에 대한 정보유용성을 보여준다. 우선 가족생활에 대한 정보유용성(F=9.601, df=4, p=.000)에서는 연애를 통한 결혼집단이 가장 높았고(평균치 20.31), 그 다음은 가족 및 친척의 소개를 통한 결혼집단(평균치 16.31), 교회/중개업체 소개 결혼집단(평균치 15.91), 아는 사람 소개 결혼집단(15.86), 학교동창 소개 집단(15.33) 순이었다.

결혼경로별 가족생활 정보유용성은 결혼경로별 배우자 정보수준과 비교할 때 전반적으로 낮은 수준이다. 하지만 연애를 통한 결혼집단의 가족생활과 관련된 배우자 정보수준이 이주 후 가족생활을 영위하는 데 유용하게 작용했음을 의미한다. 반면 결혼경로별 배우자 정보수준에서 아는 사람을 통한 결혼집단이 연애 결혼집단 다음으로 높았으나 가족 정보유용성은 가족/친척 소개 결혼집단이나, 교회/중개업체 결혼집단보다 낮게 나타나 이들의 이주 전 가족생활 정보가 이들 집단과 비교할 때 유용하지 않음을 의미한다. 반대로 가족/친척 소개 결혼집단과 교회/중개업체 소개 결혼집단은 아는 사람 소개 결혼집단, 학교/직장동료 소개 결혼집단보다 가족생활 정보유용성이 높게 나타나, 비록 이주 전 가족생활과 관련된 정보수준이 낮았지만, 이주 후 가족생활을 하는 데 있어서 유용하게 작용하였음을 의미한다.

한편 가족생활에 대한 정보유용성에 대한 사후검증 결과에서는 연애-아는 사람, 연애-교회/중개업체를 통한 결혼경로 집단만이 유의미한 것으로 나타나(연애: M=20.31, SD=3.897, 아는 사람: M=15.86, SD=5.200, 교회/중개: M=15.91, SD=5.138, p〈.001), 연애를 통한 결혼집단이 아는 사람 소개 결혼집단, 교회/결혼중개업체 소개 결혼집단보다 정보유용성이 높다고 할 수 있다.

〈표 6-6〉 결혼경로별 정보유용성에 대한 차이와 Scheffe 검증

변수		사례수	평균	표준편차	연애	가족 외	학교/직장	아는사람	중개	
가족생활요인	연애	35	20.31	3.879				*	*	
	가족	16	16.31	5.351						df=4
	학교동창	6	15.33	4.502						F=9.601
	아는사람	81	15.86	5.200	*					
	교회/중개	113	15.91	5.138	*					p=.000
	전체	251	16.52	5.197						
사회생활요인	연애	35	11.77	4.538						
	가족	16	7.25	2.295				*	*	df=4
	학교동창	6	12.67	6.282						F=3.781
	아는사람	81	11.93	5.241		*				
	교회/중개	113	11.34	5.462		*				p=.005
	전체	251	11.36	5.226						

따라서 결혼이주여성의 가족생활 정보유용성은 결혼경로 간의 차이가 없다는 〈가설 2-3〉은 채택되지 않아, 결혼이주여성의 가족생활 정보유용성은 결혼경로 간 차이가 있다고 할 수 있으며, 집단 간 차이는 연애-아는 사람, 연애-교회/중개 업체를 통한 결혼경로 집단에서 나타났다.

〈표 6-6〉에서 결혼경로별 사회생활에 대한 정보유용성(F=3.781, df=4, p=.005)에서는 학교 및 직장동료 소개를 통한 결혼집단에서 사회생활에 대한 정보유용성이 가장 큰 것으로 나타났고(평균치 12.67), 그 다음이 아는 사람을 통한 결혼집단(평균치 11.93), 연애를 통한 결혼집단(평균치 11.77), 결혼중개를 통한 결혼집단(평균치 11.34)이었다. 사회생활에 대한 정보유용성이 가장 낮은 집단은 가족 및 친척을 통해 결혼한 집단이었다(평균치 7.25).

결혼이주여성의 결혼경로별 사회생활 정보유용성은 가족생활 정보유용성에 비해 낮은 편이다. 그러나 결혼경로별 사회생활 정보유용성의 결과만 놓고 볼 때, 가족/친척을 통한 결혼집단의 사회생활 정보유용성이 가장 낮게 나타났는데, 이는 가족/친척을 통한 결혼집단의 사회생활 정보가 가장 낮거나 사회생활에 대한 정보가 정확하지 않다는 것을 의미한다. 가족/친척 소개 결혼집단을 제외하고 학교동창 소개 결혼집단이 사회생활 정보유용성이 높기는 하지만, 나머지 집단 간 차이가 크지는 않았다.

한편 결혼경로별 사회생활에 대한 정보유용성에 대한 사후검증 결과에서는 가족-아는 사람 집단, 가족-중개업체를 통한 결혼경로 집단만이 유의미한 것으로 나타났는데(가족: M=7.25, SD=2.295, 아는 사람: M=11.93, SD=5.241, 교회/중개업체: M=11.34, SD=5.462, p〈.01), 아는 사람을 통한 결혼집단이 가족/친척 소개를 통한 집단보다 사회생활 정보유용성이 높고, 교회/중개업체를 통한 집단이 가족/친척 소개 결혼집단보다 사회생활 정보유용성이 높다고 할 수 있다.

따라서 결혼이주여성의 사회생활 정보유용성은 결혼경로 간 차이가 없다는 〈가설 2-4〉는 채택되지 않아, 결혼이주여성의 사회생활 정보유용성은 차이가 있다고 할 수 있으며, 집단 간 차이는 가족/친척-아는 사람 집단, 가족/친척-교회/중개업체 집단에서 나타났다.

〈표 6-7〉 정보욕구 항목의 주성분부하 점수

변수	주성분 1	주성분 2	주성분 3	공통성
여가취미	.820	.037	.112	.686
복지혜택	.809	−.037	.254	.720
한국사람사귐	.708	.222	.224	.602
주거주택	.624	.330	.174	.529
건강안전	.622	.169	.244	.475
직업출세	.621	.295	−.007	.473
종교신앙	.566	.338	−.101	.445
부부관계	.164	.876	−.018	.795
시부모관계	.113	.759	.299	.677
자녀양육	.407	.574	.262	.563
언어억양	.139	.123	.795	.666
음식요리	.062	.271	.649	.498
국적이혼	.455	−.154	.530	.511
아이겐값	5.01	1.47	1.16	
설명변량	38.6	11.3	8.9	
누적변량	38.6	49.9	58.8	
주성분명	사회생활요인	가족관계요인	기초생활요인	

1) 요인추출방법: 주성분 분석 2) 회전방법: 배리맥스 3) 주성분추출근거: 아이겐값(1.0)

3. 결혼이주여성의 정보욕구

정보욕구의 유형을 알기 위해 주성분 분석(principle component analysis)을 실시하였다. 주성분 분석은 다차원의 데이터를 정보의 손실을 가능한 적게 해서 2, 3차원의 데이터로 축약하는 수법(노형진, 2008: 73)으로, 이 연구에서는 관측대상을 분류하기 위해 사용하였다. 그리고 주성분을 용이하게 파악하기 위해 배리맥스 회전을 하였다. 주성분 분석 결과 주성분 채택 기준으로 주성분부하점수 .40 이상이 설정되어 〈표 6-7〉과 같은 3가지 주성분 정보욕구 유형이 도출되었다.

위의 표는 아이겐 값 1.0을 기준으로 산출된 주성분의 구조를 나타낸 것으로 이 3개 주성분 모델의 전체 설명변량은 58.8%이다. 주성분별로는 주성분 1이 38.6%, 주성분 2가 11.3%, 주성분 3이 8.9%의 설명력을 갖는다.

〈표 6-8〉에서 주성분별 정보욕구의 평균을 살펴보면, 사회생활 정보욕구(평균치 3.91)가 다른 욕구에 비해 낮았으며, 가족관계 정보욕구(평균치 4.29)와 기초생활 정보욕구(평균치 4.29)는 같았다. 이는 본 연구에서 응답자들 중 2006년 이후

〈표 6-8〉 유형별 정보욕구의 평균 및 표준편차

변수	사례수	평균	표준편차
기초생활욕구	*251*	*4.29*	*1.06*
음식요리	251	4.33	1.087
언어억양	251	4.61	.785
국적이혼	251	3.92	1.305
가족관계욕구	*251*	*4.29*	*1.14*
부부관계	251	4.38	1.064
시부모관계	251	4.00	1.234
자녀양육	251	4.48	1.129
사회생활욕구	*251*	*3.91*	*1.24*
직업출세	251	4.00	1.270
한국사람사귐	251	4.07	1.221
건강안전	251	4.43	1.007
여가취미	251	3.76	1.233
복지혜택	251	4.07	1.224
종교신앙	251	2.92	1.538
주거주택	251	4.09	1.188

입국한 비율이 높고, 앞서 정보수준이 낮은 교회/중개업체를 통한 결혼집단의 사례수가 많기 때문에, 기초생활이나 가족관계에 대한 욕구가 높게 나타난 것으로 사료된다.

〈표 6-8〉에서 전체적으로 13개 정보욕구 중 10개가 4.0 이상 높은 욕구를 보였으며, 언어/억양(평균치 4.61), 자녀양육(평균치 4.48), 건강/안전(평균치 4.43), 부부관계(평균치 4.38), 음식/요리(평균치 4.33)의 순으로 높은 욕구를 나타냈다. 이들 5개 요소 정보들은 전형적인 가족생활과 관련된 요소들로서, 결혼이주여성들은 가족생활과 관련된 정보요인에 높은 욕구를 가진다고 볼 수 있다. 한편 종교, 신앙(평균치 2.92), 여가, 취미(평균치 3.76), 국적, 이혼(평균치 3.92) 등이 가장 낮은 욕구를 나타냈다.

다음은 한국에서의 적응과정에서 정보욕구에 영향을 주는 변인을 분석하였다. 분석결과, 응답자의 연령, 학력, 입국시기 등에서는 통계적으로 유의한 차이가 없었으나, 응답자의 출신국, 결혼경로에 있어서는 유의한 차이를 보이고 있다 (p〈.05).

〈표 6-9〉에서 출신국에 따른 기초생활 정보욕구(F= 4.269, df=8, p=.000)에서는 몽골 출신 여성들이 가장 높았고(평균치 13.55), 그 다음이 베트남 출신 여성들(평균치 13.49), 인도네시아 출신 여성들(평균치 12.95), 일본 출신 여성들(평균치 12.78), 중국 출신 여성들(평균치 12.77), 태국 출신 여성들(평균치 12.46) 순이었고, 중국 조선족(평균치 11.95)과 기타 출신국 여성(평균치 10.38)이 가장 낮았다.

한편 출신국별 기초생활 정보욕구에 대한 사후검증 결과에서는 베트남-인도네시아, 베트남-기타 출신국, 몽골-기타 출신국 집단 간의 차이가 나타나(베트남: M=13.49, SD=2.078, 인도네시아: M=12.95, SD=0.224, 몽골: M=13.55, SD=1.504, 기타 출신국: M=10.38, SD=4.627, p〈.001), 베트남 출신 여성이 인도네시아 출신 여성들, 기타 출신국 여성들보다 기초생활에 대한 욕구가 높았고, 몽골 출신 집단은 기타 출신국 집단보다 높다는 것을 의미한다.

따라서 결혼이주여성의 기초생활 정보욕구의 출신국 간의 차이는 없다는 〈가설 3-1〉은 채택되지 않아, 결혼이주여성의 기초생활 정보욕구는 출신국 간에 차이가 있다고 할 수 있으며, 집단 간 차이는 베트남-인도네시아, 베트남-기타 출신국, 몽골-기타 출신국 집단 사이에서 나타났다.

그리고 출신국에 따른 가족관계 정보욕구의 차이(F= 4.379, df=8, p=.000)에서는 몽골 이주여성의 정보욕구가 가장 높았고(평균치 14.00), 그 다음이 인도네시아 출신 여성(평균치 13.80), 일본 출신 여성(평균치 13.41), 베트남 출신 여성(평균치 13.40), 필리핀 출신 여성(평균치 12.82), 태국 출신 여성(평균치 12.23), 중국 출신 여성(평균치 11.23), 기타 출신 여성(평균치 11.13) 순이었고, 중국 조선족 여성의 정보욕구(평균치 11.00)가 가장 낮았다.

출신국별 가족관계욕구에서는 대체로 앞서 배우자 정보수준의 결과를 반영하고 있다. 즉, 인도네시아를 제외하고 배우자 정보수준이 낮은 국가 출신의 여성들이 비교적 가족관계 정보욕구에서 높게 나타나, 배우자 정보수준이 가족관계 정보욕구에 영향을 미치고 있었다.

출신국별 가족관계 정보욕구에 대한 사후검증에서는 중국-일본, 중국-베트남, 중국-몽골, 중국-인도네시아 집단 간에 차이가 나타났는데(중국: M=11.23, SD= 4.719, 일본: M=13.41, SD=1.782, 베트남: M=13.40, SD=2.187, 몽골: M=14.00, SD=1.338, 인도네시아: M=13.80, SD=0.523, p〈.001), 따라서 중국 출신 여성집단이 일본, 베트남, 몽골, 인도네시아 집단에 비해 가족관계에 대한 정보욕구가 낮음을 알 수 있다. 이는 앞서 중국 여성들의 배우자 정보수준이 높기 때문에 상대적으로 가족관계에 대한 정보욕구가 낮게 나타났다고 볼 수 있다.

따라서 결혼이주여성의 가족관계 정보욕구는 출신국 간의 차이가 없다는 〈가설 3-2〉는 채택되지 않아, 결혼이주여성의 가족관계 정보욕구는 출신국 간의 차이가 있다고 할 수 있으며, 집단 간 차이는 중국-일본, 중국-베트남, 중국-몽골, 중국-인도네시아 집단에서 나타났다.

마지막으로 출신국별 사회생활 정보욕구의 차이(F=4.231, df=8, p=.000)에서는 인도네시아 출신 여성들이 가장 높은 욕구(평균치 38.65)를 나타냈고, 그 다음이 몽골 출신 여성집단(평균치, 32.75), 중국 출신 여성집단(평균치 31.85), 일본 출신 여성집단(평균치 31.70), 베트남 출신 여성집단(평균치 30.45), 중국 조선족 출신 여성집단(평균치 29.53), 필리핀 출신 여성집단(평균치 29.18) 순이었고, 기타 출신 여성집단(평균치 28.50)이 사회생활 정보욕구가 가장 낮았다.

출신국별 정보욕구에 대한 사후검증에서는 중국 조선족-인도네시아, 일본-인도네시아, 베트남-인도네시아, 태국-인도네시아 집단 간에 차이가 나타났는데 (중국 조선족: M=29.53, SD=10.080, 일본: M=31.70, SD=4.375, 베트남: M=30.45, SD=7.768, 태국: M=29.38, SD=4.428, 인도네시아: M=38.65, SD=1.348, $p<.001$), 인도네시아 여성집단이 중국 조선족, 일본, 베트남, 태국 여성들에 비해 사회생활에 대한 정보욕구가 높다는 것을 의미한다.

따라서 결혼이주여성의 사회생활 정보욕구는 출신국 간의 차이가 없다는 〈가

〈표 6-9〉 출신국별 정보욕구차이와 Sheffe 검증

		사례수	평균	표준편차	1	2	3	4	5	6	7	8	9	
기초생활 정보욕구	1.중국조선족	19	11.95	2.798										df=8 F=4.269 p=.000
	2.중국	26	12.77	2.833										
	3.일본	27	12.78	1.783										
	4.베트남	94	13.49	2.078								*	*	
	5.필리핀	11	10.82	2.523										
	6.몽골	20	13.55	1.504									*	
	7.태국	26	12.46	1.655										
	8.인도네시아	20	12.95	.224				*						
	9.기타	8	10.38	4.627				*		*				
가족관계 정보욕구	1.중국조선족	19	11.00	4.435										df=8 F=4.379 p=.000
	2.중국	26	11.23	4.719			*	*		*		*		
	3.일본	27	13.41	1.782		*								
	4.베트남	94	13.40	2.187		*								
	5.필리핀	11	12.82	2.676										
	6.몽골	20	14.00	1.338		*								
	7.태국	26	12.23	1.751										
	8.인도네시아	20	13.80	.523		*								
	9.기타	8	11.13	3.643										
사회생활 정보욕구	1.중국조선족	19	29.53	10.080								*		df=8 F=4.231 p=.000
	2.중국	26	31.85	5.446										
	3.일본	27	31.70	4.375								*		
	4.베트남	94	30.45	7.768								*		
	5.필리핀	11	29.18	6.080										
	6.몽골	20	32.75	2.936										
	7.태국	26	29.38	4.428								*		
	8.인도네시아	20	38.65	1.348	*		*	*			*			
	9.기타	8	28.50	10.502										

설 3-3>은 채택되지 않아, 결혼이주여성의 사회생활 정보욕구는 출신국 간의 차이가 있다고 할 수 있으며, 집단 간 차이는 중국 조선족-인도네시아, 일본-인도네시아, 베트남-인도네시아, 태국-인도네시아 집단 사이에서 나타났다.

〈표 6-10〉은 결혼경로별로 정보욕구의 차이를 분석한 결과, 결혼경로별 가족관계요인과 기초생활요인에 대한 정보욕구의 차이에서는 유의미한 결과가 나타나지 않아, 〈가설 3-4〉, 〈가설 3-5〉는 지지되어, 결혼이주여성의 기초생활 정보욕구와 가족관계 정보욕구는 차이가 없다고 할 수 있다. 그러나 사회생활에 대한 정보욕구(F=4.414, df=4, p=.001)는 95퍼센트 유의도 수준에서 통계적으로 유의하게 나타났으며, 기초생활 정보욕구와 가족관계 정보욕구보다 높게 나타나 결혼이주여성들이 사회생활 정보욕구가 매우 높음을 알 수 있다.

결혼경로별 사회생활에 대한 정보욕구에서는 연애를 통한 결혼집단이 가장 큰 것으로 나타났고(평균치 34.77), 그 다음이 학교/동창을 통한 결혼집단(평균치, 31.17), 가족/친척을 통한 결혼집단(평균치, 31.00), 아는 사람을 통한 결혼집단(평

〈표 6-10〉 결혼경로별 정보욕구의 차이와 Scheffe 검증

		사례 수	평균	표준편차	연애	가족 외	학교/직장	아는사람	중개	유의확률
기초 생활 요인	연애	35	12.54	1.961						
	가족	16	12.25	2.049						df=4
	학교동창	6	14.33	1.211						F=3.173
	아는사람	81	12.96	2.205						
	교회/중개	113	12.89	2.501						p=.014
	전체	251	12.86	2.293						
가족 관계 요인	연애	35	13.40	1.818						
	가족	16	12.63	1.821						df=4
	학교동창	6	10.50	5.925						F=3.471
	아는사람	81	12.35	3.313						
	교회/중개	113	13.21	2.447						p=.007
	전체	251	12.86	2.805						
사회 생활 요인	연애	35	34.77	5.941				*	*	
	가족	16	31.00	3.950						df=4
	학교동창	6	31.17	10.515						F=4.414
	아는사람	81	30.90	6.198	*					
	교회/중개	113	30.49	7.564	*					p=.001
	전체	251	31.27	6.922						

균치, 30.90) 순이었고, 결혼중개를 통한 결혼집단(평균치 30.49)이 가장 낮게 나타났다.

결혼경로별 사회생활 정보욕구는 학교/동창 소개 결혼집단과 교회/중개업체 소개 결혼집단을 제외하고 사회생활 정보유용성이 낮은 집단에서 사회생활 정보욕구가 높게 나타나, 정보유용성과 정보욕구가 관련이 있다고 볼 수 있다.

결혼경로별 사회생활 정보욕구에 대한 사후검증 결과에서는 연애-아는 사람, 연애-교회/중개업체 집단 간의 차이가 나타났는데(연애: M=34.77, SD=5.941, 아는 사람: M=30.90, SD=6.198, 교회/중개업체: M=30.49, SD=7.564), 따라서 연애를 통한 결혼집단이 아는 사람이나 중개업체를 통한 결혼집단보다 사회생활에 대한 정보욕구가 높다고 할 수 있다. 이는 연애를 통한 결혼집단이 결혼 전 배우자를 통해 가족생활에 대한 정보를 상대적으로 많이 수집했지만, 그에 비해 사회생활 정보가 적었던 것으로 보이며, 그 결과 사회생활에 대한정보욕구가 더 크게 나타나는 것으로 보인다.

따라서 결혼이주여성의 사회생활 정보욕구는 결혼경로 간의 차이가 없다는 〈가설 3-6〉은 채택되지 않아, 결혼이주여성의 사회생활 정보욕구는 차이가 있다고 할 수 있으며, 집단 간 차이는 연애-아는 사람, 연애-교회/중개업체 집단에서 나타났다.

Ⅴ. 결론 및 제언

이 연구는 결혼이주여성들이 이주 전에 수집한 배우자 및 한국 정보가 한국에서 생활하는 데 얼마나 유용한지 그리고 어떤 정보욕구를 가지고 있는지를 파악하고자 하였다. 특히 출신국이나 결혼경로에 따라 결혼이주여성의 정보수준, 정보유용성, 정보욕구가 어떤 차이가 나타나는지를 논의하였다. 이러한 논의를 통해 파악한 결혼이주여성의 정보수준, 정보유용성, 정보욕구에서 정책적인 측면에서 몇 가지 특징이 관찰되었다.

먼저 결혼이주여성들의 배우자 및 한국 정보수준에서 의미있는 차이가 발견되었다.

우선 결혼이주여성의 한국생활 정보수준은 출신국, 결혼경로 간 차이가 없었으나, 배우자 정보수준은 출신국, 결혼경로 간의 차이가 있었다. 그리고 배우자 정보수준의 집단 간 차이는 기타 출신국과 중국, 베트남, 인도네시아 출신 여성 집단 사이에서 나타났고, 기타 출신국이 가장 낮았다. 결혼경로 집단 간 차이는 연애-교회/중개업체 집단에서 나타났으며, 연애 결혼 집단이 높았다.

둘째, 결혼이주여성의 가족생활, 사회생활 정보유용성은 출신국, 결혼경로 간 차이가 있었다. 출신국 간 정보유용성의 경우, 가족생활 정보유용성은 인도네시아 출신 집단과 중국 조선족을 제외한 나머지 출신국 집단과 차이가 나타났으며, 인도네시아 출신 집단은 정보유용성이 가장 높았다. 사회생활 정보유용성은 일본과 인도네시아 출신 여성 집단에서 나타났으며, 일본 출신 집단이 인도네시아 집단 보다 사회생활 정보유용성이 더 높았다. 결혼경로별 정보유용성의 경우, 가족생활 정보유용성은 연애-아는 사람, 연애-교회/중개업체를 통한 결혼경로 집단 간 차이가 나타났으며, 연애 결혼집단이 가족생활 정보유용성이 높았다. 사회생활 정보유용성은 가족/친척-아는 사람 집단, 가족/친척-교회/중개업체 집단에서 차이가 나타났으며, 가족/친척 소개 결혼집단의 사회생활 정보유용성이 가장 낮았다.

셋째, 결혼이주여성의 정보욕구는 출신국, 결혼경로 간 차이가 있었다. 출신국 간 정보욕구의 경우, 기초생활 정보욕구는 베트남-인도네시아, 베트남-기타 출신국, 몽골-기타 출신국 집단 사이에서 나타났다. 가족관계 정보욕구는 중국-일본, 중국-베트남, 중국-몽골, 중국-인도네시아 집단에서 나타났으며, 중국 출신 집단이 가족관계 욕구가 가장 낮았다. 결혼이주여성의 사회생활 정보욕구는 중국 조선족-인도네시아, 일본-인도네시아, 베트남-인도네시아, 태국-인도네시아 집단 사이에서 나타났으며, 인도네시아 출신 집단이 가장 높았다. 결혼경로별로 정보욕구의 경우, 가족관계요인과 기초생활 정보욕구는 결혼경로 간 차이가 없는 것으로 나타났으며, 사회생활 정보욕구는 결혼경로 간 차이가 나타났는데, 연애-아는 사람, 연애-교회/중개업체 집단에서 나타났다.

이상에서 파악한 것처럼 결혼이주여성의 이주 전 수집한 배우자 및 한국 정보는 출신국, 결혼경로에 따라 다르며, 그러한 정보수준이 한국사회에 적응하는 과정에서 도움되는 정도가 다르며, 그 결과 이들이 한국사회의 적응과정에서 요구되는 정보욕구에서도 차이를 일으키고 있었다. 따라서 결혼이주여성의 정보정책도 이러한 특성을 고려한 정보제공이나 정보서비스체계를 마련하는 것이 필요하다.

첫째, 결혼이주여성의 출신국별, 결혼경로별 정보수준에서 차이는 결국 출신국별, 결혼경로별로 접하는 정보의 양이 다르기 때문이다. 따라서 결혼이주여성들이 한국으로 들어오기 전에 한국에 관한 정보를 접할 수 있는 기회를 넓혀 주어야 하며, 그렇게 하기 위해서는 한국생활에 필요한 정보를 개발, 제공해야 한다. 이주를 계획하는 사람들이 다양한 방법으로 이주사회에 대한 정보를 수집하지만, 고국에서 다른 나라의 정보를 수집하는 것이 쉽지 않기 때문에, 다양한 정보채널을 활용하여 다른 문화권의 사람들이 보다 한국을 잘 이해하고 접근할 수 있는 기회가 주어져야 한다. 또한 구체적으로 한국생활을 준비하는 사람들에게는 한국생활을 안내할 수 있는 정보지표를 분야별로 개발하여 제공하는 것이 필요하다. 각 대사관이나 이민관련기구 등에 한국생활을 안내할 수 있는 가이드북이 제공되어 한국으로 이주하기 전에 한국생활에 대해 이해를 할 수 있는 기회를 제공해야 한다. 그리고 문화교류를 확대하여 한국으로 이주하기 전에 한국의 문화를 접할 수 있는 기회가 더 많아져야 할 것이다.

둘째, 결혼이주여성의 출신국별, 결혼경로별 정보유용성에서 차이가 나타나는 것은 이들이 한국으로 이주하기 전에 수집한 정보가 직접 한국에서 생활할 때와 다르다는 것을 의미한다. 이러한 문제를 해결하기 위해서는 결혼이주여성들에게 배우자나 한국생활에 대한 정보를 정확하게 알려주는 과정이 필요하다. 최근 여성부에서 국제결혼 정보제공 프로그램을 추진하고 있으나, 국제결혼 배우자에게 국제결혼에 대한 사전교육을 통해 국제결혼에 대한 이해를 높일 수는 있지만, 잘못된 정보제공에 의한 피해를 막기에는 부족하다. 따라서 결혼 전에 부정확한 정보에 의해 발생하는 국제결혼의 피해를 막기 위해서는 국제결혼 과정에서 심사를 할 수 있는 제도적인 장치가 필요하다.

셋째, 결혼이주여성의 출신국별, 결혼경로별 정보욕구의 차이는 이들이 한국으로 들어오기 전 정보수준이 다르기 때문이고, 따라서 이러한 정보수준의 차이를 고려한 정보욕구 체계를 만들어야 한다. 현재 한국의 다문화정책은 결혼이주여성의 차이를 고려하지 않은 채, 한국생활 초기 적응과정에 모든 서비스가 집중되어 있다. 이러한 정책 서비스는 사업의 중복과 그로 인한 예산의 낭비를 초래할 뿐만 아니라 이들의 사회통합에도 크게 도움이 되지 않는다. 따라서 결혼이주여성의 사회통합을 위해서는 정보서비스체계가 체계적, 단계적으로 제공되어야 한다. 한국에 관한 정보수준이 차이가 나는 만큼 가장 초보적인 적응의 단계에서는 주로 한국생활에 대한 이해를 도모하기 위한 정보제공이 필요하며, 그 다음 단계로 안정적인 가족생활을 영위하기 위한 가족관계향상을 위한 정보제공이 필요하다. 그리고 정착기에 들어서서는 이들이 자기개발을 할 수 있도록 사회생활을 위한 정보제공이 필요하다.

넷째, 이러한 정보지원서비스를 제대로 제공하기 위해서 다문화사회에 적합한 정보지원체계를 마련하는 것이 필요하다. 다문화사회가 우리사회 전반의 변화를 요구하는 것인 만큼 전체 사회의 지원서비스를 다문화사회에 적합한 방식으로 전환하는 것이 필요하다. 우선은 각 정부부처나 지방자치단체, 교육청, NGO가 민관협력체제를 구축하여, 이들에게 적절한 지원서비스를 제공해야 한다. 그리고 이러한 정보전달체계구축과 함께 현장에서 이들을 지원하는 활동가에 대한 재교육 등이 필요하다.

마지막으로 이러한 정보지원서비스를 결혼이주여성들이 쉽게 이용할 수 있도록 방법의 다양화도 함께 고민해야 한다. 결혼이주여성들은 이주 전 출신국별, 결혼경로별로 배우자나 한국생활에 대한 정보수준에서도 차이가 나지만 이주후 거주지, 생활수준과 생애단계에 따라 정보욕구도 차이가 나기 때문에, 정보에 접근할 수 있는 기회도 다를 것으로 여겨진다. 따라서 이러한 결혼이주여성의 형편을 고려한 정보지원서비스가 이루어져야 하며, 또한 모국어 지원도 함께 이루어져야 한다고 본다. 아무리 많은 정보가 제공되더라도 모국어로 지원되지 않으면 접근성은 떨어지기 때문에 모국어지원서비스가 반드시 함께 이루어져야 할 것이다.

참고문헌

경기도가족여성개발원. 2007. 「경기도내 국제결혼이민자 가족 실태조사 및 정책지원 방안 연구」. (재)경기도가족여성개발원.

김민정 · 유명기 · 이혜경 · 정기선. 2006. 국제결혼이주여성의 딜레마와 선택. 「한국문화인류학」, 39(1): .3-28.

김이선 · 김민정 · 한건수. 2006. 「여성결혼이민자의 문화적 갈등 경험과 소통증진을 위한 정책과제」. 한국여성개발원.

김현미. 2006. 국제결혼의 전 지구적 젠더 정치학. 「경제와 사회」, 70: 10-37.

김현숙. 2007. 결혼이주여성의 사회통합 유형에 관한 연구. 부산대학교 사회학과 박사학위청구논문.

김혜순. 2008. 결혼이주여성과 한국의 다문화사회 실험. 「한국사회학」, 42(2).

박재규. 2006. 국제결혼이주여성의 농촌생활 적응관련 요인분석. 「농촌경제」, 29(3).

설동훈 · 김윤태 · 김현미 · 윤홍식 · 이혜경 · 임경택 · 정기선 · 주영수 · 한건수. 2005. 「국제결혼이주 여성 실태조사 및 보건 · 복지지원정책방안」. 보건복지부.

설동훈 · 윤홍식. 2008. 여성결혼이민자의 사회경제적 적응과 복지정책의 과제.

양순미. 2006. 농촌 국제결혼부부의 적응 및 생활실태에 대한 비교분석. 「농촌사회」, 16(2): 151-179.

양옥경 · 김연수. 2007. 서울거주 여성결혼이민자의 우울에 영향을 미치는 요인 연구. 「정신보건과 사회사업」, 26: 79~110

양옥경 · 김연수 · 이방현. 2007. 서울거주 국제결혼이주여성의 문화적응과 사회적 지원서비스에 관한 조사연구. 「서울도시연구」, 8(2): 229-251

윤형숙. 2004. 국제결혼 배우자의 갈등과 적응. 「한국의 소수자, 실태와 전망」, pp. 321-349

이수자. 2004. 이주여성의 디아스포라. 「한국사회학」, 38(2).

이제환 · 이연옥 · 장덕현. 2004. 소외집단에 대한 정보행태 연구의 방법론적 특성. 「한국도서관정보학회지」, 35(2): 273-295.

이혜경. 2005. 혼인이주와 혼인이주 가정의 문제와 대응. 「한국인구학」, 28(1).

정경운. 2007. 이주여성의 사회문화적 정체성에 관한 연구. 「아시아여성연구」, 46(1).

정일선. 2006. 경상북도 결혼이주여성 적응교육 프로그램 운영과 방향. 「강원도 여성결혼이민자가족 지역사회적응지원을 위한 포럼」. 강원발전연구원.

최송식 · 김현숙. 2008. 결혼이주여성의 이주 전 정보활동이 정보유용성에 미치는 영향. 「한국지방행정연구원」, 22(4).

충남여성정책개발. 2003. 「충남거주 외국인여성을 위한 정책모색 워크숍」.

하밍 타잉. 2005. 1992년 이후 한국과 베트남 사이의 국제결혼에 관한 연구. 서울대석사학위논문.

Dervin, Brenda et al. 1976. The Development of Strategies for Dealing with the information Needs of Urban Residents: Phase I-Citizen Study. Washington, DC.: U.S. Dept. of Health, Education, and Welfare, Office of Education of Libraries and Learning Resources.

IOM. 2008. World Migration.

Portes, Alejandro. 1996. *The New Second Generation*. New York: Russel Sage Foundation.

제 7 장

결혼이주여성의 이주 전 정보활동이 정보유용성에 미치는 영향

최송식 · 장익진 · 김현숙

제 7 장

결혼이주여성의 이주 전 정보활동이 정보유용성에 미치는 영향*

Ⅰ. 연구의 목적과 필요성

한국사회에 결혼이주여성[1)]이 유입된 지 20년이라는 시간이 지나고 있다. 1990년에만 해도 결혼이주로 한국에 온 여성의 수는 619명에 불과했으나, 2007년 현재 약 3만 명의 이주여성들이 한국사회의 구성원으로 유입되었다(통계청, 2007). 또한 결혼이주여성의 구성내용도 이전과는 큰 차이를 보이고 있다. 한국의 결혼이주의 흐름에서 초기에는 주로 통일교를 통해 온 일본여성과 비록 다른 국적을 가졌지만 동족으로 인식된 중국 조선족 여성이 대부분이었다. 그러나 1990년대 중반을 지나면서 중국, 필리핀, 베트남, 태국 등 동남아시아 국가뿐만 아니라 중앙아시아 국가들의 여성들로 다변화되고 있다. 그리고 출신국의 다양성뿐만 아니라 이들의 계층배경 등 내부적으로 매우 이질적인 모습을 보이고 있다.

결혼이주여성의 규모가 증가하고 이들의 계층적 배경이 다양화되면서, 이들이 한국사회에 적응하는 모습도 예전과 다른 양상을 보이는 듯하다. 출신국별로 적응하는 모습에서 차이를 보이고 있는데(양순미, 2006; 양옥경 외, 2007; 김현숙,

* 이 연구는 2007년도 학술진흥재단의 중점연구소 과제지원을 받아 수행한 연구임(KRF-J01101).

1) 한국 남성과 결혼한 외국인 여성에 대해 '외국인 주부' 등이라는 용어를 사용해 왔으나, 2006년 4월 정부가 관련정책을 발표하면서 '여성결혼이민자'라는 개념을 채택했다. 하지만 아직 법, 제도적으로 '이민'에 대한 개념이 정립되어 있지 않고, 또한 최근의 '이민'은 이동 후 국적과 시민권을 취득하고 정착하는 과거의 이민과 달리 출신국과 유입국의 상황에 따라 정착여부가 결정되는 고정되지 않은 형태를 띤다. 그리고 본 연구에서는 결혼이주는 노동이주의 한 형태로 보기 때문에 결혼이주여성이라는 개념을 사용한다.

2007), 빠른 시일내에 주류사회로 동화는 사람이 있는가 하면, 주류사회에 편입되지 못하고 주변화되거나 고립되는 경우도 있다. 교육수준이 높을수록 동화보다는 자신의 출신국의 문화를 유지하려는 경향이 강하지만, 주류사회로 편입되는 속도도 빠른 모습도 보이고 있다(양옥경 외, 2007). 또한 경제적인 차원에서 적응을 잘하는 사람이 있는가 하면, 문화적으로 더 쉽게 적응하는 경우도 발견된다(설동훈 외, 2008).

이렇듯 결혼이주여성의 적응방식이 다양해진 것은 결혼이주여성의 내부구성이 다양해졌을 뿐만 아니라, 한국으로 결혼하여 들어오기 전 한국을 접할 기회가 많아져 어느 정도 한국을 이해하고 들어오는 이주여성들이 증가했기 때문이기도 하다. 예컨대 매스컴의 발달로 이전보다 타문화와 접촉할 기회가 많아졌고, 이와 더불어 최근 동아시아에서의 한류문화의 영향으로 한국문화에 대해 미리 접할 기회가 많아졌기(김이선 외, 2006) 때문이다. 그리고 국가간 이주가 활발하게 진행되면서 이주에 관한 정보뿐만 아니라, 이미 이주경험이 있는 주변사람들로부터 이주국 사회에 대한 정보를 접하고 들어오는 사례도 증가했기(박경태 외, 1999) 때문이기도 하다.

한편 결혼이주여성들은 그들의 결혼방식에 따라 접하는 정보의 수준과 내용이 다르다고 한다(설동훈 외, 2005). 한국인 남성과 결혼이 성립되면, 한국으로 들어오기 전에 한글교육은 물론이고 한국문화에 대한 이해, 한국생활정보 등을 미리 접하고 오는 사람이 있는가 하면, 전혀 그러한 정보를 접하지 못하고 한국으로 들어오는 경우도 많다. 이러한 의미에서 배우자와 한국의 정보수준을 결정하는데 있어서 결혼경로가 매우 중요하다.

또한 결혼 전 이주태도도 배우자와 한국에 대한 정보수준에 영향을 미칠 가능성이 있다. 결혼 전에 이주할 계획이 있는 사람인 경우 이주국에 대한 정보활동에 더 많이 시간을 투여하게 되며(김현숙, 2007), 그 결과 배우자나 한국에 대한 정보수준을 높일 것이다. 한국으로 이주하려는 의사가 있었던 경우에는 한국어 교육을 받는다든지, 브로커를 만나는 등 다양한 노력을 기울이기 때문에 이 과정에서 다양한 정보를 접하게 되고, 실제 한국사회의 정보에 더 많이 접근함으로써 이주후 적응에 영향을 미칠 가능성이 있다.

그런데 이렇듯 과거에 비해 한국을 접할 수 있는 기회가 확장되었음에도 불구하고, 왜 많은 사람들이 한국에서 적응하는 데 어려움을 겪는 것인가? 결혼이주여성에 관한 선행연구에서는 이들이 언어 문제와 더불어, 일상생활, 가족구조, 젠더구조 등 본국과 다른 문화적 차이(민경자, 2003; 김이선 외, 2006), 사회화된 편견(김민정 외, 2006), 경제적 어려움(강원도 여성정책개발실, 2001), 사회적 고립(민경자, 2003), 국적취득의 어려움 등으로 한국사회에 적응하는 데 어려움을 겪고 있다고 한다. 그리고 이러한 어려움은 가족내에서 인격적 무시와 가정폭력 등 가족간 갈등으로 나타나고 있으며, 이들의 정신건강의 저해요인으로 작용하여 우울이나 불안 등 정신병리적 증상을 유발하기도 하며(양옥경 외, 2007), 심지어 자살로 이어지기도 한다.

결혼이주여성의 적응의 어려움은 한국사회가 아직 다문화[2]를 수용할 만한 여건이 마련되지 않기 때문이기도 하다(김혜순, 2008). 하지만 결혼이주여성의 부적응의 문제[3]가 결혼 전 이들이 수집한 정보와 실제 현실간의 간격에서 발생하고 있다면, 부적응의 문제를 다른 시각에서 접근해 볼 필요가 있다. 또한 실제 적응에 필요한 정보를 고려하지 않은 채 결혼을 서둘렀을 경우 가족생활이나 사회생활을 영위해 나가는 데 많은 어려움을 겪을 것이다. 예컨대 결혼 전 한국사회에 대한 정보를 접할 수 있는 기회가 많아지고, 또한 그러한 정보가 다양하고, 바르게 전달된다면 이주 후 이들의 적응문제는 보다 쉬워질 가능성이 있다.

이런 맥락에서 이 연구는 결혼이주여성의 이주 전 정보활동이 한국에서 생활하는 데 얼마나 유용한지를 살펴보고자 한다. 기존의 결혼이주여성에 대한 연구

---

2) 최근 외국인 거주민이 많아지는 현상에 대해서 일반적으로 다문화라는 용어가 사용되고 있지만, 이것은 엄밀하게 말해서 인구학적 구성의 변화만을 의미하는 것으로 다인종/다민족화라는 용어가 더 적합하다. 다문화사회가 되기 위해서는 이러한 인구학적 구성의 변화 이외에도 여러 나라로부터 유입된 외국인에 대해 포용적이며 상호 존중적인 정책, 태도, 문화로의 변화를 지향해야 한다. 그리고 다문화주의는 이러한 사회를 견인해 가는 정치이데올로기라고 할 수 있다.

3) 이주자의 적응의 개념이 새로운 문화에서 원만한 상호작용을 통하여 심리적, 물리적으로 안정되게 지내는 것(구차순, 2007)이라면, 부적응은 그 반대의 경우이다. 이러한 의미를 결혼이주여성에게 적용하면, 언어, 문화차이로 인한 가족구성원 간의 갈등, 이웃 등 다른 사회적 관계에서의 원활한 관계를 맺지 못하는 것, 적합한 직업능력의 부재와 취업기회의 차별로 인한 노동시장에서의 소외, 선거 등 구성원으로서 마땅한 권리행사에서 소외 등이 부적응의 사례에 해당된다.

들은 유입 후 적응에 필요한 정보수요에 초점을 두고 연구가 이루어져 왔으나, 이 연구에서는 결혼이주여성의 이주 전 정보활동에 초점을 맞춤으로써 이주여성의 한국생활에 적응하기 위한 정보강화를 위한 기초자료로 활용될 수 있다.

Ⅱ. 선행연구 검토

1. 결혼이주와 이주경로

한국으로 유입된 결혼이주여성의 규모는 1990년 이후 지속적으로 증가했다. 1990년만 하더라도 619명에 불과했으나, 16년 만에 무려 50배가 증가하여 2007년 한해만 하더라도 3만 명 이상이 유입되었다(통계청, 2007). 그리고 결혼이주여성의 국적도 중국 조선족뿐만 아니라 중국, 필리핀, 베트남, 태국, 캄보디아 등 동남아시아 국가, 우즈베키스탄, 몽골 등 중앙아시아 국가 등 매우 다변화되었다. 결혼이주여성의 규모가 증가하고 그들의 국적이 다양해진 것은 이들의 이주를 추동하는 다양한 요인들이 복합적으로 작용했기 때문이다.

결혼이주에 관한 선행연구에 의하면, 결혼이주는 노동이주의 일환으로(이혜경, 2005) 세계화 이후 국가간 불균형 현상속에서 지속되어 왔으며, 송출국과 유입국 간의 배출과 흡인요인이 복합적으로 작용한 결과이다(설동훈, 1996). 선진국에서의 가정부, 보모, 간병인, 엔터테이너 등 서비스산업에서의 여성수요의 증가(Sassen, 1998; Hochschild, 1997)와 함께, 특히 한국의 경우 고령화, 저출산 등으로 인한 인구감소의 문제와 더불어 결혼시장의 남녀성비의 불균형으로 결혼시장의 교란 등이 사회적 문제가 되면서 신부에 대한 수요가 증가했기 때문이다(김현숙, 2007). 반면 경제적으로 가난한 국가의 여성들은 자국의 가난과 실업, 그리고 가부장적 체제 등의 요인들이 여성들의 해외이주를 추동했다. 결국 이러한 송출국과 유입국 간의 흡입과 배출 요인이 작용하면서 여성이주가 증가했다. 그런데 결혼이주에는 이러한 국가 간의 흡입배출 요인 이외에도 결혼의 본질과 관련된 논의가 필요하다. 살스비(Sarsby, 1983: 155-202)에 의하면, 결혼은 여성이 경제적으로 자립하기 어려운 사회에서 여성의 생존전략이라는 것이며, 이러한 측면에서 본다면 현재 제3세계 여성들은 자신의 생존과 보다 나은 삶을 위해 자국이 아니라, 다른 국가에서 배우자를 찾고 있는 것이다.

한편, 대부분의 결혼이주여성들은 자력으로 국경을 넘는 것이 쉽지 않기 때문에 결혼이주의 과정에는 다양한 이주경로가 존재한다(윤형숙, 2003; 이혜경, 2005; 설동훈 외, 2005). 어떤 나라에서 특정 다른 나라로 이동할 때 의지할만한 사회적 자원이 전혀 없기 때문에, 다른 나라로 이주하려고 하는 사람들은 이미 해외로 이주한 사람들과 필연적으로 연결된다. 이러한 이주경로는 일정 규모를 넘으면, 점차 사회구조를 창출하고, 매번 새로운 이주자들은 이 경로를 이용하여, 이는 다시 해외에 연고를 가진 사람들을 확대시킨다(설동훈, 1996: 49). 하지만 결혼이주경로는 모든 결혼이주여성에게 동일하게 나타나는 것은 아니다. 결혼이주자의 국적, 학력에 따라 이주하는 주된 경로가 다르다는 것이다. 국적에 따라 유입하기 어려운 경우가 있으며, 이는 일차적으로 어떠한 사회적 관계가 형성되지 않았기 때문이다. 결혼이주여성의 유입배경을 다룬 선행연구에서는 송출국과 유입국의 경제적 교류를 지적하고 있다(Wang, 2002). 즉, 송출국과 유입국 사이를 잇는 사회적 다리가 있는 것이고 그들은 그 다리를 건너 온 것이다(설동훈, 1996). 결국 국가와 국가 간 어떠한 사회적 관계가 형성되지 않은 경우에는 이주를 할 가능성이 적다. 또한 국적은 언어, 피부색 등 문화적 차이를 반영하기 때문에 이주국과 문화적 배경이 차이가 날 경우 결혼이주가 일어날 가능성 낮다고 할 수 있다. 즉, 송출국과 이주국 간의 문화적 거리가 존재한다. 또한 결혼이주는 대체로 경제적으로 가난한 국가에서 부유한 국가로 흐르기 때문에 경제적으로 부유한 국가의 여성들이 그보다 못한 국가의 남성과 결혼할 가능성이 적다고 할 수 있다.

또한 학력에 따라 결혼이주경로가 다르다. 학력은 개인의 인적 자원으로, 학력이 높을수록 더 많은 연결망을 가질 가능성이 크다(김용학, 2004: 30). 동원될 연결망이 많을수록 더 많은, 더 폭넓은 정보를 알 수 있고, 더 쉽게 이주할 가능성이 높다. 특히 결혼이주의 경우 배우자나 이주국에 대한 정보를 잘 알지 못하기 때문에, 이러한 불확실성을 줄이기 위해 다양한 연결망을 통해 더 많은 정보를 얻기 위해 노력할 가능성이 크다. 따라서 결혼이주경로는 국적에 따라 학력에 따라 차별적으로 발생하는데, 국가 간 사회적 교류가 많을수록, 학력이 높을수록 더 비용을 절감하는 방향으로의 연결망이 구조화될 것으로 여겨진다. 결국 결혼이주경로는 국가 간 교류, 이주자의 자원, 그리고 그에 따른 경로에 의존하며, 시간이 지날수록 이주경로는 계속 확장되며, 이주의 규모를 증가시킨다.

한편 결혼이주의 흐름은 결혼이주의 규모가 증가하면서 결혼이주경로도 점차 구조화되고 있다. 한국의 경우 1990년대 이전에는 통일교 등 종교단체가 주선하여, 한국의 농촌총각과 일본여성의 국제결혼이 추진되었다.[4] 1990년대 들어서면서 통일교뿐만 아니라 농림수산부, 보건사회부 등 정부기관이 적극적으로 개입하게 되었고, 이때 한국과 정식 수교가 수립되기 전 사회주의 국가인 중국 조선족 여성과의 결혼이 이루어지게 된 것이다(홍기혜, 2000: 56). 그리고 중국 조선족 여성과 농촌총각의 결혼이 크게 증가하면서, 이들의 결혼을 주선하는 전문적인 브로커도 생겨났다.[5] 하지만 조선족 여성들의 사기결혼, 위장결혼으로 인한 피해사례가 보고되면서, 1990년대 말부터 조선족 여성의 대안으로 동남아, 중앙아시아, 러시아 등 다른 지역들과의 결혼이 등장하게 되었다. 국제결혼중개업자들은 사업의 근거지를 동남아시아 지역으로 확장해 갔으며, 1998년 혼인알선기관의 설립이 '허가제'에서 '신고제'로 바뀌면서, 결혼중개업체가 크게 증가했으며(이혜경, 2005), 현재 결혼이주의 주요한 경로가 되고 있다.

최근에는 종교단체, 결혼중개업체뿐만 아니라 민간차원의 결혼경로도 확장되고 있는 추세이다. 실제로 설동훈 외(2005)에 의하면, 결혼이주여성의 49.3%는 친구, 선후배, 친척 등 주변 사람들의 소개로 한국인 남편을 만났으며, 타인의 소개 없이 직접 만남은 16.1%, 종교단체는 15.6%, 결혼중개업체는 13.4% 등 주로 4가지 방식으로 이루어지고 있다. 지난 몇 년 동안 국제결혼이 활발히 진행되었고, 실제

---

4) 통일교는 아담이 실패한 이상적인 참가정을 만들고 세계평화를 가져온다는 '종교적인 이유'를 내걸고 1980년대 말부터 한국의 농촌총각과 일본여성의 국제결혼을 추진해 왔다. 한국의 농촌총각과 결혼한 일본여성들은 학력수준이 높고, 사회적 배경이 좋은 여성들이었다고 한다. 하지만 한국의 농촌총각의 낮은 교육수준이나 사회적 여건에 실망하게 되었고, 한일간의 결혼은 점차 어렵게 되었다.

5) 브로커를 통한 국제결혼의 사례는 크게 ① 중국에서 국제결혼 알선업 자격증이 있는 업체를 통한 국제결혼, ② 자격증이 없는 업체를 통한 국제결혼, ③ 주로 영사관 주변에서 민박집을 하는 개인을 통한 국제결혼의 세 가지로 구분된다(보건복지부, 2005: 43).

로 민간차원의 교류가 이루어짐에 따라 결혼중개업체를 통한 결혼보다 '아는 사람'을 통한 결혼방식이 더 높아지는 추세이다.[6] 국가와 국가 간 결혼경로가 없었던 상태에서는 지자체와 지자체, 국제결혼중개업체는 국가와 국가 간의 결혼의 연결고리 역할을 맡았다. 하지만 2000년대 이르러 해외로 나간 친구, 친척들이 국제결혼에이전시로 활동하면서, 자신의 네트워크를 통해 고향에 있는 친구나 동생에게 초국가적인 결혼을 주선하는 사례도 크게 증가하였다(Wang and Chang, 2003). 그리고 최근에는 인터넷 등 전지구적 정보통신의 연결망이 인종과 국적이 다른 사람들이 채팅이나 인터넷 펜팔을 통해 '인터넷 로맨스'를 구축할 수 있는 가능성을 증폭시키고 있다(Constable, 2003; 김현미, 2006). 결혼이주의 규모가 증가함에 따라 결혼이주경로가 점차 다양화되고 있으며, 이러한 결혼이주경로는 이주의 가능성을 증가시키고, 추가이동을 야기하며, 그 결과 이주경로의 범위는 더욱 확대되고 있다. 그리고 현재 이러한 결혼이주경로는 서로 복잡하게 연결되어 있다.

2. 결혼이주여성의 정보활동

낯선 곳으로 이주를 계획하는 사람에게 이주할 곳에 대한 정보를 수집하는 일은 매우 중요하다. 얼마나 많은 정보를 수집하고, 그에 따른 준비를 하느냐에 따라 이주후의 삶에 미치는 영향이 다르기 때문이다.

결혼이주여성들이 한국으로 유입되기 전에 어떠한 정보활동을 했는지에 대해서는 거의 알려지지 않았다. 다만 결혼이주여성의 출신국과 '한국'과의 관계나 문화교류에 따라 한국을 접하는 기회나 정보의 수준에서 차이가 난다고 한다. 김이선 외(2006: 57)의 연구에 의하면, 베트남 이주여성의 경우 시기적으로 1990년대 중-후반에 입국한 여성들은 당시 베트남에 진출한 한국기업에 취업하거나 산업연수생으로 오게 되면서 한국을 알게 되었고, 1990년대 후반 이후에 입국한 여성

[6] 물론 '아는 사람의 소개'가 실제로 결혼중개업체와 연결된 구조라는 점을 감안할 때, 결혼중개업체를 통한 결혼비율이 낮게 조사된 결과일 수 있지만, 대부분의 국제결혼이 결혼중개업체를 통한 결혼일 것이라는 인식이 과장된 측면도 있다.

들은 대부분 한국 드라마나 영화를 통해 결혼 이전부터 한국에 대한 관심을 가진 경우가 많았다고 한다. 태국이나 필리핀 이주여성의 경우는 베트남처럼 한류나 한국기업의 영향은 거의 없었고, 통일교를 통해 한국을 알게 되었다고 한다. 통일교에 다니는 친구를 통해 한국인과의 국제결혼을 권유받으면서, 한국에 대해서 알게 되었고 이때 들었던 내용은 한국이나 한국 남성에 대한 긍정적 설명이 대부분이었다고 한다. 한편 중국 조선족 여성은 언어나 문화면에서 한국과 가장 친숙하고, 한-중 수교 이후 실질적으로 교류의 폭이 넓기 때문에 한국에 대해 잘 알고 있을 것이라고 여겨지지만, 실제로 중국 언론에서 한국 소식을 제한적으로 접했다고 한다. 여성들이 한국에 대한 정보를 습득할 수 있었던 것은 주로 학교나 언론 등 중국사회의 주류 통로를 통해서였고, 특히 위성텔레비전의 보급으로 한국 드라마나 영화를 통해 한국을 이해하기 시작했다. 이처럼 결혼이주여성들은 출신 국가별로 한국과의 관계와 문화교류에 따라 한국을 접하는 기회가 달랐다. 대부분의 결혼이주여성들은 한국에 대한 정보를 TV, 신문, 라디오와 같은 어떠한 의도하지 않은 수동적인 정보매체를 통해 한국을 인지하는 정도였다.

한편 정보는 매우 주관적인 속성을 지니기 때문에(Dervin & Nilan, 1986: 3-33), 사람들은 문제에 봉착했을 때 객관적으로 가치 있는 정보를 탐색하여 합리적으로 이용하려 하기보다는 비록 신뢰가 부족하더라도 자신의 주변에 존재하는 정보를 우선적으로 이용하려는 경향을 지니고 있다(이제환 외, 2004). 결혼이주여성들의 경우 이미 이전에 한국으로 이주한 경험이 있는 이웃사람들로부터 한국에 관한 정보를 접하고 있었다(김이선 외, 2006). 주변이주자들이 비록 한정된 정보를 전달하기는 하지만, 이들은 한국으로 이주했을 때 겪게 되는 문제점과, 이주 전에 준비해야 할 사항들을 알려준다는 점에서 매우 유용하다. 따라서 이들이 주변이주자로부터 얻은 한국에 관한 정보는 구체적인 한국에 관한 정보를 제공한다는 점에서 이주를 결정하는 데 중요하게 작용할 가능성이 크다. 이렇듯 결혼이주여성들은 개인에게 위험부담과 비용이 크기 때문에 자신의 사회적 관계를 통해서 알고 있는 사람들로부터 정보를 구하고 있었다. 정보사회에서 정보의 양이 아무리 많이 쏟아져 나오더라도, 혹은 바로 그러한 정보의 홍수 때문에, 사람들은 정보를 선택하기 위한 메타정보가 필요하고 이를 자신의 사회적 관계내에서 찾는 것이다.

한편 결혼이주여성들이 보다 구체적으로 한국이나 한국인 배우자에 대한 정보를 습득하게 되는 것은 이들의 결혼을 중재할 사람을 직접적으로 만나면서이다. 이들을 통해 결혼이주여성들은 한국과 한국인 배우자에 대해 보다 구체적이고 정확한 정보를 전달받고, 이러한 정보를 바탕으로 한국으로 이주할 준비를 하게 된다. 그렇기 때문에 이들이 전달하는 정보는 이들의 이주 후 삶에 영향을 미친다는 점에서 중요하다. 하지만 결혼중재자를 통해 습득한 정보가 이주후의 삶에 긍정적인 영향을 미치는 것만은 아니다. 오히려 이들이 막연한 정보를 전달함으로써 이주 후 적응하는 데 아무런 도움이 되지 못하기도 한고, 또한 잘못된 정보전달로 인해 피해가 발생하기도 한다(설동훈 외, 2005). 베트남 이주여성의 경우(하밍타잉, 2005) 한국은 물론 한국 남성에 대한 정보가 제공되지 않은 상황에서, 일주일 안에 맞선도 보고 결혼식도 올리고 신혼여행까지 가지만, 이 과정에서 통역자의 설명에 의한 정보가 상대방에 대한 지식의 전부이고, 한국 입국 수속을 기다리는 2개월 동안 한국어를 배우는 것이 한국에서 적응을 위한 정보의 전부가 되는 경우가 많다고 한다. 결국 상대방에 대한 이해가 전혀 없는 상황에서 결혼이 이루어짐으로써 한국으로 이주 후 적응하는 데 어려움을 겪을 뿐만 아니라, 결혼의 실패로 이어질 가능성이 크다.

이러한 사례는 민간인을 통한 결혼의 경우에도 다르지 않다. 결혼과정에서 한국어를 모르기 때문에 주로 통역을 통해 한국에 대한 정보를 습득하게 되며, 이들이 전달하는 한국에 대한 지식은 형식적인 내용들로 한국을 이해하는 데 큰 도움이 되지 못할 때가 많다(김이선 외, 2006). 게다가 이러한 모습은 한국인과 이미 결혼한 친구나 친척 역시 대화의 목적과 맥락에 따라 단편적이거나 왜곡된 모습만 전해주기 때문에 한국에 관한 이해를 높이는 데 도움이 되지 못한다고 한다. 이러한 상황에서 정보의 불확실성을 제거하기 위해, 이들이 의존하는 것은 TV 드라마나 영화가 되는 경우가 많다. 그런데 드라마는 현실을 곧바로 반영하기보다 왜곡된 형태로 전달하는 경우가 많으며, 한국에 대한 정보가 없는 이주여성들의 경우, 드라마 속에 비춰지는 한국이나 한국 남성에 대한 이미지를 여과 없이 받아들일 가능성이 크다. 그리고 이러한 왜곡된 이미지를 가지고 온 이주여성들은 현실의 한국과 한국 남성과 갈등을 일으키기 쉽다.

3. 정보수준과 정보유용성

이주여성들은 결혼 전에 한국이나 배우자에 관해 어떠한 정보를 접하고 있으며, 그러한 정보는 한국에서 생활하는 데 도움을 주고 있는가?

대부분의 이주여성들은 결혼 전 한국에 관한 인식수준이 매우 낮은 실정이다. 이들은 결혼 전 한국에 관한 정보가 부재한 상태에서 결혼중개자로부터 한국에 관한 정보를 처음 접하는 경우가 많다. 통일교를 통한 결혼사례(윤형숙, 2003: 7)에서, 필리핀 여성들은 통일교를 통해 한국에 관해 듣기 전에 한국을 북한으로 알고 있던 사람이 많으며, 교회나 결혼정보업체나 다른 통로를 통해 한국을 "경제적으로 발전한 나라"로 알게 되며, 그리고 한국에 대한 일종의 코리안 드림 같은 것을 갖게 된다고 한다. 그리고 한국에 대해 보다 구체적으로 접하게 되는 것도 한국으로 들어오기 전 통일교 교육을 통해 받는 교육이 한국에 대한 정보의 전부인 경우가 많다. 통일교 교육은 통일교 교리 이외에 한국문화, 한국어 철자, 인사말이나 존댓말, 음식조리법, 인사법 등을 배우게 된다(김이선 외, 2006)고 한다. 이와 같은 교육은 통일교뿐만 아니라 결혼중개업체를 통한 결혼의 경우에서도 이루어지고 있었다. 결혼이주여성들의 약 54%는 한국으로 들어오기 전 간단한 한글교육을 받고 있었으며, 이 이외에도 문화예절교육, 생활정보교육 등을 통해 한국을 접하고 있었다(이순형, 2007). 그러나 이러한 교육은 교육기간이 매우 짧을 뿐만 아니라, 교육의 내용도 언어나 음식 등 특정한 분야에 한정되어 있어 이들이 적응하는 데 별다른 도움이 되지 못한다(이순형, 2007: 300-301).

한편 결혼과정에서 이주여성들은 결혼중개자로부터 한국에 관한 정보뿐만 아니라 배우자에 대한 정보를 접하게 된다. 하지만 이주여성들이 배우자에 대해 얼마나 많은 정보를 갖느냐의 문제는 국제결혼의 방법에 따라 달라질 수 있다. 비교적 가까운 사람의 소개로 결혼한 경우 이주여성들은 배우자에 대해 보다 자세한 질문을 할 수 있었을 것으로 예상된다. 하지만, 결혼중개업체를 통해 배우자를 만난 경우에는 이주여성이 배우자의 정보에 대해서 묻는 경우는 드물고, 대개 남성이 이주여성을 선택했을 때 남성에 대해서 질문을 할 수 있다(김현미, 2007). 이때 통역자를 통해 듣게 되는 남성의 정보는 대개 직업이나 가족관계에 대한 정보라고 한다. 결혼과정이 이렇게 이루어지다 보니, 결혼하기에 적절하지 않은 사회적 비적응자나 정신에 이상이 있는 남성과 성혼이 이루어지는 경우가 많다고 한다. 또한 원하는 정보를 제대로 얻지 못한 상태에서 결혼이 이루어지다 보니, 정보가 사실과 달라 어려움을 겪는 경우가 많다. 설동훈 외(2005)에 의하면, 배우자에 관한 정보 중 사실과 다르다는 내용은 남편의 성격(37%)이 가장 많았고, 그 다음으로는 남편의 소득(28%), 재산(21%), 직업(20%) 등 남편의 경제적 지위가 주로 지적되었다. 즉, 이주여성이 결혼 전 배우자와의 결혼과정에서 받았던 정보가 결혼 후 실제로 정보가 다르다는 것이다. 또한 배우자에 대해 불충분하거나 사실과 다른 정보를 얻었을 가능성은 그들의 국제결혼 방법에 따라 차이가 있었다. 결혼중개업체를 통해 남편을 소개받은 경우의 거의 절반에 가까운 44%의 이주여성이 사실과 다르다고 했다. 그 다음은 부모나 친인척 또는 아는 사람의 소개로 만난 경우로 21%가, 그리고 통일교를 통한 국제결혼에 있어서도 17%가 사실과 다르다(설동훈 외, 2005)고 한다. 따라서 남편에 대한 사전정보가 일치한다는 응답은 본인이 직접 상대방을 만난 경우로 이 경우에는 일치한다가 71%에 이르렀다. 이것은 결혼중개자와의 관계에 따라 배우자의 정보수준이 다르다는 것이며, 이러한 차이는 적응과정에 미치는 영향이 다르게 작용할 가능성이 있다.

대부분의 이주여성들은 한국이나 배우자에 대한 정확한 정보 없이 막연한 기대속에 결혼과 이주를 결정하고 한국으로 들어오게 된다. 그러나 이러한 이주여성의 기대와는 다르게 막상 이들이 한국에 와 보면 실제와 달라 좌절과 실망감이 클 뿐 아니라, 이로 인해 심각한 부적응의 문제가 발생하기도 한다. 국제결혼가정의 부부갈등에 관한 연구에서, 김오남(2006)은 국제결혼가정의 부부갈등이 단순하게 배우자의 경제적 요인보다 언어능숙함, 문화적응스트레스와 문화정체감 등 문화적 요인이 중요하게 작용하고 있음을 지적하고 있다. 이것은 한국에 적응하는데 있어서 한국에 대한 이해가 무엇보다 중요하고, 나아가 배우자에 대한 올바른 정보제공이 이루어져야 함을 의미한다.

4. 결혼이주여성의 이주 전 정보활동이 정보유용성에 영향을 미치는 경로

이 연구는 결혼이주여성의 이주 전 정보활동이 정보유용성에 미치는 경로를 알아보기 위해 〈그림 7-1〉과 같은 분석모형을 설정하였다. 이 모형에서 〈경로 1〉은 이주 전 정보활동이 정보유용성에 영향을 미치는 직접효과를 나타낸다. 〈경로 2〉는 이주 전 정보활동이 한국 정보수준을 매개로 하여 정보유용성에 미치는 간접적 효과이고, 〈경로 3〉은 이주 전 정보활동이 배우자 정보수준을 매개로 하여 정보유용성에 간접적으로 영향을 미치는 경우이다. 〈경로 4〉는 이주 전 정보활동이 배우자 정보수준을 매개하여 한국정보수준에 영향을 미치고, 정보활동과 배우자 정보수준에 영향을 받은 한국 정보수준이 정보유용성에 간접적으로 영향을 미치는 경우이다.

이 연구에서는 경로분석을 통해 결혼이주여성의 이주 전 정보활동이 정보유용성에 미치는 영향을 가장 잘 설명해주는 경로가 어떤 것인지 살펴보고, 이 모형에서 배우자 및 한국정보수준이 실제로 매개하는지 확인하려고 한다.

〈그림 7-1〉에 근거해서 4가지 설정이 가능하다.

1) 정보활동은 결혼이주여성의 정보유용성에 직접적인 영향을 줄 것이다〈경로 1〉.
2) 정보활동은 한국 정보수준을 매개로 하여 정보유용성에 간접적으로 영향을 줄 것이다〈경로 2〉.
3) 정보활동은 배우자정보수준을 매개로 하여 정보유용성에 간접적으로 영향을 줄 것이다〈경로 3〉.
4) 정보활동은 배우자 정보수준을 매개로 하여 한국정보수준에 영향을 주고, 정보활동과 배우자 정보수준에 영향을 받은 한국정보수준은 정보유용성에 영향을 줄 것이다〈경로 4〉.

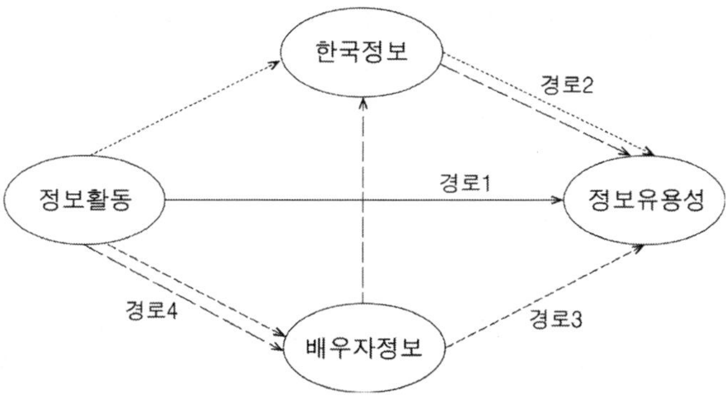

〈그림 7-1〉 정보유용성에 영향을 주는 요인

Ⅲ. 연구방법

1. 연구 대상 및 자료수집

본 연구는 결혼이주여성의 이주 전 정보활동이 한국에서 생활하는 데 얼마나 영향을 미치고 있는지를 분석하기 위해 2008년 5월 1일부터 2008년 7월 30일까지 3개월에 걸쳐 진행되었다. 연구에 참여한 결혼이주여성들은 부산, 경남지역에 거주하는 251명의 결혼이주여성들이다.

표본의 표집은 부산, 경남지역에 소재한 여성회관, 복지관, 결혼이민자센터, 이주여성인권센터의 프로그램에 참여하는 결혼이주여성들을 발견하여 눈덩이표집(snowball sampling)이나 유의표집을 이용하여 조사를 수행하였다. 센터나 회관 등에서는 최근에 입국하는 조사대상자나 특정 출신국에 편중되기 때문에, 표본이 국적별로 분석 가능한 사례에 도달할 때까지 설문조사를 실시하였다. 수집된 자료는 실사과정을 통해 조사여부를 확인하였고, 필요한 정보가 조사되지 않은 경우 추가접촉을 통해 자료를 보완하였다. 이런 확인 및 편집과정을 거쳐 적합한 설문지만을 코딩하여 결국 중국 조선족 19명, 중국 26명, 일본 27명, 베트남 94명, 필리핀 11명, 몽골 20명, 태국 26명, 인도네시아 20명, 기타 8명의 결혼이주여성들이 수집되었다.

〈표 7-1〉 결혼이주여성의 표본 현황

		거주지		전체
		부산	경남	
출신국	중국 조선족	15	4	19
	중국	21	5	26
	일본	8	19	27
	베트남	58	36	94
	필리핀	8	3	11
	몽골	12	8	20
	태국	18	8	26
	인도네시아	20	0	20
	기타	7	1	8
전체		167	84	251

〈표 7-2〉 설문조사의 내용

설문 주제	항목	조사목적
사회인구학적 배경	출신국, 입국시기, 거주지, 연령, 교육수준, 형제유무, 태어나고 자란곳, 결혼전 직업활동 및 기간, 이주태도 및 이유	개인적 조건에 대한 이해
결혼중개자와의 관계	관계, 성별, 연령, 학력, 직업, 거주지, 만남의 횟수	결혼중개자 관계 및 친밀도 파악
주변이주자	유무, 한국정보내용	주변이주자 영향 파악
한국정보	정보경로, 수준 및 내용	한국정보취득 경로 파악
배우자정보	정보제공자, 정보수준 및 내용	배우자정보취득경로 파악
한국 및 배우자 정보수준	배우자 가족관계, 재산, 직업, 학력, 건강상태, 성격, 거주지 한국어, 날씨, 음식, 의례, 취업여건, 가족문화, 인종편견	한국 및 배우자 정보수준 파악
한국 및 배우자 정보 일치	배우자 가족관계, 재산, 직업, 학력, 건강상태, 성격, 거주지 한국어, 날씨, 음식, 의례, 취업여건, 가족문화, 인종편견	한국 및 배우자 정보 일치
한국 및 배우자 정보 유용성	일상생활, 사회적 관계, 사회활동, 여가 및 오락, 정치참여	한국 및 배우자 정보 유용성 파악
정보욕구	음식, 언어, 주거, 부부, 시부모, 자녀관계, 직업, 이웃, 건강, 여가, 복지, 국적, 종교	정보욕구 파악
전하고 싶은 정보	국적취득, 사회문화, 경제, 가족	전하고 싶은 정보 파악
전달하는 정보	날씨, 음식, 제사, 가족, 취업, 상품, 편견, 차별, 국적취득, 사회보장	전달하는 정보 파악
결혼에 대한 태도		결혼만족도 파악
한국이미지		한국이미지 결혼 전/후 파악

2. 측정도구

1) 정보수준

정보수준은 한국으로 유입될 당시 배우자와 한국에 대한 정보수준을 의미한다. 배우자에 대한 정보는 배우자의 가족관계, 재산, 직업, 학력, 소득, 건강상태, 성격 등에 대해서 (1) 매우 잘 알고 있다 (2) 어느 정도 알고 있었다 (3) 보통이다 (4) 거의 몰랐다 (5) 전혀 몰랐다로 나누어 번호에 기입하도록 한다. 점수는 역점수로 처리하여, 점수가 높을수록 정보수준이 높은 것을 의미하며, 조사도구의 신뢰도는 Cronbach's α =.829이었다.

한국생활에 대한 정보는 한국어, 날씨, 음식, 의례, 취업 여건, 가족관계와 역할, 인종편견 등에 대해서 (1) 매우 잘 알고 있다 (2) 어느 정도 알고 있었다 (3) 보통이다 (4) 거의 몰랐다 (5) 전혀 몰랐다로 나누어 번호에 기입하도록 한다. 점수는 역점수로 처리하여, 점수가 높을수록 정보수준이 높은 것을 의미하며, 조사도구의 신뢰도는 Cronbach's α =.872이었다.

2) 정보유용성

정보유용성은 한국으로 유입될 당시 정보수준이 한국에서 실제 생활하는 데 도움이 되는 정도를 의미한다. 정보유용성의 내용은 일상생활, 부부, 시부모, 자녀, 이웃 등 사회적 관계, 직업 및 사회활동, 여가 및 오락, 정치참여 등으로 나누어 (1) 매우 도움이 되었다 (2) 조금 도움이 되었다 (3) 그저 그렇다 (4) 거의 도움이 되지 않았다 (5) 전혀 도움이 되지 않았다 (6) 해당없음으로 나누어 번호에 기입하도록 한다. 점수는 역점수로 처리하여, 점수가 높을수록 정보수준이 높은 것을 의미하며, 조사도구의 신뢰도는 Cronbach's α =.835이었다.

3) 정보수집활동

정보수집활동은 결혼 전 한국에 대한 정보를 어떻게 접했는가를 의미하며, 이 변인은 대인관계를 이용한 정보활동과 대중매체를 통한 정보활동으로 나누었다.

대인관계를 이용한 정보활동은 가족, 친척, 친구, 이웃사람, 아는 사람, 직장 동료로 나누어 각각 (1) 자주 이용하였다 (2) 조금 이용하였다 (3) 보통이다 (4) 거의 이용하지 않았다 (5) 전혀 이용하지 않았다 등으로 나누어 번호를 기입하도록 하였다. 대중매체를 이용한 정보활동은 TV, 인터넷, 라디오, 잡지 등으로 나누어 (1) 자주 이용하였다 (2) 조금 이용하였다 (3) 보통이다 (4) 거의 이용하지 않았다 (5) 전혀 이용하지 않았다 등으로 나누어 번호를 기입하도록 하였다. 점수는 역점수로 처리하여, 점수가 높을수록 정보활동이 활발한 것을 의미하며, 조사도구의 신뢰도는 Cronbach's α =.662이었다.

4) 통제변인

결혼이주여성의 이주 전 정보수집활동이 정보유용성에 미치는 영향에 대한 보다 정밀한 검증을 위하여 선행연구에서 독립변인 및 종속변인에 영향을 미치는 것으로 나타난 결혼이주여성의 사회인구학적 특성을 통제변인으로 회귀분석에 포함하였다. 국적(중국 조선족=1, 중국=2, 일본=3, 베트남=4, 필리핀=5, 몽골=6, 태국=7, 인도네시아=8, 기타=9), 연령(21-29세=1, 30-39세=2, 40-49세=3), 학력(초등학교 이하=1, 중학교 이하=2, 고등학교 이하=3, 전문대학이상=4), 입국시기(1986-1990=1, 1991-1995=2, 1996-2000=3, 2001-2005=4, 2006-2008=5)를 사용하였다.

3. 자료분석

본 연구의 자료분석은 SPSS 15.0을 이용하여 통계 처리하였다. 각 연구도구의 신뢰도는 Cronbach's alpha를 이용하여 검증하였고, 연구대상의 사회 인구학적 특성을 파악하기 위해 빈도, 백분율, 평균을 산출하였다. 또한 정보활동을 한 사람과 그렇지 않은 사람 사이에 정보수준, 정보유용성의 차이를 확인하기 위해 t-test를 실시하였다. 그리고 정보활동이 한국 및 배우자 정보수준을 매개하여 정보유용성이 미치는 영향을 살펴보기 위해 경로분석을 실시하였다. 경로분석을 실시하기 전에 각 잠재요인별로 요인분석을 실시하였다. 요인분석에는 여러 가지 방법이 있으나, 이 연구에서는 관찰된 상관관계를 가장 잘 산출해내고, 최극의 추정치를 갖는 모집단의 parameter를 찾는 최대우도법(maximum likelihood method)을 사용하였다. 이 연구에서 각 잠재요인별로 높은 요인부하량으로 보이는 문항은 제외하였다. 그리고 각 경로의 직접효과, 간접효과, 총효과를 계산하여 어떤 경로가 정보유용성의 영향을 설명하기에 더 설득력이 있는지 파악하였다.

Ⅳ. 결과 및 해석

1. 조사대상자의 일반적 특성

조사에 응한 결혼이주여성의 연령은 가장 낮은 사람이 18세이고 가장 높은 사람이 46세로 그 분포가 매우 다양하다. 연령대별로는 20대가 50.6%로 가장 많고, 30대가 35.1%, 40대가 14.3% 순이며, 평균 연령은 30.56세였다. 평균 교육연수는 11.86년으로 우리나라 고등학교 중퇴수준의 학력이다. 초등학교 이하는 9.6%였고, 전문대졸 이상은 33.1%였다.

전체 응답자 중 2000년 이전에 국내에 들어온 사람은 15.5%에 불과했고, 전체의 84.4%가 2001년 이후에 들어온 사람들이다. 결혼이주여성들 중 가장 먼저 한국에 들어온 사람들은 일본 여성들이었으며, 이들 중 11.1%는 1990년대 이전에 들어온 사람들이었다. 1990년대 초반부터 중국 조선족 여성들이 한국으로 많이 유입된 것으로 알려져 있지만, 본 조사에서는 발견되지 않았다. 1995년에서 2000년 사이에 다양한 국적의 여성들이 유입되는 현상이 발견되고 있지만, 본 조사에서는 일본과 인도네시아 국적의 여성들이 다수를 차지하고 있다. 특히 인도네시아 국적의 결혼이주여성들은 한국인 남성이 인도네시아로 일하러 가서 연애결혼을 하여 다시 한국으로 들어와서 살게 된 경우들이었다. 일본국적의 여성들은 1980년대 말부터 이루어졌던 통일교를 통한 결혼으로, 1990년대 말까지도 이루어지고 있었다. 2000년 이후에는 다양한 국적의 여성들이 한국으로 유입되고 있는데, 부산, 경남지역에서도 이러한 현상이 나타나고 있었다.

전체 응답자 중 79.7%는 결혼하기 전에 직업을 가지고 있었던 것으로 나타났

〈표 7-3〉 응답자의 일반적 특징 1

배경변인		빈도	비율(%)
국적	중국 조선족	19	7.6
	중국 한족	26	10.4
	일본	27	10.8
	베트남	94	37.5
	필리핀	11	4.4
	몽골	20	8.0
	태국	26	10.4
	인도네시아	20	8.0
	기타	8	3.2
연령	21-29	127	50.6
	30-39	88	35.1
	40-49	36	14.3
입국시기	1986-1990	3	1.2
	1991-1995	7	2.8
	1996-2000	29	11.6
	2001-2005	101	40.2
	2006-2008	111	44.2
교육수준	초등학교 이하	24	9.6
	중학교 이하	46	18.3
	고등학교 이하	98	39.0
	전문대 이상	83	33.1

다. 중국 조선족, 중국, 인도네시아 출신 여성들의 100%는 결혼 전 취업을 하고 있었다고 응답했고, 태국, 일본, 몽골 출신의 여성들 역시 각각 96.2%, 85.2%, 75.0%가 결혼 전에 취업을 하고 있었다고 응답했다. 반면, 베트남이나 필리핀 출신 여성들은 다른 국적의 여성들보다 결혼 전 취업경험이 낮은 편이었는데, 특히 필리핀 출신 여성들은 전체 응답자 중 가장 낮게 나타났다.

결혼하기 전 한국으로 이주할 계획이 있었는지는 묻는 질문에서 전체 응답자의 54.2%가 이주계획이 없었다고 응답하여, 이주계획이 있었다고 응답한 비율보다 약 10% 정도 높았다. 결혼 전 한국으로 이주를 할 계획이 있다고 응답한 결혼이주여성들은 한국어를 배우거나, 브로커를 접촉하는 등 실제 구체적인 준비를 하고 있었다. 결혼이주여성들의 출신국적별로 결혼 전 이주계획을 비교해 본 결과, 중국 조선족과 몽골 출신의 여성들의 비율이 가장 높았고, 그 다음이 베트남,

〈표 7-4〉 응답자의 일반적 특징 2

배경변인		빈도	비율(%)
결혼전 고용상태	비취업	50	19.9
	취업	201	80.1
직종	전문직	18	10.7
	사무직	43	25.4
	판매서비스직	49	29.0
	농업	55	32.5
	기타	4	2.4
이주 계획	없다	136	54.2
	있다	115	45.8
이주 노력	매우 적극적으로 노력했다	28	24.3
	조금 노력했다	36	31.3
	보통이다	32	27.8
	거의 노력을 안했다	9	7.8
	전혀 노력을 안했다	10	8.7
노력 내용	에이전시 접촉	3	N= 115
	한국방문	2	
	한국어 교육	73	
	기타	37	
이주 이유	본국에서는 취업이 잘 되지 않아서	17	7.5
	돈을 벌기 위해서	23	10.1
	무조건 본국을 떠나고 싶어서	5	2.2
	가족과 친척의 권유로	18	7.9
	본국보다 경제적으로 잘살아서	49	21.6
	가족부양을 위해서	34	15.0
	한국에 살고 있는 가족이나 친척이 있어서	23	10.1
	한국인 및 한국에 대한 호감 때문에	40	17.6
	기타	18	7.9 〈다중응답〉
주변 이주자	있다	152	60.6
	없다	99	39.4
정보 제공	있다	149	83.7
	없다	29	16.3
정보 내용	한국으로 가면 일자리를 얻기 쉽다는 것	14	9.2
	돈을 많이 벌 수 있다는 것	36	23.7
	생활이 편하다는 것	65	42.8
	살기 어렵거나 힘들다는 것	12	7.9
	사기당하기 쉽다는 것	4	2.6
	생각하는 것과 다르다는 것	8	5.3
	기타	13	8.6

중국, 일본 출신의 여성들이었다. 본 조사에서 필리핀과 태국 그리고 대부분 연애결혼을 한 인도네시아 출신 여성들은 결혼 전 이주계획이 매우 낮거나, 전혀 없었다.

결혼하기 전에 주변에 한국으로 이주했던 경험이 있거나 이주한 사람이 있었느냐에 대한 질문에서 응답자의 60.6%는 있다고 응답하였다. 그리고 이들 중 약 83%가 한국에 관한 정보를 제공했다고 했다. 이들이 제공한 정보내용을 다중응답으로 처리한 결과, "생활이 편하다"라는 정보 내용이 42.8%로 가장 많았다. 그 다음이 한국으로 가면 "돈을 많이 벌 수 있다"는 정보내용이었다.

2. 정보활동, 정보수준, 정보유용성 간의 관련성

결혼이주여성의 배우자와 한국에 대한 정보량 평균은 각각 3.50(5.0만점), 2.85(5.0만점)로 보통보다 높은 편이었지만, 배우자에 대한 정보보다 한국에 대한 정보량이 적었다. 배우자와 한국에 대한 정보수준 평균은 각각 3.47(5점 만점), 2.82(5점 만점)로 오히려 정보량보다 자신의 정보수준을 낮게 평가하는 것으로 나타났다. 배우자와 한국에 관한 정보일치 평균은 4.07(5점 만점), 3.87(5점 만점)로 보통보다 높게 나타났으며, 제공된 정보가 실제 정보와 일치한다는 의견을 보이고 있었다. 그런데 이런 정보가 한국생활에 얼마나 도움이 되는지에 대해서는 2.79(5점 만점)로 보통보다는 높으나, 정보량과 정보일치성에 비해 매우 낮은 편

〈표 7-5〉 정보량, 정보수준, 정보일치, 정보유용성 비교

		사례수	평균	표준편차
정보량	배우자	251	3.50	1.34
	한국	251	2.85	1.30
정보수준	배우자	251	3.47	1.28
	한국	251	2.82	1.23
정보일치	배우자	251	4.07	1.33
	한국	251	3.87	1.43
정보유용성		251	2.79	1.35

〈표 7-6〉 잠재변수 간의 상관관계

	정보활동	배우자정보수준	한국정보수준	정보유용성
정보활동	1			
배우자정보수준	.155(*)	1		
한국정보수준	.223(**)	.516(**)	1	
정보유용성	.185(**)	.392(**)	.510(**)	1

*p<.05, **p<.01, ***p<.001

이었다. 즉, 다양한 정보를 수집하기는 했으나, 이러한 정보가 실제 생활에는 별다른 도움이 되지 않았음을 의미한다.

〈표 7-6〉은 각 잠재변수 간의 관련성 및 방향성을 파악하기 위해 잠재변수 간 상관관계를 살펴보았다. 이주 전 정보활동은 배우자정보수준, 한국정보수준, 정보유용성과는 유의미한 상관을 보였다. 그리고 배우자정보수준도 한국 정보수준, 정보유용성과 정적 상관을 보였고, 한국정보수준도 정보유용성과 정적 상관을 보였다.

〈표 7-7〉에서 정보활동을 한 사람과 그렇지 않은 사람들 간에 배우자정보수준, 한국생활 정보수준, 정보유용성간의 차이를 살펴보았다. 이주 전 정보활동의 유무는 한국정보수준에 유의미한 차이를 보였지만, 배우자 정보수준에는 유의미한 차이를 보이지 않았다. 이것은 이주 전 정보활동의 유무가 한국생활 정보수준에는 영향을 미치지만, 배우자 정보수준에는 영향을 미치지 않는다는 것을 의미

〈표 7-7〉 정보활동 유무에 따른 배우자와 한국의 정보수준, 정보유용성 비교

	정보활동여부	사례수	평균	표준편차	T값
한국정보수준	있다	152	20.91	6.803	3.477**
	없다	91	18.00	5.428	
배우자정보수준	있다	153	24.88	7.227	.957
	없다	92	23.97	7.146	
정보유용성	있다	158	7.55	3.830	3.367**
	없다	93	5.97	3.160	

*p<.05, **p<.01, ***p<.001

한다. 그리고 이주 전 정보활동 유무는 정보유용성에도 유의미한 차이를 보였다. 이것은 이주 전 정보활동이 배우자 및 한국정보수준을 높이는 데 유의미한 영향을 미치고, 또한 한국에서 생활하는 데도 유의미한 영향을 미치고 있음을 의미한다.

3. 측정모형의 분석

구조모형의 분석에 앞서 본 연구에서 잠재변수로 사용된 3가지 변수의 각각의 지표들이 이론적 개념틀을 잘 반영하고 있는지 확인하기 위해 측정모형을 분석하였다. 분석에 있어 측정변수와 잠재변수의 관계로 제시되는 추정치는 요인적재량으로 각 잠재변수당 하나의 지표(측정변수)의 비표준화 요인적재량을 1로 고정하였고, 이는 준거지표가 된다. 준거지표는 잠재변수에 대해 다른 지표들도 그 지표와 동일한 측정단위를 제공하도록 잠재변수를 척도화한 것이다(배병렬, 2007).

우선 전체 측정모형을 확정하기에 앞서, 개별 잠재변인의 측정도구를 평가하였다. 측정도구는 내적일관성 조사를 거친 후 확인요인분석(confirmatory factor analysis: 이하 CFA)을 통해 적합도지수를 충족하는 항목만을 선정하고, 또한 측정도구의 수정을 위해 표준화 residuals의 절대값이 4보다 큰 항목을 제거하는 방식으로 측정모형을 수정하였다. 이러한 과정을 거친 결과, 정보활동에서는 잡지, 가족을 통한 정보활동이 제외되어, TV, 인터넷, 라디오, 친구, 이웃, 아는 사람, 직장동료를 통한 정보활동만이 남게 되었다(χ^2=9.941, d.f.=14, p=.132, RMR=.065, GFI=.977, NFI=.935). 한국정보수준에서는 한국문화, 인종편견, 가족문화, 취업여건 항목만이 남게 되었고(χ^2=4.217, d.f.=2, p=.121, RMR=.027, GFI=.992, NFI=.990), 배우자 정보수준에서는 가족관계, 직업, 학력, 건강상태, 거주지 항목만이 남게 되었다(χ^2=12.527, d.f.=5, p=.028, RMR=.042, GFI=.980, NFI=.981). 정보유용성 항목에서는 일상생활, 배우자, 시부모, 자녀와의 관계, 이웃관계, 정치참여 항목이 제외되어 직장동료와의 관계, 직업활동, 사회활동, 여가 및 오락 항목만이 남게 되었다(χ^2=7.005, d.f.=2, p=.030, RMR=.045, GFI=.987, NFI=.985).

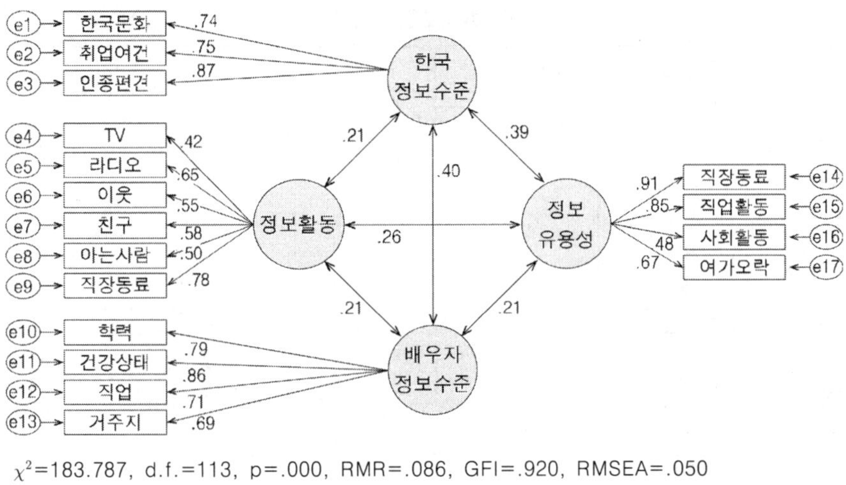

〈그림 7-2〉 측정모형 요인적재량과 적합도

위와 같이 개별 잠재요인의 측정모형 타당성 평가를 거친 후 전체 잠재변인의 측정모형의 타당성 평가를 실시하였다. 〈그림 7-2〉에서 보는 것과 같이 요인적재량은 모두 유의수준 .001에서 유의하였다. 측정모형의 적합도는 χ^2=183.787 d.f.=113, p=.000으로 나타났다. 이는 χ^2의 p값이 .05보다 커야 바람직하다는 기준치를 충족하지 못한다. 그러나 적합도 지수 중 χ^2은 표본의 크기가 클 경우 기준치를 충족하기 어렵다는 점을 고려할 때 큰 문제가 되지 않는다(이학식 외, 2008: 33). 다른 적합도 지수인 GFI도 .920으로 나타나 기준치(〉.90이 바람직)를 충족시켰으며, RMES도 .050로 적합한 지수라 할 수 있다. 특히 RMES는 〈.05 이하가 아주 적합한 모형이라고 할 수 있지만, 〈.10을 충족하면 자료를 잘 적합시킨 것이라고 할 수 있다(배병렬, 2007; 이학식 외, 2008).

〈표 7-8〉 측정모형의 요인부하량

잠재변수	측정변수	비표준화계수	표준화계수	t값	P
정보활동	아는사람	1.000	.502		
	직장동료	.767	.778	6.329	***
	이웃	.659	.546	5.741	***
	친구	1.237	.584	5.957	***
	라디오	.710	.649	6.262	***
	TV	1.082	.424	4.891	***
정보 유용성	직장동료관계	1.000	.906		
	직업활동	1.165	.849	14.808	***
	사회활동	1.132	.480	14.181	***
	여가및오락	.600	.666	7.465	***
한국 정보수준	의례문화	1.000	.743		
	취업여건	.950	.747	11.023	***
	인종편견	1.122	.873	11.750	***
배우자 정보수준	거주지	1.000	.694		
	건강상태	1.241	.860	11.515	***
	학력	1.170	.788	10.922	***
	직업	.950	.708	9.975	***

4. 결혼이주여성의 이주 전 정보활동이 정보유용성에 미치는 영향에 대한 한국정보수준과 배우자정보수준의 매개효과

연구모형 분석은 결혼이주여성의 이주 전 정보활동, 정보수준, 그리고 정보유용성에 대해 〈그림 7-1〉에서 설정된 영향관계를 토대로 이루어졌다.

우선 결혼이주여성의 이주 전 정보활동이 직접적으로 정보유용성에 영향을 미치는지 여부를 살펴보았다. 연구모형에서 경로분석결과 〈그림 7-3〉과 같이 경로계수에 대한 추정치가 제시되었다. 정보활동에 대한 정보유용성은 매개변수를 제외하고 분석했을 때 경로계수가 .26으로 .01수준에서 유의한 것으로 나타났다. 즉, 이주 전에 정보활동을 많이 할수록 정보유용성에 긍정적으로 영향을 미치고 있었다. 이는 이주 전 정보활동이 실제 생활하는 데 도움이 되고 있음을 의미한다.

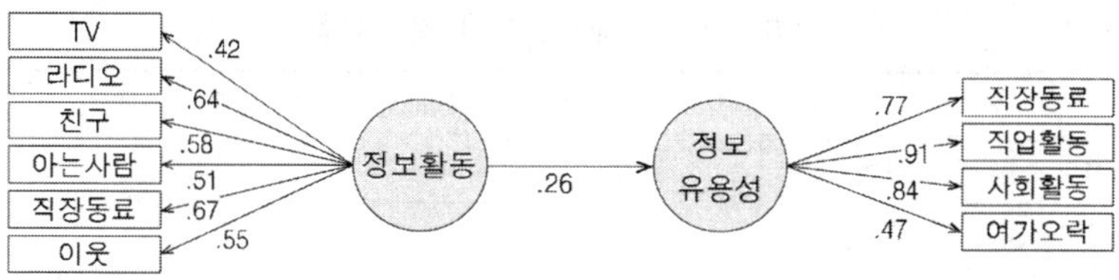

χ^2=54.915, d.f.=34, p=.013, RMR=.072, GFI=.958, NFI=.930, MSEA=.050

〈그림 7-3〉 이주 전 정보활동이 정보유용성에 미치는 기본모형 분석

다음은 이주 전 정보활동이 한국정보수준과 배우자정보수준을 매개했을 때 정보유용성에 대한 경로계수를 측정하였다.

〈그림 7-4〉는 이주 전 정보활동이 한국정보수준과 배우자정보수준을 매개했을 때 정보유용성에 미치는 영향을 분석한 구조모형이다. 〈그림 7-3〉에서 이주 전 정보활동에서 정보유용성의 직접적 관계가 유의적이었고, 〈그림 7-4〉에서 정보활동→한국정보수준, 한국정보수준→정보유용성은 각각 .01, .001수준에서 유의적이었다. 그런데 〈그림 7-4〉에서 정보활동→배우자정보수준은 .01수준에서 유의했으나, 배우자정보수준→정보유용성은 비유의적인 것으로 나타났다. 따라서 이주 전 정보활동은 직접적으로 정보유용성에 영향을 미치고, 또한 한국정보수준

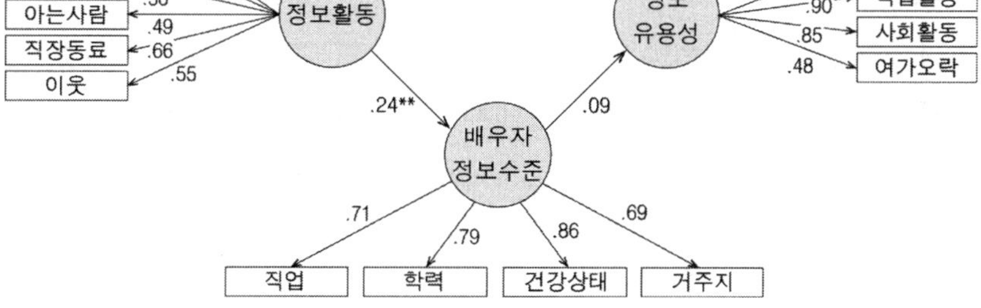

χ^2=214.308, d.f.=115, p=.000, RMR=.140, GFI=.908, NFI=.873, RMSEA=.059

〈그림 7-4〉 정보유용성에 영향을 주는 매개모형 분석

〈표 7-9〉 잠재변인간의 경로계수

	비표준화계수	표준화계수	C.R.	P
한국정보수준←정보활동	.345	.242	2.855	.004
배우자정보수준←정보활동	.326	.235	2.787	.005
정보유용성←한국정보수준	.408	.360	4.867	***
정보유용성←배우자정보수준	.106	.091	1.332	.183

의 매개를 통해서도 정보유용성에 간접적으로 영향을 미치는 것으로 볼 수 있다. 하지만 이주 전 정보활동은 배우자정보수준을 통해서 정보유용성에 간접적으로 영향을 미치지 않아, 가설 1, 가설 3은 지지되었지만, 가설 2는 지지되지 않았다.

5. 모형의 발견

다음은 이주 전 정보활동이 배우자정보수준을 매개했을 때 한국정보수준에 미치는 영향과 다시 이주 전 정보활동과 배우자정보수준에 영향을 받은 한국정보수준이 정보유용성에 미치는 영향에 대한 모형분석이다.

〈그림 7-5〉에서 정보활동→정보유용성은 .05수준에서 유의미하게 나타났다. 그리고 정보활동→배우자 정보수준, 정보활동→한국 정보수준은 각각 .05수준에서 유의미했고, 배우자 정보수준→한국정보수준, 한국정보수준→정보유용성도 각각 .001수준에서 유의미한 것으로 나타났다. 즉, 이주 전 정보활동은 한국정보수준의 매개에 의해서뿐만 아니라 직접적으로 정보유용성에 영향을 미친다(부분매개). 그리고 정보활동은 배우자 정보수준을 매개할 때 정보유용성에 미치는 영향이 유의미하지 않고, 정보활동과 배우자 정보수준에 영향을 받은 한국정보수준을 매개할 때 정보유용성에 영향을 미친다고 할 수 있다(부분매개).

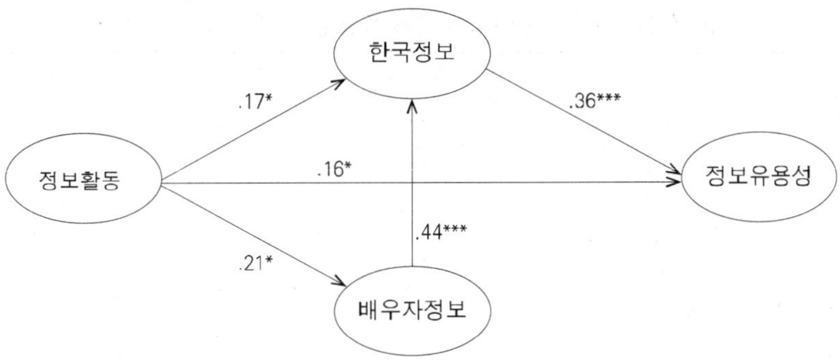

χ^2=149.069, d.f.=99, p=.000, RMR=.084, GFI=.930, RMSEA=.045

〈그림 7-5〉 정보활동, 한국정보수준, 배우자정보수준, 정보유용성 간의 경로분석

〈표 7-10〉 잠재변수 간 경로계수

	비표준화계수	표준화계수	C.R.	P
배우자정보수준←정보활동	.283	.207	2.497	.013
한국정보수준←정보활동	.269	.173	2.056	.040
한국정보수준←배우자정보수준	.494	.436	5.225	***
정보유용성←한국정보수준	.371	.358	4.077	***
정보유용성←정보활동	.260	.162	2.026	.043

따라서 이주 전 정보활동은 직접적으로 정보유용성에 영향을 미친다는 가설 1과 이주 전 정보활동은 한국정보를 매개하여 정보유용성에 간접적으로 영향을 미친다는 가설 2는 지지되었다. 그리고 이주 전 정보활동이 배우자정보수준을 매개하여 정보유용성에 간접적으로 영향을 미친다는 가설 3은 지지되지 않았다. 이주 전 정보활동이 배우자정보수준을 매개하여 한국정보수준에 영향을 미치고, 다시 정보활동과 배우자 정보수준에 영향을 받은 한국정보수준을 매개하여, 정보유용성에 영향을 미친다는 가설 4는 지지되었다.

〈표 7-11〉에서 결혼이주여성의 정보유용성에 가장 큰 영향을 미치는 것은 이주 전 정보활동이다(총효과=.411). 이주 전 정보활동은 정보유용성에 직접적인 영향을 미치고 있을 뿐만 아니라(직접효과=.269), 한국정보수준을 매개해서 간접적으로도 정보유용성에 영향을 미치고 있었다(간접효과=.140). 이에 비해 배우자 정

〈표 7-11〉 결혼이주여성의 정보유용성에 대한 효과 분석

	총효과	직접효과	간접효과
정보활동→배우자정보수준	.283	283	–
정보활동→한국정보수준	.408	269	140
정보활동→정보유용성	.411	260	152
배우자정보수준→한국정보수준	.494	494	–
배우자정보수준→정보유용성	.183	–	.183
한국정보수준→정보유용성	.371	371	–

보수준은 정보유용성에 직접적으로 영향을 미치지 못하고, 한국정보수준을 통해서 정보유용성에 간접적으로 영향을 미치고 있었다(간접효과=.183). 그리고 한국정보수준은 어떠한 것에도 영향을 받지 않는 가운데 정보유용성에 직접적으로 영향을 미치고 있었다(직접효과=.371). 이러한 결과는 결혼 전 정보수집활동이 한국에서 생활하는 데 매우 유용하며, 그것이 한국정보수준을 매개할 때 그 유용성이 더 커진다는 것을 의미한다.

6. 결 론

본 연구는 부산·경남지역에 거주하고 있는 결혼이주여성 251명을 대상으로 이주 전 정보수집활동을 한 사람과 그렇지 않은 사람들 사이에 한국 및 배우자 정보수준, 정보유용성에 차이가 있는지 살펴보고, 결혼이주여성의 이주 전 정보활동이 한국에서 생활하는 데 미치는 영향에 대한 경로에 대해서 알아보고자 하였다. 그리고 결혼이주여성의 이주 전 정보활동이 정보유용성에 미치는 영향을 한국정보수준과 배우자정보수준이 매개하는지, 매개한다면 어떤 경로를 통해 매개하는지 확인하는 데 목적을 두었다. 본 연구에서 나타난 주요 결과를 토대로 한 논의 및 결론은 다음과 같다.

첫째, 이주 전 정보활동을 한 여성과 그렇지 않은 여성들 간에 한국 및 배우자 정보수준, 정보유용성 정도를 비교했을 때, 배우자정보수준에는 유의미한 차이가 없었으나, 한국정보수준과 정보유용성 정도에는 유의미한 차이가 있었다. 이는

결혼 전 정보활동이 한국에 관한 정보수준을 높이는 데 기여했고, 또한 이러한 정보활동이 한국에서 적응하는 데 영향을 미쳤음을 의미한다.

둘째, 결혼이주여성의 이주 전 정보활동이 정보유용성에 미치는 경로를 분석해 본 결과, 이주 전 정보활동이 직접적으로 정보유용성에 영향을 미칠 것이라는 가설 1과 이주 전 정보활동이 한국정보수준을 매개하여 정보유용성에 영향을 미칠 것이라는 가설 2는 지지되었다. 그리고 정보수집활동이 배우자의 정보수준에 영향을 미치고, 다시 정보활동과 배우자 정보수준에 영향을 받은 한국정보수준을 매개하여 정보유용성에 영향을 줄 것이라는 가설 4는 지지되었다. 그러나 정보활동이 배우자정보수준을 매개하여 정보유용성에 영향을 미칠 것이라는 가설 3은 지지되지 않았다.

이러한 연구결과는 이주 전 정보활동은 한국에서 생활하는 데 직접적으로 영향을 미치고 있을 뿐만 아니라, 또한 간접적으로 한국정보수준을 높여서 한국에서 생활하는 데 유용한 영향을 미치고 있음을 의미한다. 그러나 배우자정보수준은 직접적으로 정보유용성에 영향을 미치지 않고, 한국정보수준을 매개할 때에만 한국에서 생활하는 데 영향을 미치기 때문에, 배우자정보수준만으로는 한국에서 생활하는 것이 어렵다는 것을 시사한다.

이러한 연구결과를 바탕으로 결혼이주여성들이 한국에서 생활하는 데 도움을 주기 위한 정보정책적 함의를 도출해 보면 다음과 같다. 첫째, 결혼이주여성들이 한국에 대한 정보를 쉽게 접할 수 있도록 한국정보 발신체계를 다각화할 필요가 있다. 아시아지역에 다국적 언어로 된 한국정보를 송출하거나, 문화교류를 통해 한국문화를 접촉할 기회를 제공함으로써 한국문화에 대한 이해를 높이도록 해야 한다. 둘째, 이주를 준비하는 사람들에게는 실질적으로 한국생활에 도움이 될 수 있는 생활정보지표를 마련할 필요가 있다. 이주여성들은 국제결혼의 방법에 따라 한국생활을 준비하는 정도가 다르고, 준비를 하더라도 한국생활에 대한 정확한 정보가 없어서 결혼 전 정보활동이 막상 한국에 와서 소용이 없는 경우가 많다. 따라서 이주를 준비하는 사람들이 쉽게 이용할 수 있도록 한국문화와 한국생활정보를 지표를 마련하여, 제공하는 것이 필요하다.

이 연구는 결혼이주여성의 이주 전 정보활동이 한국생활과정에 어떻게, 어떤 경로를 통해 영향을 미치는가를 다각적인 차원에서 접근함으로써, 향후 결혼이주여성의 한국에서의 삶에 도움이 되는 정보정책의 방향을 제시하고자 했다. 그러나 정보활동을 측정함에 있어서 정보의 내용을 고려하지 않아, 정보의 질을 측정하지 못한 한계가 있다. 또한 출신국에 따라 한국정보가 어떻게 수신되고 있으며, 그 정보의 내용이 무엇인지에 대해서도 고려하지 못한 한계를 가지고 있다. 따라서 결혼이주여성의 정보정책을 마련하기 위해서는 한국에서 발신하는 정보의 내용과 수신된 정보간의 체계적인 연구를 통해 보다 실질적인 정책방안이 마련되어야 할 것이다.

그리고 결혼이주여성의 정보유용성을 가족 외 영역, 즉, 사회활동의 측면으로 한정하여 측정하였기 때문에, 정보유용성의 다양한 측면을 분석하지 못한 한계를 가진다. 후속연구에서는 다양한 삶의 영역에서 이주 전 정보활동이 각각 어떠한 영향을 미치는지를 파악해 볼 필요가 있다. 그리고 이 연구는 부산 · 경남지역에 거주하고 있는 251명의 결혼이주여성으로 한정되어 있어 우리나라 전체 결혼이주여성으로 일반화하는 데 한계가 있다. 따라서 이 연구결과의 일반화를 위해 다양한 지역의 결혼이주여성들을 대상으로 하는 비교연구가 이루어져야 할 것이다.

참 고 문 헌

구차순. 2007. 결혼이주여성의 적응에 관한 근거이론연구. 부산대학교 사회복지학과 박사학위청구논문.

김오남. 2006. 국제결혼 이주여성의 부부갈등 결정요인 연구. 「가족과 문화」18(3): 63-106.

김용학. 2003. 「사회연결망이론」. 서울: 박영사.

김민정 · 유명기 · 이혜경 · 한건수. 2006. 국제결혼이주여성의 딜레마와 선택. 「한국문화인류학」, 39(1):3-28

김이선 · 김민정 · 한건수. 2006. 「여성결혼이민자의 문화적 갈등 경험과 소통증진을 위한 정책과제」. 한국여성개발원.

김현미. 2006. 국제결혼의 전 지구적 젠더 정치학. 「경제와 사회」, 70: 10-37.

김현숙. 2007. 결혼이주여성의 사회통합 유형에 관한 연구. 부산대학교 사회학과 박사학위청구논문.

김혜순. 2008. 결혼이주여성과 한국의 다문화사회 실험. 「한국사회학」, 42(2).

민경자. 2003. 충남거주 외국인 주부의 정착 지원방안 연구. 충남여성정책개발원.

박경태 · 설동훈 · 이상철. 1999. 국제노동력이동과 사회적 연결망. 「한국사회학」, 33: 819-849.

배병렬. 2007. 「Amos 7에 의한 구조방정식모델링」. 도서출판 청람.

설동훈. 1996. 「외국인노동자와 한국사회」. 서울대출판부.

설동훈 · 김윤태 · 김현미 · 윤홍식 · 이혜경 · 임경택 · 정기선 · 주영수 · 한건수. 2005. 「국제결혼이주 여성 실태조사 및 보건 · 복지지원정책방안」. 보건복지부.

설동훈 · 윤홍식. 2008. 여성결혼이민자의 사회경제적 적응과 복지정책의 과제. 「사회보장연구」, 24(2).

양순미. 2006. 농촌 국제결혼부부의 적응 및 생활실태에 대한 비교분석. 「농촌사회」,

16(2): 151-179.

양옥경 · 김연수. 2007. 서울거주 여성결혼이민자의 우울에 영향을 미치는 요인 연구. 「정신보건과 사회사업」, 26: 79-110.

양옥경 · 김연수 · 이방현. 2007. 서울거주 국제결혼이주여성의 문화적응과 사회적 지원서비스에 관한 조사연구. 「서울도시연구」, 8(2): 229-251.

윤형숙. 2004. 국제결혼 배우자의 갈등과 적응. 「한국의 소수자, 실태와 전망」.

이제환 · 이연옥 · 장덕현. 2004. 소외집단에 대한 정보행태 연구의 방법론적 특성. 「한국도서관정보학회지」, 35(2): 273-295.

이학식 · 임지훈. 2008. 「구조방정식 모형분석과 AMOS 7.0」. 학지사.

이혜경 · 정기선 · 유명기 · 김민정. 2006. 이주의 여성화와 초국가적 가족. 「한국사회학」, 60.

하밍타잉. 2005. 1992년 이후 한국과 베트남 사이의 국제결혼에 대한 연구. 서울대석사학위논문.

홍기혜. 2000. 중국 조선족 여성과 한국 남성간의 결혼을 통해 본 이주의 성별정치학. 이화여대 석사학위청구논문.

Arlie Russell Hochschild. 2003. The Commercialization of Intimate Life: Notes from home and work. University of California Press.

Chatman, Efreda A. 1996. The Impoverished Life-World of Outsides. *Journal of the American Society for Information Science* 47: 193-206.

Constable, Nicole. 2003. Romance on a Global Stage: Pen Pales, Virtual Ethnography, and “Mail Order” Marriages. Berkeley: University of California Press.

Duran, Daniel Flores. 1980. Latino Communication Patterns. New York: Amo Press.

Sarsby, J. 1983. 「낭만적 사랑과 신화」. 민음사.

Sassen, Saskia, 1998. Globalization and Its Discontents. New York: The New Press.

Wang Hong-zen and Shu-ming Chang. 2002. The Commodification of International Marriage. *International Migration Review*, 40(6): 93-116.

제 8 장

유입 전 정보인지가 한국생활만족도와 정보발신태도에 미치는 영향

- 부산·경남 이주노동자를 중심으로 -

김희재 · 장익진 · 나금실

제 8 장

유입 전 정보인지가 한국생활만족도와 정보발신태도에 미치는 영향*

– 부산·경남 이주노동자를 중심으로

Ⅰ. 서 론

1. 연구의 필요성 및 목적

1990년대 초반부터 본격적으로 도입되기 시작한 이주노동자는 현재 그 수가 50만 명을 상회하고 있다. 한국사회에서 이주노동은 1988년 서울 올림픽 이후 한국과 중국의 관계가 개선되고 한국의 발전상이 알려지면서 중국 조선족의 한국 방문으로 시작되었다. 정부는 1992년부터 산업기술연수생 도입과 해외에 투자한 국내기업들이 현지에서 고용된 인력들을 '해외투자산업연수생' 명목으로 국내 고용을 허용하였다. 그리고 1994년부터 중소기업협동조합중앙회를 통하여 본격적으로 산업연수생이 유입되기 시작했다(석현호 · 이혜경, 2003: 72). 2008년 현재 이주노동자는 미등록노동자를 포함하여 50만여 명에 이르며, 고용허가제를 통한 인력송출양해각서(MOU)를 체결한 국가도 15개국에 이르고 있다.

그러나 많은 이주노동자들이 한국으로 오고 있지만 한국에 관한 정보량과 정보질은 제한적으로 제공되고 수용되었다. 이주노동자인권연대의 고용허가제 실태조사 보고서에 따르면(2006, 2007), 국내 조사결과 입국 전(前) 모집과정에서 고용허가제 관련 홍보가 절대적으로 부족하며, 응답자들은 친인척 소개나 인력회사를 통한 사적인 방식으로 고용허가제에 접근하는 경우가 많다는 것이다. 정보는 주로 신문이나 노동부 사이트, TV 등 언론매체를 통해 한국을 알고 있으나 구체적인 정보는 잘 모르고 입국하고 있다. 한국 취업을 위해 노동부, 모국 정부기관 등의

* 이 연구는 2007년도 학술진흥재단의 중점연구소 과제 지원을 받아 수행한 연구임(KRF-J01101).

공적인 기관을 통한 경로보다 개인적으로 '소개인'을 통해 한국에 유입되고 있고, 또 그 방법이 더 확실하다고 여기고 있다. 이는 객관적으로 가치 있는 정보를 적극적으로 탐색하여 합리적으로 이용하려 하기보다는 비록 신뢰가 부족하더라도 자신의 주변에 존재하는 정보를 우선적으로 이용하려는 경향(이제환 · 이연옥 · 장덕현, 2004: 274) 때문이다. 이러한 이주 과정에서 과다한 비공식 송출비용 발생과 공식절차에 대한 정보부족으로 송출사기를 당하기도 하는 문제가 발생하기도 한다. 이처럼 한국사회의 주변인으로서, 소수자로서 그들이 정보빈곤에서 부딪히는 문제를 파악하고, 문제 해결을 위해 정보적 관점에서 접근하는 것이 필요하다.

따라서 본 연구의 목적은 이주노동자들의 입국 경로와 한국에 대한 정보인지도 조사를 통해 바람직한 정보 정책 방향을 모색하는 데 있다. 문제제기로는 이주노동자는 어떤 경로를 통해 한국에 입국하는가? 입국할 때 어떤 정보를 가지고 오는가? 그 정보는 누가 발신하는가? 한국에 대한 정보가 한국 적응에 도움이 되는가? 한국에 대한 정보 재발신 내용은 무엇인가? 하는 것이다.

2. 연구범위

본 연구는 정보적 관점에서 부산 · 경남에 거주하고 있는 이주노동자들을 대상으로 한국정보습득과정과 정보인지도, 한국생활만족도, 정보발신태도를 조사하고, 그 결과를 분석하여 정보정책 방안을 제시하는 것을 그 연구범위로 한다. 행정안전부의 조사(2008)에 의하면 이주노동자가 가장 많은 지역은 서울 · 경기 · 인천 지역으로 65.9%가 거주하고 있다. 수도권 집중이 여전하지만 부산 · 경남으로의 이주노동도 증가하고 있다. 부산 · 경남에 거주하는 이주노동자들의 수와 그 국적을 살펴보면 〈표 8-1〉과 같다.

부산 · 경남 이주노동자 수는 2008년 7월 현재 전체 36,764명으로 전국적으로 볼 때 8.4%에 해당한다. 부산은 10,613명(부산시 인구 대비 0.3%), 주로 강서구, 사상구, 사하구, 기장군 등의 공단지역을 중심(녹산 · 신평 장림 · 사상)으로 모여 있다. 경남은 26,151명(경남 인구 대비 0.8%)으로 김해시, 창원시, 양산시, 마산시, 함안군 등에 밀집되어 있다.

〈표 8-1〉 부산 · 경남 이주노동자 국적별 현황(단위: 명)

		중국	중국 (조선족)	몽골	베트남	필리핀	태국	인니	기타*
전국	437,727	31,720	222,547	14,391	40,620	30,979	23,813	20,103	53,554
부산	10,613	1,324	2,704	312	1,697	947	768	1,009	1,852
경상	26,151	3,425	4,606	798	5,330	2,703	1,513	2,475	5,301
합계	36,764	4,749	7,310	1,110	7,027	3,650	2,281	3,484	7,153

자료: 2008년 외국인주민실태조사, 행정안전부. 2008. 7. 31일 기준
* 기타는 남부아시아(네팔 등), 중앙아시아(우즈베키스탄 등), 미국, 대만, 일본 등이 포함됨.

국적은 중국인(조선족 포함)이 32.8%, 베트남인 19.1%, 필리핀인 9.9%, 인도네시아인 9.5%, 태국인 6.2%, 몽골인 3.0%, 기타 국적이 19.5% 이다(행정안전부 2008). 이주노동자들의 거주지가 주로 회사 기숙사나 공장 내에 위치한다고 볼 때 이들의 일상은 거주지와 작업장이 결합되어 있는 것으로 보인다.

따라서 부산 · 경남의 사업장 중심으로 조사를 실시하였으며, 국적 수도 중국, 베트남, 필리핀, 태국, 인도네시아 등 5개 국으로 한정하여 조사하였다. 설문지는 5개국 언어로 번역하어 국적별로 50부씩 총 250부를 배포하였다.

3. 기존 연구의 검토

1990년대 이후 이주노동자의 유입이 증가하고 이들의 인권과 노동조건 등이 문제가 되면서 이에 대한 연구관심도 증가하였다(최협 외, 2005; 석현호 외, 2003; 윤선오 · 박명호 · 권장수, 2005). 이주노동자의 인권과 실태조사는 많은 정책들을 양산했다. 심보선(2007)은 1990년대 이후 이주노동자 정책 형성과 변화의 인과적 기제를 밝히고 있다. 한국의 이주노동자 정책은 "이주노동자를 합리적 계약이나 정치적 인정의 평등적 관계 대신에 보호의 대상으로 취급하며 문제를 해결하려는" "온정주의적(paternalist) 정책"으로 정의하고 있다. 또한 이주과정과 적응, 정착과정 연구(석현호, 2000; 이태정, 2004; 권태환 · 박광성, 2005), 세계체제 속에서 시장-사회-국가 및 개인의 상호작용 모형을 발전시키는 한편, 비교역사적 방법을 통하여 연구지평을 확대하였다(설동훈, 2001). 이주노동자의 한국사회의 적응

에 있어 이주노동이 한국사회에서 부정적인 이미지로 재현되며, 이주노동자들이 주체로 인정받지 못하고 한국사회가 규정하는 객체, 하나의 타자로 수렴된다(한건수, 2005). 반면에 한국인과 한국문화, 한국사회에 순응하고 복종하는 존재가 아닌 자기 가족과 문화의 정체성을 확립한다(김수재, 2008).

다른 한편으로 이주노동력 활용이 갖는 경제적 효과에 대한 실증적 분석은 이주노동의 연구를 심화시켰다(강수돌, 2003; 한진희 · 최용석, 2006). 케빈 그레이(2004)는 계급의 관점으로 접근하고 있는데 이주노동자 문제를 단지 정책 문제로 바라보기보다는 한국 사회의 '저층계급'으로서 이주노동자의 확대를 보다 폭넓게 조망하는 것이 필요하다는 것이다.

반면에 국제이주기구는 현지조사를 통해 송출국의 정책과 역할을 조사하였다. 이는 국내에 잘 알려지지 않은 현지 송출과정상의 문제에 대해 개선방안을 도출하고 있다(IOM Seoul, 2005, 2006). 이주노동자들은 대부분 일시적으로 취업하였다가 정착하지 않고 본국으로 돌아간다고 생각했으나(Castles Stephen, 2000) 일부는 한국 사회에 잔류하여 정착하기도 한다.[1] 이주노동자들은 개인적으로 신중하게 가능한 선택지들을 비교하여 가장 높은 임금을 받을 수 있고 일자리를 찾기도 용이한 곳을 향한다(피터 스타커, 이보영 역, 2004). 이때 이주노동을 결정하는 개인적 행위에서 중요하게 작용하는 것은 유입국에 관한 정보이다. 개인이 이주할 지역에 대한 정보를 어떻게 구하며, 그 정보를 어떻게 이용하는가 하는 것이다. 고용허가제 실시 이후 정부에서 관련 정보를 송출국에 제공하고 있지만, 선발방법이나 한국회사에 대한 정확한 정보, 취업조건에 대한 정보가 제대로 제공되지 않아 입국 후 문제 발생의 요인이 되기도 한다(이주인권연대, 2005, 2006). 이주노동자들의 입국 전의 정보빈곤은 이들이 한국에 적응하는 데 걸림돌로 작동한다는 것을 의미한다. 이주노동자들이 정보의 부족으로 인해 겪게 되는 정보빈곤의 실체를 규명하고 이들의 인권과 삶의 질을 제고하기 위해 정보복지정책을 시행하여야 한다(이제환 · 윤유라, 2005). 이주노동자들이 한국에 들어오기 전의 한국어나 한국문화에 대한 사전 지식은 한국사회 적응에 중요

[1] 본 조사에서 "앞으로 한국에서 계속 살고 싶습니까?"라는 질문에 '한국에서 살고 싶다' 40.6%, '모국으로 돌아가고 싶다'가 40.2%, 기타 19.8%로 나타났다.

한 역할을 한다(정기선, 2003). 따라서 이주노동자들이 한국에 유입되기 전의 과정과 정보인지에 대한 연구가 필요하다. 또한 유입경로와 정보인지가 한국 이주에 대한 만족과 한국정보를 모국으로 송출하는 태도를 규명하는 작업이 필요하다. 이주노동자의 고충과 애환을 정보라는 관점으로 파악하고 정보적 관점을 통한 이주노동자에 대한 이해를 넓혀야 하며, 이를 위해 양질의 정보가 제공되어야 할 것이다.

Ⅱ. 연구방법

1. 측정변인과 가설설정

이주노동자들의 한국에 입국하기 전의 정보인지가 입국 후 한국생활만족과 정보발신태도를 파악하기 위한 측정 변인들은 입국 전(前) 정보습득경로, 한국정보인지도, 취업정보인지도, 한국생활만족도, 취업만족도, 정보발신태도, 그 외 인구통계학적 변수들이다.

정보습득경로는 매체정보, 대인정보, 인력정보(인력송출업체), 공적정보(공공기관), 기업정보 등으로 측정하였다.

한국정보인지도는 한국의 지구상 위치, 한국의 정치 · 경제 · 사회 수준, 한국사람 · 한국상품, 남북분단, 한국전쟁, 일본에 의한 지배, 월드컵 · 올림픽 개최, 높은 경제성장, 높은 정보기술, 안정된 치안, 높은 교육열, 민주화 투쟁, 한국어, 한국의 영화 · 드라마, 부산 · 경남의 위치, 부산은 항구도시 등의 16개 항목을 설정하여 5점 척도로 각각 측정하였다.

취업정보인지도는 임금수준, 노동시간, 작업량, 작업장 환경, 안전시설, 작업장규칙, 숙소제공, 급식제공, 송금방법, 의료혜택, 고용기간, 복지시설, 근로계약서 작성, 노동법, 회사 규모, 회사 위치, 회사 생산품목 등의 17개 항목을 설정하여 5점 척도로 각각 측정하였다.

한국생활만족도는 고용된 회사, 고용기간, 근로시간, 임금수준, 작업장환경,

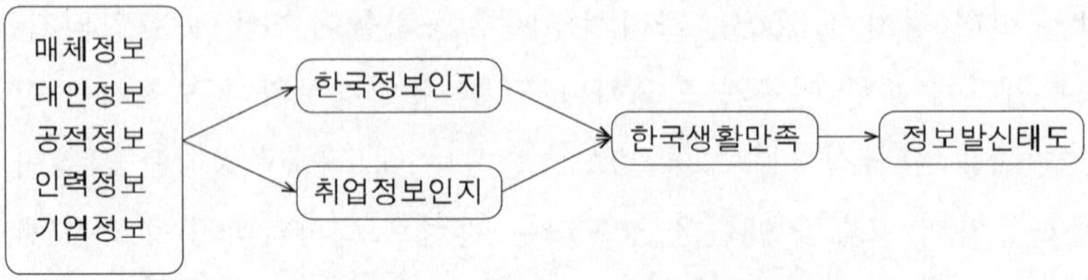

〈그림 8-1〉 연구 분석의 모형

안전시설, 의료혜택, 숙소시설, 회사급식, 동료와의 관계, 상사와의 관계, 생활관습, 교육환경, 쇼핑시설, 문화시설 등의 15개 항목을 설정하여 5점 척도로 각각 측정하였다.

정보발신태도는 일자리 정보, 임금정보, 이주노동자의 성공적인 취업 사례정보, 생활관습 정보, 사회복지서비스 정보, 입국정보, 정치 · 정치 · 사회 · 문화 정보, 상사 · 동료와의 관계, 작업장정보 등의 9개 항목을 설정하였다. 한국에서 습득한 정보들을 모국에 발송할 때 태도를 '1점 매우 부정적인 정보를 보낸다'에서부터 '7점 매우 긍정적인 정보를 보낸다'로 7점 척도로 질문하여 조사하였다.

측정변인들을 이용한 가설모형은 〈그림 8-1〉과 같다.

〈그림 8-1〉의 연구모형에 따른 첫 번째 가설은 '한국정보습득경로에 따라 한국 · 취업정보인지도가 다를 것'이다. 두 번째는 '정보인지도가 높을수록 한국생활만족도가 높을 것'이다. 정보인지도와 한국생활만족도를 분석하여 정보인지도가 높은 응답자와 정보인지도가 낮은 응답자간에 한국생활만족도에 차이가 있는가를 분석하고자 한다. 세 번째는 '한국생활만족도가 높을수록 정보발신태도는 긍정적으로 나타날 것'이다. 한국생활만족도가 높을수록 정보발신태도는 긍정적으로 이루어지고, 낮을수록 부정적으로 이루어질 것이라고 예상할 수 있다.

2. 자료의 수집과 분석

질문지는 조사대상으로 선정된 부산, 경남에 거주하는 5개 국 이주노동자들에게 250부가 배포되었으며, 조사는 2008년 7월 6일부터 28일까지 실시하였다. 회수된 질문지는 인도네시아인 51부, 필리핀인 40부, 베트남인 51부, 중국인 46부,

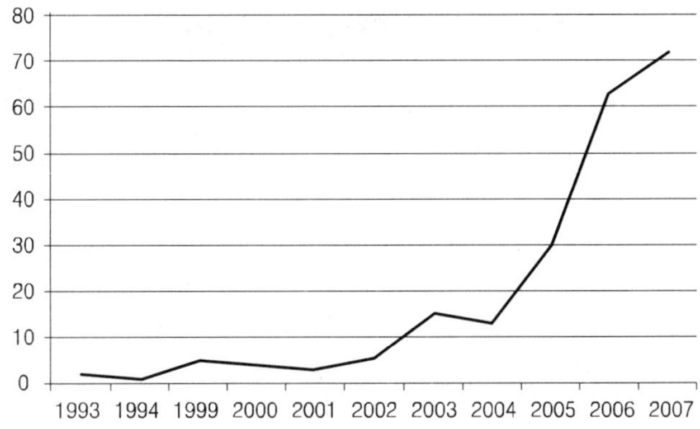

〈그림 8-2〉 조사응답자의 한국 입국연도 추이

태국인 51부로 총 239부(95.6%)를 회수하였다. 질문 항목 응답이 다수 누락된 질문지를 제외한 유효 처리한 응답지는 232부(92.8%)이었다.

회수된 자료는 분류, 코딩, 재코딩, 편집 등의 과정을 거쳐 통계적으로 분석하였다. 통계분석은 통계프로그램인 SPSS(Version 14.0)를 이용하였다. 분석방법으로는 빈도분석, 분산분석, 요인분석, 회귀분석을 사용하였다.

조사결과 조사응답자들의 입국연도는 1993년부터 부산 · 경남으로 산업연수생으로 이주노동을 시작한 것으로 나타났으며, 고용허가제 실시 이후 급격히 증가한 것으로 나타났다.

〈그림 8-2〉는 조사응답자들의 입국연도 추이를 보여준다. 90년대 초반부터 2002년까지 소폭을 상승하다 2004년 고용허가제 이후 급격히 유입되었음을 보여준다. 그 외 조사응답자들의 일반적 특성은 〈표 8-2〉와 같다.

본 조사에 의하면 이주노동자의 11.9%가 여성이며, 남성이 88.1%를 차지한다. 국적에 따른 성별 비율에도 차이가 있었다. 즉 여성의 비율이 낮은 집단은 인도네시아인이 낮으며, 높은 집단은 필리핀인이다. 행정안전부(2008)의 자료에 의하면 부산 · 경남에 거주하는 여성이주노동자는 5,244명으로 그중에서 중국조선족 여성이주노동자가 2,601명(50%)이다. 그러나 본 조사에서는 국적을 묻는 항목에서 조선족임을 묻는 질문에서 조선족이라고 응답한 경우가 없었다.

나이는 평균 30.7세이며 30세 미만이 52.6%로 절반 이상의 젊은 노동자층이

〈표 8-2〉 조사대상자의 일반적 특성(단위: %)

		전체	인니	필리핀	베트남	중국	태국
성별	여성	11.9	2.0	25.6	12.2	10.9	11.8
	남성	88.1	98.0	74.4	87.8	88.1	88.2
나이	25세 미만	25.0	18.8	5.3	61.2	13.3	20.8
	26−30세	27.6	33.3	10.5	26.5	40.0	25.0
	31−35세	25.4	33.3	42.1	6.1	20	29.2
	36−40세	16.2	10.4	31.6	6.1	17.8	18.8
	41세 이상	5.7	4.2	10.5	0.0	8.9	6.3
교육 수준	중졸 이하	25.3	6.0	2.8	6.1	60.9	47.9
	고졸	57.6	84	30.6	85.7	34.8	43.8
	대학졸 이상	17.0	10.0	66.7	8.2	4.3	8.3
결혼 여부	미혼	45.7	42.9	23.1	67.3	42.2	48.0
	기혼	54.3	57.1	76.9	32.7	57.8	52.0
종교	가톨릭	27.0	4.0	97.4	38.3	5.7	0.0
	불교	33.3	0.0	0.0	42.6	8.6	100.0
	이슬람	21.2	94.0	0.0	0.0	0.0	0.0
	기타	18.5	2.0	2.6	0.9	8.7	0.0
작업장	김해·녹산	28.8	20.9	18.9	33.3	9.8	55.3
	부산	26.5	46.5	54.1	19.6	7.3	10.6
	진해·창원	39.7	20.9	21.6	41.2	80.5	34.0
	울산	5.0	11.6	5.4	5.9	2.4	0.0
체류 기간	1년 이하	34.0	36.0	22.5	36.7	56.5	18.0
	2년	24.3	28.0	22.5	22.4	19.6	28.0
	3년	6.8	6.0	12.5	26.5	10.9	6.0
	4년	6.8	2.0	5.0	14.3	6.5	6.0
	5년	3.8	8.0	7.5	0.0	2.2	2.0
	6년 이상	12.3	20.0	30.0	0.0	4.3	10.0
체류 자격	등록	82.7	85.7	82.4	85.7	68.2	90.0
	미등록	17.3	14.3	17.6	14.3	31.8	10.0

가장 많다. 특히 베트남인의 경우 25세 미만이 61.2%를 차지한다. 가장 나이가 많은 집단은 필리핀인이다. 필리핀인은 41세 이상이 10.5%를 차지하고 있다. 이는 비교적 한국으로 유입이 오래전부터 이루어졌기 때문으로 보인다. 전체 교육수준은 고졸 이상이 74.6%로 비교적 교육수준이 높다. 대학을 졸업한 경우도 17%로

나타났다. 특히 필리핀인과 베트남인, 인도네시아인의 교육수준은 고졸 이상이 90% 이상이다. 반면에 태국인과 중국인은 교육수준이 고졸 이하가 90% 이상을 차지한다. 결혼은 기혼이 54.3%, 미혼이 45.7%로 비슷하게 나타났다. 기혼자는 필리핀인이 가장 높으며, 미혼자는 베트남인이 높게 나타났다. 종교는 불교가 33.3%로 가장 많다. 베트남인과 태국인, 중국인의 이주노동자는 자신의 종교가 불교라고 답하였다. 필리핀인은 가톨릭이, 인도네시아인은 이슬람이 대부분이다. 기타 종교가 없거나 타종교인 경우도 18.5%로 나타났다. 작업장은 주로 진해 · 창원, 김해 · 녹산, 부산 순으로 나타났다. 체류기간은 평균 2년 4개월로 나타났으며 1년 이하가 34.0%로 가장 많았고, 2년이 24.3%로 나타났다. 3-5년은 낮게 나타났으나 6년 이상에서는 12.3%로 높게 나타났다. 필리핀인의 경우 6년 이상 거주자가 30%를 넘고, 인도네시아인도 20%를 넘고 있다. 반면에 그 외 집단은 대부분 고용허가제 이후 입국한 것으로 파악된다. 체류자격은 대부분 등록노동자(82.7%)로 국적별 차이가 있었는데, 등록노동자 비율이 높은 집단은 태국인이며(90%) 미등록노동자의 비율은 중국이 높게 나타났다(31.8%).

Ⅲ. 정보인지도와 한국생활만족도

한국입국경로를 살펴보면 한국에 입국하기 위해 제3국을 거치는 경우보다 송출국에서 바로 한국으로 입국하는 경우가 대부분이었다(92.9%). 이는 등록노동자가 대부분으로 고용허가제 또는 산업연수생 취업경로를 통해 한국으로 입국이 가능하기 때문이다. 그러나 한국입국경로와 달리 부산 · 경남 유입은 송출국에서 바로 부산 · 경남으로 유입이 36.4%, 서울과 경기를 거친 유입은 51.3%로 다수가 서울과 경기를 거쳐서 온 것으로 나타났다. 조사응답자들의 유입 전후의 직업을 살펴보면 〈표 8-3〉과 같다.

조사대상자들의 모국에서의 종사업종은 주로 제조업(36.4%), 농축산업(16.7%), 도매 및 소매업, 건설업(6.7%), 서비스업(5.9%), 운수업(4.2%), 숙박 및 음식점업(2.9%) 순으로 나타났다. 반면에 한국에서의 종사업종은 대부분 제조업(71.1%)에

〈표 8-3〉 유입 전·후 종사업종

	입국 전	입국 후
농축산업	16.7	0.8
어업	2.5	1.3
제조업	36.4	71.1
건설업	6.7	4.6
서비스업	5.9	0.4
도매 및 소매업	6.7	2.5
숙박 및 음식점업	2.9	1.7
운수업	4.2	2.5
기타	18	15.1
합계	100.0	100.0

종사하며 건설업(4.6%)에도 종사하는 것으로 나타났다.

1. 정보습득경로와 정보인지도

이주노동자가 한국에 유입되기 전의 정보습득경로인 매체정보, 대인정보, 공적정보, 인력정보, 기업정보, 기타 정보에 따른 정보인지도의 변화를 살펴보았다. 정보인지도는 한국정보인지와 취업정보인지로 구분하였다.

먼저 〈표 8-4〉에서 한국정보인지가 가장 높은 정보습득경로는 '인력정보'로

〈표 8-4〉 정보습득경로와 정보인지도

	한국정보인지			취업정보인지		
	N	평균	표준편차	N	평균	표준편차
매체정보	98	3.32	.63	32	3.32	.80
대인정보	60	3.22	.65	70	3.05	.79
공적정보	23	3.21	.75	57	3.28	.62
인력정보	36	3.35	077	55	3.23	.60
기업정보	7	2.61	.84	9	3.46	.99
기타정보	7	3.06	1.07	5	3.40	.68
전체	231	3.22		228	3.21	

주) 각각 5점 척도의 평균치임. 각 항목에 대해 '전혀 몰랐다' 1점 – '잘 알았다' 5점을 부여함.

나타났다. 인력정보가 전체 평균보다 상회하고 있으며, 특히 '기업정보'에 비해 높은 평균치를 보이고 있다. 이는 주로 공적인 경로를 통할 때 소요되는 시간과 입국지연 등으로 인해 공적정보보다 인력송출업체의 정보를 통해 입국하면서 한국에 대한 정보를 접하기 때문이다. 인력정보 다음으로 매체정보에 의해서도 한국인지도가 높게 나타났다. TV 또는 라디오, 신문 등을 통해 한국의 정보를 얻게 된 경우가 대부분이다.

둘째, 취업정보인지가 높은 정보습득경로는 '기업정보'이다. 기업정보에 대한 인지가 다른 정보습득경로보다 높은 것은 현지에 진출한 한국 기업을 통해 직접적으로 알 수 있기 때문이다. 그러나 기업정보라고 응답한 응답자의 수가 9명으로 일반화시키기에는 한계가 있다. 기업정보 다음으로 '매체정보'가 한국정보를 주로 전달하고 있는 것으로 나타났다. 특이한 점은 '대인정보'에 의한 수치가 다른 정보습득경로보다 낮게 나타났다는 점이다. 이는 이주노동자들이 사적인 연결망을 통해서도 취업정보를 얻지만, 주로 '공적정보'와 '매체정보'(신문 · TV · 라디오 광고 등)를 통해 취업정보를 얻는다는 것을 알 수 있다.

2. 정보인지도와 한국생활만족도

앞서 정보습득경로에 따르면 인력정보습득경로에 따라 한국정보인지도는 높게 나타났고, 기업정보에 따른 한국정보인지도는 낮게 나타났다. 또 취업습득경로는 기업정보에 따른 취업인지도가 높게 나타났고, 대인정보는 취업인지도가 낮게 나타났다. 한국정보인지와 취업정보인지에 따른 인구학적 특성을 살펴보면 〈표 8-5〉와 같다.

〈표 8-5〉에 나타난 한국정보인지도의 인구학적 특성을 살펴보면 나이는 일정한 경향을 보이지는 않으나 41세 이상이 한국정보인지도가 높으며, 다음으로는 24세 미만, 31-35세에서 높다. 국적별로 살펴보면 베트남인이 정보인지도가 가장 높고, 필리핀인, 태국인, 인도네시아인, 중국인으로 나타났다. 특히 인도네시아인과 중국인은 한국정보인지도가 평균이하로 낮게 나타났다. 결혼여부에서는 미혼이 기혼보다 높게 나타났다. 학력이 초등학교 졸업인 경우가 가장 높고, 대학졸업,

〈표 8-5〉 정보인지도의 인구학적 특성

		한국정보인지			취업정보인지		
		N	평균	표준편차	N	평균	표준편차
나이	24세 미만	37	3.35	.67	38	3.33	.62
	25-30세	78	3.20	.61	79	3.17	.62
	31-35세	57	3.27	.85	57	3.14	.87
	36-40세	36	3.08	.84	37	3.20	.78
	41세 이상	10	3.50	.72	11	3.21	1.11
	합계	218	3.24	.73	222	3.20	.74
국적	인도네시아	50	3.03	.59	50	3.12	.81
	필리핀	39	3.36	.71	39	3.43	.84
	베트남	48	3.59	.52	48	3.46	.52
	중국	41	2.68	.75	44	3.00	.64
	태국	51	3.42	.79	51	3.07	.81
	합계	229	3.23	.74	232	3.21	.75
결혼여부	미혼	103	3.37	.66	105	3.25	0.63
	기혼	115	3.12	.80	118	3.16	.84
	기타	4	3.02	1.00	4	3.32	1.18
	합계	222	3.23	.75	227	3.20	.75
교육수준	초등학교 졸업	9	3.55	.46	9	2.89	.93
	중학교 졸업	47	2.91	.92	47	3.01	.70
	고등학교 졸업	125	3.30	.65	129	3.31	.66
	대학교 졸업	39	3.45	.79	39	3.14	1.00
	합계	220	3.23	.75	224	3.21	.75

주) 각각 5점 척도의 평균치임. 각 항목에 대해 '전혀 몰랐다' 1점 – '잘 알았다' 5점을 부여함.

고등학교졸업 순으로 나타났다. 비교적 교육수준이 높을수록 한국정보인지도도 높게 나타나는 경향을 보인다.

취업정보인지도는 24세 미만에서 가장 높고, 36세 이상에서도 높게 나타났다. 국적별로 살펴보면 베트남인과 필리핀인에게서 높게 나타나며, 중국인과 태국인에게서 낮게 나타났다. 베트남인은 최근에 한국으로 유입이 증가하면서 한국에 대한 정보를 많이 접할 수 있었다. 또한 필리핀인들은 다른 외국인 노동자들에 비해 비교적 일찍부터 한국에 유입되었다. 이주노동자들 중에서 필리핀인 노동자들이 한국에서 가장 먼저 공식적인 공동체를 형성하였다(이정환, 2003: 364).[2] 반면

2) 공식적인 노동자조직체인 '필리핀인공동체(Filipino Community)'를 1992년 9월 서울 '자양동성당'의 한 수녀원 사무실을 빌어 설립했다. 하지만 이 단체가 나중에 소수민족집단거주지로 발전할 가능성이 있

〈표 8-6〉 한국정보인지와 요인 추출

		전체[1)]	요인적재 값	요인 추출 명
한국위치	k1	3.40	.528	사회 · 경제정보인지
한국 정치/경제/사회수준	k2	3.17	.563	
한국사람, 한국상품	k3	3.40	.591	
높은 경제성장	k4	3.62	.726	
높은 정보기술	k5	3.45	.771	
안정된 치안	k6	3.46	.827	
높은 교육열	k7	3.25	.797	
민주화 투쟁	k8	2.82	.617	
남북분단	k9	3.53	.724	역사정보인지
한국전쟁	k10	2.86	.803	
일본에 의한 지배	k11	2.71	.683	
월드컵, 올림픽 개최	k12	3.57	.567	
한국어	k13	3.02	.746	지역 · 문화정보인지
한국의 영화/드라마	k14	3.31	.626	
부산,경남의 위치	k15	3.14	.831	
부산은 항구도시	k16	3.39	.756	
평균		3.26		

주 1) 각각 5점 척도의 평균치임. 각 항목에 대해 '전혀 몰랐음' 1점 – '매우 잘 알았음' 5점을 부여함.

에 중국인은 1992년부터 산업연수생자격으로 시작하였고 고용허가제 양해각서도 2007년 4월에 이르러서야 체결되었다. 뿐만 아니라 한국에는 화교공동체가 형성되어 있지 않은(이정환, 2003: 371) 영향이 클 것으로 보인다. 한국정보인지도와 마찬가지로 기혼보다는 미혼이 취업정보인지도가 높으며, 교육수준은 한국정보인지도와는 달리 고등학교 졸업에서 인지도가 높게 나타나고 있다.

정보인지도가 한국만족도에 미치는 영향을 분석하기 위해 먼저 정보인지도를 측정한 각 항목에 대해 요인분석으로 실시하였다. 한국정보인지도와 취업정보인지도에서 각각 3개의 요인을 추출하여 한국생활만족도와 회귀분석을 실시하였다.

한국정보인지에서 가장 높은 인지도를 보인 항목은 '높은 경제성장'이다. 다

다고 인식한 한국정부는 해체압력을 가하였으며 이로 인해 필리핀인공동체는 설립한 지 1달 만에 해체되고 대신 필리핀국화인 삼빠기따(Sampaguita)라는 용어를 첨가하여 '삼빠기따필리핀공동체(Sampaguita Philippines Community)'라는 새로운 이름으로 재조직되었다(이정환, "외국인 노동자 공동체와 관련 NGO," 석현호 외, 「외국인 노동자의 일터와 삶」, 지식마당, p. 364.

음으로 '월드컵 · 올림픽 개최', '남북분단', '안정된 치안' 등의 순으로 나타났다. 가장 낮은 항목은 '일본에 의한 지배', '민주화 투쟁', '한국전쟁', '한국어' 순으로 나타났다. 〈표 8-6〉의 요인추출은 한국정보인지도 항목에서 주성분 분석(principal component analysis)으로 추출되고 배리맥스(Varimax)방법에 의해 회전한 후 추출된 요인 값을 제시하였다. 한국정보인지도의 17개 설문지문항을 요인분석한 결과 세 개의 요인으로 분리되었다. 〈표 8-6〉에서 요인 1은 k1~k8을 묶어 '사회 · 경제 정보인지'로, 요인 2는 k9~k12를 묶어 '역사정보인지'로 요인 3은 k13~k16을 묶어 '지역 · 문화정보인지' 요인으로 명명하였다.

다음은 취업정보인지도를 측정한 17개의 항목에 대해 요인분석을 통해 3개의 요인을 〈표 8-7〉과 같이 추출하였다.

〈표 8-7〉 취업정보인지와 요인 추출

		전체[1)]	요인적재 값[2)]	요인 추출 명
노동시간	w1	3.57	.531	작업장정보인지
작업량	w2	2.98	.734	
작업장 환경	w3	2.96	.748	
안전시설	w4	3.17	.771	
작업장 규칙	w5	3.16	.670	
숙소제공	w6	3.28	.565	
급식제공	w7	3.29	.603	
임금수준	w8	3.39	.667	고용조건정보인지
송금방법	w9	3.28	.576	
의료혜택	w10	3.19	.576	
고용기간	w11	3.53	.768	
복지시설	w12	2.86	.553	
근로계약서작성	w13	3.25	.669	
노동법	w14	3.20	.685	
회사규모	w15	2.91	.777	기업정보인지
회사위치	w16	3.12	.735	
회사 생산품목	w17	3.03	.816	
평균		3.21		

주: 1) 5점 척도의 평균치임. 각 항목에 대해 '전혀 몰랐음' 1점 – '매우 잘 알았음' 5점을 부여함.
2) 주성분 분석에 의해서 추출되고 배리맥스방법에 의해 회전한 후 추출된 요인값을 제시한 것.

취업정보인지는 전체 평균은 3.21로 평균 이상으로 나타났다. 인지도가 가장 높은 항목은 '노동시간'이며, '고용기간', '임금수준', '급식제공', '숙소제공' 등의 순으로 나타났다. 인지가 가장 낮은 항목은 '복지시설' '회사규모', '작업장환경', '작업량' 등의 순으로 나타났다. 각각의 항목들을 요인 분석한 결과 〈표 8-7〉에서 나타난 바와 같이 세 개의 요인으로 추출하였다. 요인 1은 w1~w7을 묶어 '작업장정보인지'로, 요인 2는 w8~w14를 묶어 '고용조건정보인지'로, 요인 3은 w15~w17을 묶어 '기업정보인지'로 명명하였다.

이러한 요인들을 추출하여 한국정보인지 요인과 취업정보인지 요인이 한국생활만족도에 미치는 영향을 파악하기 위해 회귀분석을 실시하였다.

〈표 8-8〉을 보면 한국정보인지의 세 개 독립변수 중에서 '사회 · 경제정보인지'가 유의미한 영향을 미치는 것으로 나타났다(p〈.01). 반면에 '역사정보인지'와 '지역 · 문화정보인지'는 별다른 영향이 없는 것으로 나타났지만, 취업정보인지도의 요인 중에서 '작업장정보인지'와 '기업정보인지' 요인이 유의미한 영향을 보여준다(p〈.05, p〈.10). 즉, '작업장정보인지'와 '기업정보인지'가 높을수록 한국생활만족도가 높음을 의미한다.

〈표 8-8〉 정보인지 요인과 한국생활만족도

한국생활만족도		비표준화계수		표준화계수	t	유의확률
		B	표준오차	베타		
(상수)		48.698	.579		84.146	
한국정보인지도	사회 · 경제정보인지	2.869	.365	.330	4.521	.000***
	역사정보인지	−.234	.686	−.026	−.341	.734
	지역 · 문화정보인지	−.700	.589	−.083	−1.189	.236
취업정보인지도	고용조건정보인지	.919	.624	.110	1.473	.142
	작업장정보인지	1.363	.611	.162	2.230	.027**
	기업정보인지	1.065	.630	.123	1.690	.093*

R^2 = .211, F=7.488, ***p〈.01, **p〈.05, *p〈.10

Ⅳ. 한국생활만족도와 정보발신태도

1. 모국으로 보내는 한국정보 발신태도

앞서 사회·경제정보인지와 작업장정보인지, 기업정보인지가 높으면 높을수록 한국생활만족도가 높은 경향이 있었다. 이러한 한국생활만족도가 정보발신태도에 미치는 영향은 어떠한지를 분석하였다. 먼저 국적별 정보발신태도 평균 차이를 보면 〈표 8-9〉와 같다.

정보발신태도에서 가장 긍정적인 정보를 발신하는 항목은 '일자리 정보', '임금정보'이다. 이는 이주노동의 주된 이유가 경제적인 것에 있기 때문에 일자리정보와 임금정보는 중요하며, 정보발신이 긍정적으로 발송되고 있다는 것을 알 수 있다. 부정적인 정보발신 항목은 '작업장정보', '정치·사회·문화 정보'이다. 국적별로 살펴보면 모국으로 가장 긍정적인 정보를 발송하는 집단은 필리핀인이다. 그 다음으로 인도네시아인, 베트남인, 중국인, 태국인 순으로 나타났다.

〈표 8-9〉 한국정보를 모국으로 발신할 때 태도

	전체	인니	필리핀	베트남	중국	태국
일자리 정보	4.8	5.6	5.1	4.9	4.1	4.1
임금정보	4.8	5.5	5.4	4.7	4.3	4.3
입국정보	4.7	5.6	5.5	4.7	3.7	3.9
이주노동자의 성공적인 취업사례 정보	4.6	5.6	5.4	4.2	4.0	3.9
상사, 동료와의 관계(말, 행동)	4.6	5.3	5.3	4.7	4.1	3.7
생활 관습 정보	4.6	5.1	5.6	4.7	3.9	3.9
사회복지서비스 정보	4.5	5.4	5.4	4.3	4.2	3.4
정치 · 사회 · 문화 정보	4.4	5.1	5	4.6	3.9	3.4
작업장 정보	4.4	5.1	5.3	4.0	4	3.6
합계	4.62	5.34	5.37	4.57	4.09	3.85

주: 7점 척도의 평균치임. 각 항목에 대해 '매우 부정적' 1점 – '매우 긍정적' 7점을 부여함.
각 항목에 대한 분산분석을 실시한 결과, 모든 항목에서 통계적으로 유의미한 차이가 있음($p<.01$).

2. 한국생활만족도와 정보발신태도

한국에 대한 전반적인 인상은 '매우 긍정적' 또는 '긍정적'이라고 응답한 응답자가 168명(70.3%)이 넘는다. 앞으로 한국에서 계속 살고 싶은가라는 질문에 97명(40.4%)이 정주하고 싶다고 응답하였다. 구체적으로 한국생활만족도를 살펴보면 〈표 8-10〉과 같다.

이주노동자들의 한국 유입 후 한국생활만족은 '쇼핑시설'에 대한 만족이 가장 높고, '문화시설', '동료와의 관계', '생활관습', '고용기간', '의료혜택' 등의 순서로 나타났다. 만족도가 가장 낮은 항목은 '작업장 환경', '회사급식', '안전환경' 등으로 나타났다. 비교적 이주노동자들의 모국보다 발전된 한국의 지역적 환경에는 만족하나 자신들이 일하는 작업장 중심의 환경에는 만족하지 못한 것으로 나타났다.

〈표 8-10〉 유입 후 한국생활 만족 정도

		전체[1]	요인적재 값[2]	요인 추출 명
고용된 회사	s1	3.37	.669	고용조건만족
고용기간	s2	3.34	.673	
근로시간	s3	3.27	.823	
임금수준	s4	3.20	.751	
작업장 환경	s5	3.06	.519	
안전환경	s6	3.16	.457	작업장환경만족
의료혜택	s7	3.29	.642	
숙소시설	s8	3.24	.728	
회사급식	s9	3.09	.735	
동료와의 관계	s10	3.40	.784	
상사와의 관계	s11	3.28	.645	
생활관습	s12	3.35	.574	지역환경만족
교육환경	s13	3.25	.788	
쇼핑시설	s14	3.55	.876	
문화시설	s15	3.47	.815	
합계		3.30		

주: 1) 5점 척도의 평균치임. 각 항목에 대해 '전혀 몰랐음' 1점 – '매우 잘 알았음' 5점을 부여함.
2) 주성분 분석에 의해서 추출되고 배리맥스방법에 의해 회전한 후 추출된 요인값을 제시한 것.

한국생활만족도를 조사한 17개의 설문지문항에 대해서 요인분석을 실시하여 세 개의 요인으로 추출하였다. 〈표 8-10〉의 요인적재 값에 따라 요인 1은 s1~s5를 묶어 '고용조건만족'요인으로, 요인 2는 s6~s11을 묶어 '작업장환경만족'으로, 요인 3은 s12~s15를 묶어 '지역환경만족'으로 명명하였다.

고용조건만족, 작업장환경만족, 지역환경만족 요인이 정보발신태도에 미치는 영향은 〈표 8-11〉과 같다.

한국생활만족의 요인 중에서 '작업장환경만족'이 유의미하게 나타났으며(p〈.01), 그 외 다른 요인들은 별다른 영향이 나타나지 않았다. 즉, 한국생활만족의 각각 요인들이 정보발신태도에 영향을 줄 것으로 예측하였으나 '작업장환경만족' 요인만이 정보발신태도에 긍정적인 영향을 준 것으로 나타났다. 즉, '작업장환경만족'이 높으면 높을수록 정보발신태도도 긍정적이라는 것을 의미한다.

결론적으로 정보습득경로에 따른 한국 · 취업정보인지도와 한국생활만족도가 정보발신태도 간의 관계를 단순회귀분석을 실시하여 회귀계수(표준화계수)로 표시하였다.

〈그림 8-3〉에서 한국정보습득경로에 따른 정보인지도는 단순하게 평균차이를 보여준다(점선). 인력정보에 의한 경우 사회 · 경제정보인지가 높게 나타났고, 매체정보도 사회 · 경제정보인지와 작업장정보인지가 높게 나타났다. 취업정보인지는 작업장정보인지 요인이 높게 나타났다.

한국정보인지 요인 중에서 사회 · 경제정보인지는 작업장환경만족에 영향을 미치며(p〈.000), 회귀계수가 정(+)의 값을 가지므로 사회 · 정보인지도가 높을수록

〈표 8-11〉 정보발신태도에 영향을 미치는 요인

정보발신태도	비표준화계수		표준화계수	t	유의확률
	B	표준오차	베타		
(상수)	41.106	1.050		39.161	
고용조건만족	1.644	1.020	.124	1.611	.109
작업장환경만족	3.196	1.038	.238	3.079	.002**
지역환경만족	1.443	1.018	.110	1.418	.158

R^2=.082, F=4.597, **p〈.05, *p〈.1

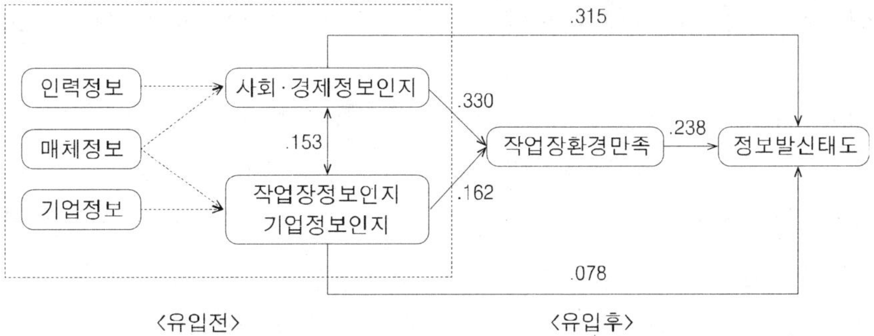

〈그림 8-3〉 정보인지가 한국생활만족과 정보발신태도에 미친 영향

작업장환경만족도가 증가하는 경향을 가진다. 취업정보인지 요인 중에서 작업장 정보인지와 기업정보인지가 각각 작업장환경만족에 유의미한 영향을 주었다(p〈.05, p〈.10). 또한 작업장환경만족은 정보발신태도에 유의미한 영향을 주었다(p〈.01). 즉 작업장환경만족이 높을수록 정보발신도 긍정적인 경향이 증가한다는 것을 의미한다.

Ⅴ. 결론 및 제언

이상으로 이주노동자의, 한국으로 들어오기 전의 정보습득경로에 따른 한국 · 취업인지도가 한국생활만족도와 정보발신태도에 미치는 영향을 분석하였다. 분석결과는 다음과 같다.

첫째, 정보습득경로에 따른 인력정보, 매체정보를 통해 정보를 습득한 이주노동자가 한국정보인지도가 상대적으로 높게 나타났고, 취업정보인지도는 매체정보와 기업정보를 통해 한국정보를 습득한 경우가 인지도가 높게 나타났다.

둘째, 한국 · 취업정보인지도가 높을수록 한국생활만족도는 높게 나타났다. 요인별 결과를 보면, 한국정보인지도 요인 중에서 사회 · 경제정보인지가 높을수록 한국생활만족도는 높게 나타났고, '역사정보인지', '지역정보인지'는 별다른 영향이 나타나지 않았다. 또한 취업정보인지도 요인 중에서 '작업장정보인지와 기업정보인지가 높을수록 한국생활만족도가 높게 나타났다. 특히 사회 · 경제인지 요인의 영향력이 가장 크게 나타났다.

셋째, 한국생활만족도가 높을수록 정보발신태도도 긍정적으로 나타났다. 한국생활만족도 요인 중에서 작업장환경만족이 정보발신태도에 영향을 준 것으로 나타났다. 즉, 작업장환경만족이 높을수록 정보발신태도도 긍정적으로 나타나는 것을 의미한다. 그러나 다른 요인들과의 영향은 미미한 것으로 나타났다.

결과적으로 한국에 관한 정보가 많을수록, 취업정보가 많을수록 한국생활만족은 높게 나타나고, 정보발신태도도 긍정적으로 나타난다는 것을 검증하였다.

향후 이주노동자가 유입 전 풍부한 정보를 제공하는 것은 이주노동정책에 중요한 요소가 될 것이다. 그러므로 정보의 양과 정확성, 적실성을 높이는 방안이 필요하다. 먼저 어떤 정보가 가장 유용한지, 어떤 정보를 발송하는지, 어떤 정보를 원하는지 조사되어야 할 것이다. 그러기 위해서 현지 조사를 통해 입국전(前) 과정에서 어떤 정보가 제공되는지 조사해야 할 것이다. 둘째, 정보가 제공되었다 하더라도 그 정보가 한국생활에서 얼마나 유용한지도 측정되어야 할 것이다. 셋째, 다양한 경로를 통해 정보를 제공하는 것이 필요할 것이다. 조사결과 이주노동자들은 한국의 정보를 매체정보와 대인정보에 의존하고 있었다. 따라서 다양한 경로를 통해 정보 제공을 확대하는 방안이 필요하다. 이주노동자들에게 양질의 정보를 제공함으로써 한국사회에 적응력을 높이는 데 기여할 수 있을 것이다.

참고문헌

강수돌. 2003. 외국인 노동자 고용의 경제적 효과와 정책. 석현호 외. 「외국인 노동자의 일터와 삶」. 서울: 지식마당.

권태환 · 박광성. 2005. 국내 조선족의 사회적응과 정책－조선족 노동자 집단의 형성.

김수재. 2008. 외국인노동자의 문화적 갈등과 대응－인도네시아 노동자를 중심으로. 「영남대학교 민족문화논총」, 38: 153-182.

박경태. 2001. 노동력 송출국에서 본 이주 노동자의 사회적 연결망: 필리핀 가족과 공동체를 중심으로. 한국신학연구소. 「신학사상」, 113(6): 26-48.

석현호. 2003. 외국인 노동자 연구의 배경과 설계.

석현호 외. 2003. 「외국인 노동자의 일터와 삶」. 서울: 지식마당.

설동훈. 2001. 「노동력의 국제이동」. 서울: 서울대출판부.

심보선. 2007. 온정주의 이주노동자 정책의 형성과 변화－한국의 다문화 정책을 위한 시론적 분석. 「담론 201」, 10(2): 41-76.

윤선오 · 박명호 · 권장수. 2005. 이주노동자 현황 및 개선 방안. 「복지행정학회지」, 15(2): 221-260.

이정환. 2003. 외국인 노동자 공동체와 관련 NGO. 석현호 외. 「노동자의 일터와 삶」. 서울: 지식마당.

이제환 · 이연옥 · 장덕현. 2004. 소외집단에 대한 정보형태 연구의 방법론적 특성. 「한국도서관 · 정보학회지」, 35(2): 273-295.

이제환 · 윤유라. 2005. 외국인 노동자 H의 삶과 정보빈곤. 「한국비블리아학회지」, 16(1): 181-202.

이태정. 2004. 한국사회 이주노동자들의 사회적 배제와 연대-안산시 "국경 없는 마을" 사례. 한국사회학회. 「후기사회학대회 논문집」, pp.717-724.

정기선. 2003. 외국인 노동자의 문화접촉, 사회적 거리감과 인상변화. 석현호 외. 「외국인 노동자의 일터와 삶」. 서울: 지식마당.

최협 외. 2005. 「한국의 소수자, 실태와 전망」. 서울: 한울.

케빈 그레이(Kevin Gray). 2004. "계급 이하의 계급"으로서 한국의 이주노동자들. 고려대 아세아문제연구소 「아세아 연구」, 47(2): 97-291.

피터 스타거, 이보영 옮김. 2004. 「국제 이주」. 서울: 이소출판사.

한건수. 2005. 타자 만들기: 한국사회와 이주노동자의 재현.

최협 외. 「한국의 소수자, 실태와 전망」. 서울: 한울.

한진희 · 최용석. 2006. 국제노동이동의 경제적 영향 분석－외국인 노동자를 중심으로. 「한국개발연구원」, 28(1): 1-22.

Castles, Stephen. 2000. *Ethnicity and Globalization*. London: Sage Publications.

IOM. 2005. A Survey on the Labour Emigration Management Systems of 12 Countries of Origin to the Republic of Korea－Indonesia, Mongolia, Philippines, Sri Lanka, Thailand, Vietnam, Cambodia, China, Kyrgyzstan, Pakistan, Timor Leste, and Uzbekistan. IOM Seoul.

______. 2006. A Survey on the Labour Emigration Systems of 6 Countries of Origin to the Republic of Korea: Bangladesh, Iran, Kaxakhstan, Myanmar, Nepal and Ukraine. IOM Seoul.

이주노동자인권연대. 2005. 「고용허가제 실태조사 보고서」－고용허가제 시행 1년, 그 실태와 개선방향. 이주노동자인권연대.

______________. 2006. 「고용허가제 실태조사 보고서」. 이주노동자인권연대.

행정안전부. 2008. 7. 「지방자치단체 외국인주민 실태조사」. 행정안전부.

색 인

ACRL 83, 113, 154
ANZIIL 83, 113, 157
SCONUL 83, 113, 157
SNA 50

[ㄱ]
가족관계 정보욕구 215
가족관계 정보욕구의 차이 211
가족문제 19
가족생활 정보유용성 203, 215
간접효과 249
게이트키퍼 152, 154, 163
결혼경로 228
결혼경로별 가족생활 정보유용성 206
결혼경로별 사회생활 정보유용성 207
결혼경로별 정보수준 202
결혼이민자 4, 151, 174
결혼이민자지원센터 25
결혼이주 226, 228
결혼이주경로 227, 228
결혼이주여성 151, 177
결혼이주여성들의 정보유용성 203
결혼중개업체 10, 192
결혼중재자 192
경로분석 238
계층분석과정(AHP) 50
고등교육 172
고용조건만족 273
고용허가제 257, 269
공공도서관 182
공적인 경로 267
공적정보 261, 266, 267
구조모형 244
국내 체류 외국인 151
국제결혼 3
근접중심성 13
기업정보 261, 266, 267
기업정보인지 272, 275
기초생활 정보욕구 210, 215

[ㄴ]
네트워크 밀도 52

노동이주 226
눈덩이표집 52

[ㄷ]
다문화가정 182
다문화가족지원법 3, 189
다문화가족지원센터 179
다문화도서관 179
다문화서비스 80
다문화정책 8, 24, 189
다문화지원단체 189
대인정보 261, 266, 267, 276
도서관 이용교육 174, 181
디지털격차 114

[ㅁ]
매개중심성 13
매개효과 246
매매혼 192
매체정보 261, 266, 267, 275, 276
모국사회 173
문헌정보학 154
문화적 갈등 6
미국대학도서관협회(ACRL) 154

[ㅂ]
배우자 정보수준 199
배우자에 대한 정보 197
법무부 151
보건복지가족부 171

[ㅅ]
사회 · 경제정보인지 271, 272, 274, 275
사회생활 정보욕구 215
사회생활 정보유용성 203, 208, 215
사회서비스 4, 11
사회연결망 50
사회연결망분석 40
사회적 서비스 50
사회적 서비스의 연결망 65
사회적 서비스의 접근성 50
사회적 자본 47
사회참여 32, 158, 175
사회통합 5
산업기술연수생 257
상호이해 181
소수민족 154
소수자 집단 172
소시오그램 57

[ㅇ]
언어능력 131
언어역량 173
여론지도자 154
역사정보인지 271, 275
연결강도 52
연결망 5, 12
연결수 52
연결중심성 13
연계 12
외국인정책기본계획 117
요인부하량 246
욕구 193

욕구수준 194
유입경로 261
이동도서관 봉사 182
이동출입국사무소 181
이주노동자 151
이주노동자 정책 259
이주노동자의 사회적 서비스 41, 49
이주노동자의 정보리터러시 122, 131
이주노동정책 276
이주민의 사회네트워크 48
이주민의 정보리터러시 80, 83, 85, 113
이주여성 151, 181
이중/다중언어 능력 158
인력정보 261, 266, 267, 275
인력정보습득경로 267
인식수준 232
인적자원 12, 15
인터넷 로맨스 229
임금정보 272

[ㅈ]
작업장정보 272
작업장정보인지 271, 272, 274, 275
작업장환경만족 274, 275, 276
재한외국인처우기본법 154
적응 260, 261
정보 190, 197, 230
정보검색 93
정보격차 114
정보기술능력 141
정보량 257
정보리터러시 77, 88, 112, 126, 151, 175
정보리터러시 격차 112, 114, 121
정보발신 272, 275
정보발신태도 258, 261, 262, 274, 275, 276
정보빈곤 258, 260
정보사회 178
정보생산 94
정보서비스 157
정보소외계층 111
정보수준 190, 197, 237
정보수집활동 237
정보습득경로 261, 266, 267, 274, 275
정보요구 91, 134, 162
정보욕구 193, 194, 198
정보원 인식 92
정보원 136
정보유용성 190, 198, 237
정보윤리 95, 162
정보의 접근성 9
정보이용 93, 139
정보이용환경 154, 171
정보인지도 258, 262, 266, 267, 269, 274
정보적 관점 258, 261
정보적 매개자 155
정보접근 93, 136
정보접근/정보검색 162, 166
정보접근성 5
정보정책 258
정보제공기관 179, 181
정보중개 155
정보질 257
정보추구행태 164

정보취약계층 181
정보통신기술 96, 162, 173
정보화교육 7
정보활동 229
정보활용교육 88, 160
정보활용능력 112
정치 · 사회 · 문화 정보 272
주류사회 151
주류언어 155
주성분 분석(principle component analysis) 209
중개인 154
중심성 52
지역 · 문화정보인지 270, 271
지역적 특수성 8
지역정보인지 275
지역환경만족 274
직접효과 249

[ㅊ]
총효과 249
최대우도법(maximum likelihood method) 239
출신국별 가족생활 정보유용성 204
출신국별 기초생활 정보욕구 210
출신국별 배우자 정보수준 201
출신국별 사회생활 정보유용성 205
출신국별 사회생활에 대한 정보유용성의 차이 205
취업경로 265
취업만족도 261
취업정보 267, 271, 276
취업정보인지 266
취업정보인지도 261, 262, 268, 269, 270, 271, 274, 275

[ㅌ]
통일교 232
통일교 교육 232

[ㅎ]
한국기업 191
한국생활 정보수준 200, 215
한국생활만족도 258, 261, 262, 271, 272, 273, 275, 276
한국생활에 대한 정보 198
한국어 능력 91, 180
한국어교육 88
한국인지도 267
한국정보 261
한국정보습득경로 262
한국정보습득과정 258
한국정보인지 266
한국정보인지도 261, 267, 268, 269, 270, 271, 275
한류 230
한류열풍 191
확인요인분석 244

집필진 약력

김현숙, 부산대학교 사회과학연구원 전임연구원
김희재, 부산대학교 사회학과 교수
나금실, 동아대학교 정치외교학과 강사
배화숙, 부산가톨릭대학교 사회복지상담학과 교수
이수상, 부산대학교 문헌정보학과 교수
이용재, 부산대학교 문헌정보학과 교수
장익진, 부산대학교 신문방송학과 교수
장임숙, 부산대학교 사회과학연구원 전임연구원
조용완, 대구가톨릭대학교 도서관학과 교수
최송식, 부산대학교 사회복지학과 교수

부산대학교 다민족·다문화 연구 시리즈 4

다문화와 정보

초판인쇄 2012년 11월 20일
초판발행 2012년 11월 30일

지은이 부산대학교 사회과학연구원 편
펴낸이 안종만

편 집 김선민·마찬옥
표지디자인 최은정
기획/마케팅 최준규
제 작 우인도·고철민

펴낸곳 (주) 박영사
서울특별시 종로구 13-31번지
등록 1959. 3. 11. 제300-1959-1호(倫)
전 화 02)733-6771
f a x 02)736-4818
e-mail pys@pybook.co.kr
homepage www.pybook.co.kr
ISBN 978-89-6454-341-2 94330
978-89-6454-367-2(세트)

정 가 20,000원